RENÉ DOUMIC

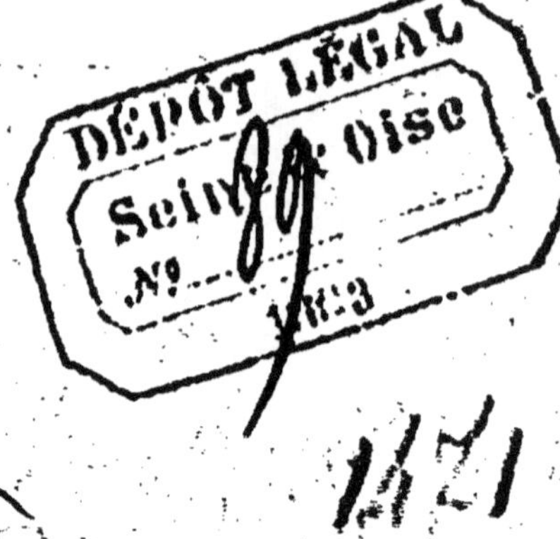

DE SCRIBE A IBSEN

Causeries

sur le Théâtre contemporain

PAUL DELAPLANE

éditeur

PARIS

DE SCRIBE A IBSEN

3998-93. — Corbeil. Imprimerie Crété.

RENÉ DOUMIC

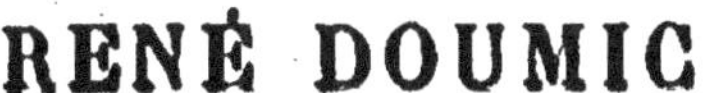

DE SCRIBE A IBSEN

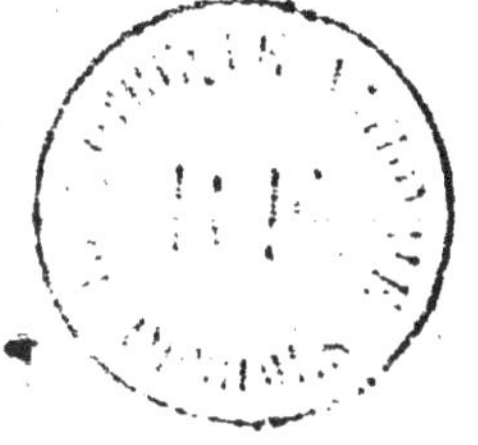

CAUSERIES

SUR LE THÉATRE CONTEMPORAIN

❧

PARIS

LIBRAIRIE PAUL DELAPLANE

48, RUE MONSIEUR-LE-PRINCE, 48

A M. FERDINAND DUVAL

INTRODUCTION

LE THÉATRE D'IDÉES

En groupant ces quelques études, j'ai essayé de marquer les principales transformations qui se sont faites dans la littérature dramatique de ce siècle. J'ai donné la plus grande place aux œuvres des nouveaux écrivains d'où il m'a paru qu'on pouvait tirer quelque indication sur les tendances qui semblent près de devoir dominer.

Personne ne songe à nier qu'il ne se produise aujourd'hui du côté du théâtre un mouvement intéressant et qui, selon les apparences, sera fécond. Mais quel est le sens de ce mouvement? Suit-il une direction? Ou faut-il dire, comme on a coutume de le faire, qu'en l'absence d'un courant bien déterminé, le théâtre va au hasard, flottant du réalisme violent des uns à l'idéalisme vague des autres, hésitant entre la tradition des anciennes formules et la témérité de formules nouvelles dont on a fait déjà, en les outrant, des formules usées ? Est-il vrai qu'il n'y ait que confusion dans les théories, et dans les œuvres que tendances incohérentes? Je pense, au contraire, qu'à travers les manifestations d'art les plus significatives de ces derniers temps, il est aisé de voir se former un courant, chaque jour plus intense, assez fort déjà pour porter de grandes œuvres et qui va justement dans le sens du progrès régulier de notre théâtre.

Pour s'en rendre compte, il est nécessaire de se rappeler comment s'est opéré le progrès au théâtre en notre siècle. C'est du théâtre de Scribe que tout est parti. Car, outre que Scribe a longtemps régné en maître sur les auteurs et sur le public, c'est par réaction contre son autorité que se sont faites par la suite toutes les innovations : en sorte que, acceptée ou combattue, son influence s'est fait jusqu'aujourd'hui partout sentir. Doué jusqu'au prodige de tous les dons particuliers à l'homme de théâtre, et dénué de tous les autres, Scribe est arrivé à faire du théâtre un art spécial qui se passe des sentiments, des idées et des caractères. Il en a fait une forme vide. Après Scribe, le progrès a consisté uniquement à faire rentrer dans le théâtre tout ce que Scribe en avait exclu, où qu'il n'avait pas su y mettre.

Al. Dumas fils, Émile Augier et ceux qui les ont suivis ont rendu au théâtre la peinture des mœurs et y ont introduit la discussion des questions sociales. Ils ont étudié l'homme dans les rapports qu'il soutient avec les autres hommes, dans sa condition, dans sa fortune et dans son état civil. Ils ont montré la société telle qu'ils la voyaient autour d'eux avec ses vices d'organisation dont quelques-uns pouvaient être réparés. Ils ont été des observateurs très clairvoyants. On leur doit une des périodes de notre théâtre dont l'éclat sera le plus durable. — C'est leur œuvre que M. Henry Becque a reprise et qu'il a continuée en la modifiant. Il a débarrassé la scène de plusieurs conventions, rapproché de la nature certains types de théâtre et rompu surtout avec cet optimisme qui était l'une des concessions les plus fâcheuses faites au goût du plus grand nombre. — Après lui, les fournisseurs du Théâtre-Libre ont exagéré ses tendances. En les portant à l'extrême, ils les ont immobilisées. Ils ont, comme on l'a si heureusement dit, créé un poncif. Il y a lieu d'espérer, au surplus, qu'ils n'ont pas compromis pour toujours l'avenir de la comédie de mœurs et du théâtre d'observation. La peinture de la société doit être recommencée sans cesse, à mesure que la société elle-même se modifie. M. Jules Lemaître a pu encore emprunter la plume d'Augier pour écrire le second acte du *Député Leveau*. Et le *Prince d'Aurec*, qui semble écrit par un neveu de Beaumarchais, en venant hier, est venu à son heure.

Pourtant c'est ailleurs, dans une étude qui va plus loin et creuse jusqu'à des réalités plus profondes, que réside l'œuvre propre des dramatistes d'aujourd'hui. La vie sociale ne se compose que des manifestations extérieures de notre activité. C'est dire qu'elle ne se suffit pas à elle-même et ne s'explique pas par elle seule. Elle n'est qu'une traduction souvent infidèle et grossière de la vie intérieure. Mais c'est ici qu'est la clé de tout. C'est ici que sont les causes, ici qu'on voit naître les actes dans leurs origines, ici que s'élabore à l'aide d'éléments complexes et parfois contradictoires la personnalité de chaque individu. En sorte que s'il voulait, lui aussi, pénétrer jusqu'à ce qui dans notre nature est l'essentiel, le théâtre devait devenir un *théâtre d'analyse*.

Mais les problèmes qui s'agitent dans la vie intérieure de chacun de nous sont ceux-là mêmes dont la morale de tous les temps poursuit la solution. Il est impossible à qui examine un cas particulier et l'examine à fond, de n'en pas tirer une conclusion qui le dépasse. Discuter son devoir d'après les données fournies par les circonstances, cela mène à se demander ce que c'est que le devoir et quelle distance il y a de la notion du devoir aux interprétations qui en ont cours. Toute comédie qui analyse des sentiments et débat des cas de conscience ne peut manquer d'aboutir à une conclusion d'une portée générale. Balzac parle quelque part d'une sorte de roman qu'il appelle le roman d'idées. Les idées ont aussi leur place au théâtre. Et le théâtre d'analyse est en même temps et par une conséquence logique un *théâtre d'idées.*

Par idées on entend bien qu'il ne s'agit pas de thèses à la manière de celles qu'on trouve dans quelques-unes des pièces de M. Dumas. La thèse est une conception abstraite de l'esprit, qui précède l'invention des faits, détermine artificiellement leur combinaison et fausse la réalité. L'idée n'est que la leçon vivante des faits. Elle ne les précède pas, mais elle les suit et elle s'en dégage; elle traduit l'impression qu'en doit recevoir un spectateur qui réfléchit; elle en est comme le prolongement naturel dans un esprit sérieux. Or toute œuvre est vaine qui ne nous induit pas à réfléchir. Un roman ou une comédie, ce n'est qu'une déposition de témoin sur la vie. Tout écrivain est tenu, d'après l'épreuve qu'il a faite des choses et d'après les dons qu'il a reçus, d'apporter son tribut à ce trésor d'expérience que les hommes se lèguent et qu'ils confient justement à la littérature.

J'emprunte des exemples à quelques œuvres récentes. Une jeune fille d'esprit distingué, de sentiments délicats, se résout, parce qu'elle est pauvre, à épouser un homme qui lui apportera le bien-être matériel. Le mariage ayant manqué, elle va épouser l'homme qu'elle aime ; elle découvre qu'il a une maîtresse ; elle le congédie, puis elle le rappelle. Par quels sentiments a-t-elle passé ? Tel est le sujet des *Résignés* de M. Henry Céard. La conclusion est que cette vie n'étant ni tout à fait bonne ni tout à fait mauvaise, la sagesse consiste à se résigner, et à savoir que le bonheur n'est fait que d'à peu près. — Un blasé, pour se rattacher à la vie, imagine de se dévouer au bonheur d'autrui. Quels sentiments l'y amènent ? Il ne réussit d'ailleurs, avec ses velléités généreuses, qu'à faire souffrir. Car c'est une science que de faire le bien et il n'y suffit pas du caprice d'un sceptique. Telle est la conception d'où est issu le *Mariage blanc* de M. Jules Lemaître. — Par quels sentiments passe une femme qui, après vingt années, se retrouve en présence des enfants qu'elle a abandonnés? et que vaut une existence fondée sur l'orgueil? C'est l'*Invitée* de M. de Curel. — Et voici les *Gens de bien* de M. Denier. On nous montre par quelle série de désenchantements passe un honnête homme qui veut réaliser pratiquement la notion qu'il a du devoir. La conclusion? C'est que l'idée du bien étant absolue, et la vie n'admettant aucun absolu, la vie est donc foncièrement immorale. — Dans chacune de ces pièces l'étude des sentiments mène à une conclusion qui est, non pas la leçon édifiante d'un professeur de morale, mais l'idée d'un homme qui a vécu et qui nous renseigne sur le train de la vie.

Par là et par une entière conformité avec ces tendances toutes modernes s'explique la rapide fortune que le théâtre d'Ibsen a faite en France auprès du public lettré. Les personnages d'Ibsen se distinguent de ceux que nous avons coutume de voir à la scène par ceci, qu'ils ne sont pas des types de théâtre, mais qu'on nous montre en eux cette complexité de sentiments et cette mobilité de nature et ce je ne sais quoi d'incomplet qui est le signe auquel on reconnaît la vie. Une question préoccupe Ibsen, au point que tout son théâtre n'est qu'une série d'essais pour y répondre : c'est précisément la question de savoir comment et dans quelle mesure nous pouvons mettre en accord notre vie sociale avec notre vie intérieure. A ses tableaux de mœurs Ibsen mêle la discussion d'idées morales. Ces idées ont trait au mariage, à la famille, à la lutte de l'individu contre la société, et donc à tout ce qui est pour nous d'un intérêt direct et immédiat. D'une pièce à l'autre Ibsen développe, ou renforce, ou corrige ses idées. Sa pensée se modifie et elle s'élargit. Pour la traduire en lui conservant toute son étendue, il a recours au symbole. C'est où il aboutit comme y ont abouti tous les grands esprits, un Shakespeare et un Gœthe. Car le symbolisme est une tentative pour donner de la réalité une explication qui dépasse les faits : il consiste à exprimer dans sa plénitude l'idée dont les faits ne sont que la représentation matérielle et l'application restreinte. L'emploi du symbole est légitime même au théâtre; à condition toutefois qu'on sache que le symbole est un moyen poétique plutôt que dramatique; et pourvu qu'on le considère non comme un procédé à l'usage des débutants, mais comme le dernier effort d'un esprit vigoureux qui cherche à enfermer dans une forme d'art, et au risque de la faire craquer, autant de pensée qu'elle en peut contenir.

Ceux donc qui en France souhaitaient de voir le théâtre devenir un instrument d'analyse et un moyen de traduction de la pensée, ont trouvé dans l'œuvre du dramatiste norvégien un argument et un exemple. Mais le théâtre d'idées n'en est pas moins chez nous dans la tradition nationale : car c'est bien de la connaissance du cœur humain et de l'étude des problèmes de la vie qu'était faite notre tragédie classique. Il est en outre le terme normal du mouvement suivi par le théâtre contemporain, puisque ce mouvement a consisté pour ainsi dire à aller de l'extérieur à l'intérieur, et que parti d'un art tout superficiel il aboutit à l'étude de ce qu'il y a en nous de plus intime et de plus profond. Il est enfin en accord avec les tendances littéraires les plus modernes. Ce qui caractérise en effet la littérature d'aujourd'hui, c'est une sorte d'élargissement de l'esprit. Tandis que l'indigence de la pensée avait été l'une des caractéristiques des littératures réaliste et naturaliste, les hommes qui sont arrivés à la vie littéraire aux environs de 1880 se sont montrés soucieux de toutes sortes de problèmes, curieux d'idées, inquiets du sens de la vie. C'est cette tendance qui a renouvelé déjà les autres parties de la littérature; mais parce que le théâtre est toujours un peu en retard, et plus lent à se transformer, elle commence seulement à travailler la littérature dramatique. Les écrivains ne manqueront pas. Faut-il dire que c'est le public qui leur manquera et qu'ils n'obtiendront pas de lui cet encouragement et cette collaboration qui est aussi bien nécessaire à l'écrivain de théâtre? Or, il se peut que la foule aille toujours de préférence à ce qui a été écrit pour elle, et peut-être qu'en art une certaine médiocrité est la condition essentielle des gros succès. Mais ce qui importe, c'est qu'il y ait une élite capable d'accueillir les nouveautés et de les imposer ensuite à la masse des spectateurs. Cette élite se fait chez nous tous les jours plus nombreuse. Et elle a pris parti pour le théâtre d'idées.

RENÉ DOUMIC.

Février 1893.

E SCRIBE A IBSEN

CAUSERIES
SUR LE THÉATRE CONTEMPORAIN

SCRIBE

ET

LE THÉATRE CONTEMPORAIN

Il est de règle aujourd'hui de traiter Scribe avec le dédain le plus transcendant. On lui fait payer cher sa popularité de jadis. On ne se contente pas de nier qu'il ait eu aucune espèce de talent et de déprécier ses qualités pourtant incontestables : une certaine sorte d'invention dramatique, l'art de développer une situation, le goût, le tact et la politesse. On rejette encore sur lui toutes les défaillances du théâtre moderne. C'est lui qui aurait stérilisé l'art du théâtre, apparemment en pleine prospérité avant qu'il parût. C'est lui qui aurait frappé d'impuissance des générations d'auteurs dramatiques. Si chaque théâtre de Paris ne nous donne pas annuellement un chef-d'œuvre, la faute en est à Scribe. C'est sa faute si la formule des maîtres d'hier semble aujourd'hui quelque peu insuffisante. Et si parfois ceux qu'on appelle les jeunes ont un peu moins de talent que de présomption, ce n'est pas leur faute, bien entendu, mais celle de Scribe...

Je crains que dans ce procès qu'on fait à Scribe on ne confonde deux choses assez différentes. Parce que Scribe pensait peu et écrivait mal, on refuse de reconnaître qu'il a vu nettement quelques-unes des conditions essentielles du théâtre de nos jours. C'est un joli exemple de sophisme.

Veut-on parler, en effet, des qualités proprement littéraires ? Il est hors de doute que Scribe en fut tout à fait dépourvu. Il n'est en aucune manière un lettré. Son ignorance l'expose à de plaisantes mésaventures. Dans son discours de réception à l'Académie française, — car Scribe fut l'un des quarante, et cela serait pour nous surprendre si nous ne savions d'ailleurs et par de fréquents exemples qu'entre les choses de la littérature et les choses de l'Académie il n'y a que des rapports intermittents, — c'est lui qui reproche à Molière de n'avoir pas parlé de la révocation de l'édit de Nantes. Molière avait une excuse. Il était mort depuis douze ans. C'est peu de dire que Scribe soit un mauvais écrivain : il a le don de l'incorrection et le génie de l'impropriété. De tout son théâtre d'où il n'a survécu ni un type, ni une pièce, ni une scène, tout n'est pourtant pas oublié : on en cite encore quelques phrases saugrenues que leur bizarrerie a fixées dans la mémoire des hommes. Telle la phrase du colonel qui doit être content du haut du ciel, sa demeure dernière. Et telle la phrase du vieux soldat qui sait se taire sans murmurer. Scribe a composé pour le théâtre pendant plus de trente années ; il a eu des collaborateurs à n'en pas savoir le nombre ; il a été lui-même un travailleur infatigable ; il a donné l'exemple d'une fécondité qui ne se lassait pas ; il a accumulé les vaudevilles, les comédies-vaudevilles, les drames historiques ; il s'est essayé dans la haute comédie ; il a écrit quatre cents pièces ; et de ces centaines de pièces et de ces milliers d'actes et de scènes, que reste-t-il ? Quelques spécimens choisis de coq-à-l'âne.

Scribe a ignoré le cœur de l'homme. Il n'a vu de la société de son temps que les travers les plus apparents. Encore faudrait-il dire pourquoi il a si mal débrouillé le spectacle de l'humanité. C'est qu'il n'a pas pris son point de vue assez haut. C'est qu'il a été incapable de toute conception élevée. On sait la pauvre conception qu'il s'est faite de l'histoire. C'est la théorie des petites causes produisant les grands effets. Il charge un des personnages du *Verre d'eau* de l'exposer : « Il ne faut pas mépriser les petites choses; c'est par elles qu'on arrive aux grandes!... Vous croyez peut-être, comme tout le monde, que les catastrophes politiques, les révolutions, les chutes d'empires viennent de causes graves, profondes, importantes... Erreur!... Vous ne savez pas qu'une fenêtre du château de Trianon, critiquée par Louis XIV et défendue par Louvois, a fait naître la guerre qui embrase l'Europe en ce moment... Moi qui vous parle, moi, Henri de Saint-Jean, qui, jusqu'à vingt-six ans, fus regardé comme un élégant, un étourdi, un homme incapable d'occupations sérieuses, savez-vous comment, tout d'un coup, je devins un homme d'État ? Je devins ministre parce que je savais danser la sarabande, et je perdis le pouvoir parce que j'étais enrhumé... Les grands effets produits par de petites causes, c'est mon système (1). » Scribe, quand il écrit ces choses, ne soupçonne pas combien elles sont ridicules et puériles, et que l'histoire ainsi interprétée ce n'est plus l'histoire, c'est le roman chez la portière. Bien loin de ressembler à cet ironique imbroglio, l'histoire n'est que la manifestation sous une forme sensible de ces lois appelées par les uns Providence, par les autres nécessité ou progrès, et qui, par leur action profonde et sûre, produisent, en dépit de nos démarches particulières et de l'ef-

---

(1) *Le Verre d'eau*, I, iv. Rôle de Bolingbroke.

fort des volontés individuelles, les événements dont nous croyons être les auteurs.

Cette mesquine théorie, c'est celle encore au nom de laquelle Scribe juge la vie. On lui a reproché souvent d'abuser dans son théâtre des petits moyens : au lieu de faire sortir le dénouement du seul jeu des caractères et du choc des passions, il l'amène à l'aide de quelque artifice : quiproquo, lettre égarée, retrouvée. C'est qu'il attribue à ces piètres hasards une influence décisive dans la vie. Il ne sait pas que la trame de notre existence n'est faite que de nos qualités et de nos défauts, et que les événements accidentels ne prennent d'importance qu'autant qu'ils en empruntent à notre caractère, en sorte que l'excuse est mauvaise qui consiste à incriminer le hasard, et qu'en vérité chacun de nous est l'auteur responsable de sa destinée.

De là le manque de sérieux et de profondeur du théâtre de Scribe. De là le manque de solidité des figures. Et de là encore la faiblesse du style. Car le style est toujours en rapport avec la pensée, flasque et incolore lorsque la pensée est médiocre.

Mais quand on a dénoncé toutes ces insuffisances, et quand on a prouvé que toutes les qualités du penseur ont fait défaut à Scribe, encore n'a-t-on rien prouvé contre l'auteur dramatique qui était en lui. On adresserait les mêmes reproches à maints romanciers. Or ce qui est particulier à l'auteur dramatique, c'est la conception qu'il s'est faite du théâtre, c'est une théorie de l'art dramatique. Je voudrais justement mettre en son jour la théorie qui se dégage du théâtre de Scribe.

*
*

En voici le premier point : c'est que le dramatiste doit se préoccuper du public et chercher le succès. Aussi bien est-ce ce qu'on a le plus amèrement reproché à Scribe. Et il va sans dire que le succès ne doit être ni l'unique ni le principal but de l'écrivain. Mais hâtons-nous d'ajouter que l'écrivain qui travaille pour le théâtre est dans une situation spéciale, et qu'il n'a pas seulement le droit, il a le devoir de tendre au succès. Un livre en effet, s'il n'a pas dix lecteurs, et s'il n'en a pas un seul, existe encore par lui-même. Bien plus, on peut dire que ce livre sans lecteurs a pourtant sa raison d'être, qui est d'avoir éclairci et précisé pour l'auteur lui-même sa propre pensée en la fixant sur le papier. Mais pour une pièce de théâtre, il n'en va pas ainsi. Sera-t-elle imprimée et deviendra-t-elle livre par la suite? Nous n'avons rien à en savoir. Cela n'est pas de son essence et de sa définition. Une pièce de théâtre n'existe qu'en tant et que pendant qu'elle se tient sur le théâtre, devant des hommes assemblés. Elle n'a de vie qu'autant que lui en prêtent l'attention et la complicité du public. Son âme, c'est celle que lui soufflent les spectateurs émus ou charmés. Une pièce qui ne réussit pas, tout au moins à se faire entendre, c'est un rien, et moins qu'un rien : le plus pur symbole du néant.

On ne peut, aujourd'hui surtout, espérer de succès au théâtre, si on ne s'arrange pas pour tenir le spectateur en haleine, éveiller, exciter sa curiosité. C'est dire qu'il faut une action, une intrigue qui se noue et dont le spectateur attende le dénouement; ou qu'il faut du moins que quelque chose se passe, que la pièce marche au lieu de piétiner sur place, qu'il y ait progrès de scène en scène, et qu'à la fin on ne se retrouve pas justement au point de départ. — C'est ici que les dédaigneux se récrient. Eh quoi! l'intérêt de curiosité ! cet intérêt vulgaire entre tous, celui de l'enfant à qui sa nourrice conte une histoire ou du badaud qui lit un fait divers! Or c'est la supériorité du théâtre, de ce genre où l'on ne veut voir qu'un genre inférieur, et qui est en réalité le seul genre complet : il s'adresse à toutes les facultés ensemble de l'homme, aux plus élevées en même temps qu'aux plus humbles, il prend l'homme tout entier, par ses yeux comme par son esprit, par sa curiosité et son désir de savoir, comme par son besoin d'émotions et par sa sympathie pour ses semblables. — On nous demande encore comment il se fait que cet intérêt de curiosité soit devenu nécessaire, puisqu'il ne l'était pas pour nos pères, et que ceux-ci ont accepté les pièces si peu intriguées de Molière. Mais quelle comparaison établir entre la société du xvii* siècle et la nôtre? Au xvii* siècle les pièces n'atteignent qu'à un chiffre peu élevé de représentations ; les théâtres, moins nombreux, sont plus étroits que les nôtres, la société qui s'y réunit est une société peu étendue, calme, recueillie, qui a le goût et surtout le loisir des études morales et des fines analyses. Dès le temps de Beaumarchais, les choses ont déjà bien changé, et c'est le mérite de l'auteur du *Barbier* d'avoir compris que la même sorte de comédies ne convient pas aux sujets de Louis XIV et à ceux de Louis XVI. De nos jours, c'est tout le monde qui va au théâtre. Et l'on sait, de reste, que le mouvement, l'agitation est devenue une nécessité pour une société fiévreuse, toute en nerfs, occupée à se créer sans cesse des affaires nouvelles, et à se divertir, parce qu'elle craint par-dessus tout de se trouver en face d'elle-même, et parce qu'elle est hantée de ce mal des sociétés vieillies et des sociétés sceptiques : l'ennui.

On nous a conté maintes fois le soin minutieux que prenait Scribe de surveiller les moindres détails, de régler les entrées et les sorties de ses personnages, d'agencer les scènes, de mesurer exactement jusqu'à la longueur de chaque acte. Mais peu s'en faut aujourd'hui qu'on n'ait adressé une grave critique à la pièce dont on dit qu'elle est « bien faite ». La science de « faire » une pièce est une science qui se perd, et que nous laissons se perdre. Si j'ai peine à en prendre mon parti, c'est que je n'ai pu me convaincre encore que le désordre fût un mérite; et je crains que nous ne commettions une maladresse en renonçant à ces qualités d'ordre, de clarté, de composition, qui sont parmi les qualités maîtresses de l'esprit français, et qui font partie de notre patrimoine.

* * *

Cela nous mène à examiner ce qui est fondamental dans la théorie de Scribe, et par où il a mérité d'être regardé comme l'adversaire contre lequel tend l'effort des actuels réformateurs de notre théâtre. Scribe, en effet, ne s'est pas contenté de dire, — en termes d'ailleurs des plus fâcheux, — que le théâtre peut se passer de la réalité, mais il considère que le théâtre est un art de fiction, en contradiction formelle avec la vérité et avec la vie. Or on a beau nous répéter que le théâtre ne doit être que la fidèle et la complète imitation de la vie, il faut savoir dire que c'est Scribe qui a raison quand il soutient qu'entre le théâtre et la vie il y a des différences essentielles, et qu'à vouloir modeler exactement celui-là sur celle-ci, on risque, d'une part de ne pas attraper la vérité, et, de l'autre, de manquer le résultat artistique.

Faut-il, en effet, suivant l'expression qui a fait fortune, qu'une pièce de théâtre ne soit qu'une « tranche de la vie » ? Asmodée, dans le *Diable boiteux*, enlève le toit des maisons, en sorte que son compagnon puisse apercevoir tout d'un coup ce qui s'y passe. Faut-il que de même la scène soit comme une chambre dont on vient d'enlever la muraille, en sorte que nous nous trouvions tout d'un coup mêlés à la conversation de personnes que nous ne connaissions pas tout à l'heure, qui ne se soucient pas de nous, et que nous ne reverrons plus? Je mets en fait que cette conversation serait pour nous purement inintelligible. L'art du théâtre a précisément pour objet de modifier la vie afin de la rendre intelligible, et de lui donner un sens.

Dans la vie, il n'y a pas d'action complète, il n'y a que des ébauches; il n'y a pas d'action qui commence entièrement à un moment précis de la durée, pour finir entièrement à un moment déterminé. Il n'y a ni commencement ni dénouement, mais des séries de faits qui s'enchaînent et se prolongent à l'infini. Mais nous en avons vu de ces pièces de théâtre qui ne commencent ni ne finissent, dont le sujet n'est pas nettement délimité, et qui restent sans conclusion. Rien n'égale le sentiment de malaise du public qui s'en va, déçu, avec cette impression, toujours désagréable, qu'on a voulu se moquer de lui. — De même, on refuse d'admettre qu'il doive y avoir différence entre l'homme tel qu'il est dans l'habitude de la vie, et le personnage de théâtre. Or ce qui est le signe de la vie c'est l'infinie complexité. Dans la conduite de chacun de nous, il reste toujours une part d'imprévu. Cette liberté dont nous sommes si fiers, c'est la faculté que nous sentons en nous d'agir, subitement et si bon nous semble, contre toutes les indications de la raison, de faire une sottise, et de donner un démenti à toute notre existence. Tâchez, au théâtre, de reproduire ce décousu de la vie. Cela paraîtra faux et devra le paraître. Le théâtre, c'est l'art d'introduire de la simplicité, de la clarté, de la logique et de la cohésion dans la vie qui est complexe, obscure, inconséquente et incohérente.

La convention règne en maîtresse au théâtre. Je me demande s'il n'y a pas plus de franchise et de loyauté à le reconnaître qu'à affecter de l'ignorer. Notez au surplus qu'on ne supprime pas les conventions parce qu'on les ignore, et que c'est même le plus sûr moyen pour s'aller heurter contre un obstacle que d'avoir commencé par ne pas le voir. Ceux qui se font la douce et la naïve illusion qu'ils nous donneront un théâtre tout de vérité, sont ceux-là mêmes qu'on voit employer dans leurs pièces les plus grossières ficelles. Qu'importe d'ailleurs de quels procédés on se sert, si à l'aide de ces procédés, tout conventionnels et artificiels qu'ils soient, on arrive à mettre en son jour un coin de la vérité humaine, à faire parvenir jusqu'au public des idées neuves pour lui, et à tenir des centaines d'hommes unis dans une même émotion ?

ALFRED DE MUSSET

I. — *COMÉDIES ET PROVERBES.*

Le théâtre de Musset est un ⌐ ⌐oyaux de la littérature de notre siècle. Je pense que nous en sentons le charme mieux que n'ont fait les contemporains, et que nous l'apprécions pour ses vrais mérites. D'abord nous ne voyons plus guère ces comédies à la scène. Et si une pièce de théâtre, faite pour être jouée, n'est rien en dehors de la représentation, c'est, d'autre part, une trahison que de mettre à la scène des ouvrages qui n'ont pas été écrits pour elle. Mais en outre je crains bien que cela même n'ait fait, il y a quelque cinquante ans, le succès des pièces de Musset, qui nous en semble aujourd'hui le moindre attrait. On se rappelle dans quelles circonstances ce théâtre commença de « voir le feu de la rampe ». C'est madame Allan qui de Russie rapporta aux Parisiens *le Caprice* dans ses bagages. La pièce fut bien accueillie. Les autres suivirent. Or le bavardage mondain de *Un Caprice* ou de *Il faut qu'une porte soit ouverte ou fermée* nous paraît être d'assez peu de prix. C'est aussi bien la partie de ce théâtre qu'on a le plus facilement imitée. Et dans ce genre créé par Musset, d'autres ont réussi mieux que lui. Les mondains de Feuillet ont davantage l'air et l'esprit des gens du monde. — Mais lui seul pouvait écrire *Fantasio, On ne badine pas avec l'amour, les Caprices de Marianne, le Chandelier, Lorenzaccio.*

Lui seul, — parce que d'abord il s'est mis lui-même constamment en scène, qu'il est tour à tour presque tous ses personnages, et qu'ils représentent tous un aspect de la physionomie du poète. Fantasio est las de cette même lassitude qui est le mal de « l'Enfant du siècle ». Musset est tout ensemble Octave, le sceptique cousin de Marianne, et Cœlio, son fidèle amant. Il est Fortunio, le petit chanteur, doux comme une fille. Et il dirait aussi comme Lorenzaccio : « Il est trop tard. Je me suis fait à mon métier. Le vice a été pour moi un vêtement ; maintenant il est collé à ma peau. Je suis vraiment un ruffian, et quand je plaisante sur mes pareils, je me sens sérieux comme la mort au milieu de ma gaieté. Brutus a fait le fou pour tuer Tarquin ; et ce qui m'étonne en lui, c'est qu'il n'y ait pas laissé sa raison. Profite de moi, Philippe, voilà ce que j'ai à te dire ; ne travaille pas pour ta patrie. » Combien de fois Musset n'est-il pas revenu sur cette idée que ceux-là à qui la débauche a planté son clou sous la mamelle gauche lui appartiennent pour toujours! Elle est partout au fond de son œuvre, parce qu'aussi bien il en avait trop éprouvé la cruelle vérité; et c'est pourquoi elle lui a inspiré celle de ses pièces de théâtre qui a le plus de signification et de portée. Ici, comme partout, Musset n'a su que se raconter lui-même. Mais il l'a fait avec une sincérité et une candeur qui lui valent toutes les indulgences ou toutes les sympathies.

Je crois bien qu'on a tenu longtemps les comédies de Musset pour d'agréables bluettes où se jouait un esprit facile, et qui ne tiraient pas à conséquence. Le nombre est grand de ceux qui n'ont jamais pris Musset au sérieux. Lui-même se plaignait que Lamartine le traitât en enfant. Bien d'autres, qui n'étaient pas Lamartine, faisaient de même. Ils se souvenaient que par une belle nuit le poète avait posé à la Lune des questions facétieuses. Et ils ne se résolurent qu'avec peine à admettre qu'on pût entrer à l'Académie française après avoir apostrophé la lune

Sur un clocher jauni
Comme un point sur un i.

Puis Musset ne fut jamais pédant, jamais ennuyeux. Même il eut de l'esprit. Ce qui est toujours une mauvaise note auprès du peuple spirituel que nous sommes. Chateaubriand, ni Lamartine, ni Vigny n'ont d'esprit. Hugo a celui qu'on sait. Pourquoi donc Musset se mêlait-il d'avoir l'ironie légère, d'être espiègle et gamin? Et fallait-il prêter à ces élégants badinages plus de sens qu'ils n'en avaient?

Or, en se jouant, et sans avoir l'air d'y toucher, Musset a été aussi loin que nul autre dans l'étude de l'amour tragique. L'amour est un jeu plaisant et charmant quand une ingénue honnêtement rouée telle qu'est Camille fait oublier à cet écervelé de Valentin ses serments de ne se marier jamais (*Il ne faut jurer de rien*). Mais le plus souvent c'est un jeu cruel. Perdican, dans une heure de dépit, a cru qu'il pouvait sans crime dire à Rosette de ces paroles qu'on n'oublie pas; il lui a répété des paroles brûlantes qui s'adressaient à une autre; il lui a passé sa chaîne au cou; il lui a promis qu'il l'épouserait. Elle l'a cru, parce qu'elle est une enfant naïve, qui n'est point en garde contre le mensonge d'autrui, ne sachant elle-même comme on fait pour mentir. Elle l'a cru surtout parce qu'on croit volontiers ce qui fait plaisir. Elle aimait. Elle n'était point aimée. Sitôt qu'elle l'a compris, elle est morte. (*On ne badine pas avec l'amour.*) Aimer, n'être pas aimée, passer à côté du bonheur, s'obstiner à la poursuite d'un rêve qu'on n'atteindra pas, c'est le sort le plus commun. De là vient qu'il n'y a point de pièce de théâtre dont la conclusion soit plus douloureuse et plus pleine de sens que celle des *Caprices de Marianne*. Après que Cœlio est mort pour elle, Marianne est toute prête à devenir la maîtresse d'Octave. Mais lui : « Je ne vous aime pas, Marianne, c'est Cœlio qui vous aimait. »

Aussi qui a mieux dit ce qu'il peut tenir dans un cœur de femme d'inconsciente perversité ? On nous a montré maintes fois, et c'est un des lieux communs du théâtre d'aujourd'hui, la femme dépourvue de sens moral, jouant sans remords avec toutes les ruines qu'elle fait. Ces Parisiennes fin de siècle ne sont que de pauvres écolières auprès des Marianne et des Jacqueline. Marianne a vingt ans. Elle est mariée à un vieux juge imbécile. Elle apprend qu'un jeune homme se meurt d'amour pour elle. Mais il se trouve que celui qui s'est chargé de lui transmettre cet aveu de la passion d'un autre est un libertin, qui ne l'aime pas. C'est donc pour celui-ci que tout d'un coup son caprice se déclare, et la froide, l'insouciante, la fière Marianne est tout près de se livrer à qui n'a pas voulu d'elle.

Jacqueline a passé la trentaine. C'est la provinciale qui s'ennuie. Ses rêves ne vont pas très haut. Elle est contente d'avoir pour amant cet imbécile de Clavaroche. Pour la sécurité de ce militaire, elle expose gaiement un enfant à souffrir et peut-être à mourir. Puis, son caprice ayant changé, elle va tromper Clavaroche avec Fortunio. Après quoi, probablement, elle reviendra à Clavaroche, à moins que le régiment n'ait changé de garnison, auquel cas elle retrouvera un autre Clavaroche

qui aura même large encolure, même rire
épais, mêmes moustaches cirées. Elle est d'ailleurs fourbe, menteuse, comédienne achevée.
En vérité, il n'est point de pire créature que
cette Jacqueline ensorcelante. — Et c'est pourquoi Musset est l'un des plus admirables
peintres de la femme, l'ayant su montrer à la
fois si charmante et si haïssable.

II. — *FANTASIO.*

Entre les plus charmantes comédies de Musset, celle-ci est exquise (1). Ce qui en fait le
prix, c'est d'abord qu'à toutes les pages et
entre toutes les lignes nous y retrouvons
Musset. Le pauvre poète n'a jamais su que son
âme. Il ne nous a conté d'autre histoire que la
sienne. Les idées générales, les beaux thèmes
de philosophie, les éloquents lieux communs,
toutes les guitares il les a toujours ignorées.
Ou s'il lui est arrivé parfois de mettre en vers
quelqu'une de ces admirables matières, il s'est
tiré de l'aventure avec tant de maladresse qu'on
ne lui en veut pas. Il a souffert, il a gâché sa
vie, il a gaspillé son talent; un beau matin en
s'éveillant il s'est aperçu qu'à dépenser folle-
ment et sans compter on se ruine et que c'est
pour toujours. Le seul bien qui lui fût resté au
monde, « c'est d'avoir quelquefois pleuré ».
Il a été tour à tour triste et gai, spirituel et
tendre, avec la même naïveté. Il a dit ses regrets
avec la sincérité la plus poignante. C'est pourquoi il se peut qu'on admire les autres, celui-
là on l'aime.

<hr>

(1) 1833. — Reprise à l'Odéon, février 1892.

Je ne vois rien dans toute la littérature de ce siècle qui puisse être comparé à la conversation de Fantasio avec Spark au premier acte. Fantasio, c'est fantaisie. Et il faut bien dire que la fantaisie est rarement parmi les dons que les fées de notre pays de France octroient à leurs filleuls. Rien d'ailleurs n'est plus haïssable que les contrefaçons de la fantaisie. Rien n'est plus ridicule et rien n'est plus sot que les grâces étudiées, la légèreté peinée et la gentillesse laborieuse. Je pense que cela n'a pas besoin d'être démontré et que s'il vous faut des preuves, vous ne serez pas embarrassés pour en trouver. C'est de la fantaisie qu'on peut dire qu'elle ne souffre pas la médiocrité... Elle prend tous les tons, elle se teinte de toutes les nuances, cette rêverie de Fantasio. Elle effleure tous les sujets, et passe de l'un à l'autre sans fatigue et sans effort, mais surtout sans raison. Elle va d'une calembredaine à un aphorisme, d'un souvenir des *Mille et une Nuits* à une épigramme contre les journalistes, d'un refrain de romance à la description d'un tableau flamand. « Beaucoup parler, dit Fantasio, voilà l'important. » Il y a de tout dans son joli caquetage, des impertinences et des vérités de bon sens, des concettis que Shakespeare eût trouvés quintessenciés et de belles images d'un solide éclat. « L'éternité est une grande aire, d'où tous les siècles, comme de jeunes aiglons, se sont envolés tour à tour pour traverser le ciel et disparaître ; le nôtre est arrivé à son tour au bord du nid ; mais on lui a coupé les ailes, et il attend la mort en regardant l'espace dans lequel il ne peut s'élancer... » Et parce qu'il n'est que les fous pour dire des choses sensées, il arrive que cet écervelé, en passant et sans s'en soucier, touche au plus profond de la souffrance humaine.

Car sans doute Fantasio est un enfant du siècle. Son désenchantement est pour une part affaire de mode, élégance d'attitude convenue. Il n'en est pas moins vrai qu'il aperçoit très nettement ce qui rend la condition de l'homme si insupportable, et que c'est l'impossibilité où il est de s'échapper à lui-même. « Si je pouvais seulement sortir de ma peau pendant une heure ou deux ! Si je pouvais être ce monsieur qui passe !... Je suis sûr que cet homme-là a dans la tête un millier d'idées qui me sont absolument étrangères ; son essence lui est particulière. Hélas ! tout ce que les hommes se disent entre eux se ressemble ; les idées qu'ils échangent sont presque toujours les mêmes dans toutes leurs conversations ; mais dans l'intérieur de toutes ces machines isolées, quels replis, quels compartiments secrets ! C'est tout un monde que chacun porte en lui ! un monde ignoré qui naît et qui meurt en silence ! Quelle solitude que tous ces corps humains ! » Nous sommes tout à fait isolés dans la foule de ceux que nous appelons nos semblables. Il n'y a pas de communication de leur âme à la nôtre. Tout ce qui est en eux d'intéressant et qui vaudrait d'être connu est justement ce qui nous échappe. Nous ne connaissons que nous et nous nous connaissons trop. Nous nous sommes promenés dans toutes les rues et dans tous les trous de notre imagination ; et tous les recoins de notre cervelle délabrée n'ont plus rien à nous apprendre. D'ailleurs, de trop regarder en soi, c'est là ce qui rend triste. « Je ne comprends rien, dit Spark, à ce travail perpétuel sur toi-même. »

Quel est donc le secret pour vivre heureux ou tout au moins pour vivre ? Il en est un d'abord, et c'est en vérité le remède le plus efficace qu'on ait trouvé aux tourments de la pensée : il consiste à anéantir en soi la pensée et à s'abêtir. « Il n'y a point de maître d'armes mélancolique. » Seulement on peut trouver que le remède est pire que le mal. Tout le monde ne se résigne pas à se faire maître d'armes. Que reste-t-il alors ? Rien qu'à se déprendre de soi, à oublier sa personnalité, à se soumettre aux choses, à se transformer et à s'absorber en elles. C'est le parti auquel s'est arrêté le bon Spark, et c'est pour cela qu'il mérite d'être appelé un sage. « Quand je fume, ma pensée se fait fumée de tabac; quand je bois elle se fait vin d'Espagne ou bière de Flandre ; quand je baise la main de ma maîtresse, elle entre par le bout de ses doigts effilés pour se répandre dans tout mon être sur des courants électriques; il me faut le parfum d'une fleur pour me distraire ; et de tout ce que renferme l'universelle nature, le plus chétif objet suffit pour me changer en abeille et me faire voltiger çà et là avec un plaisir toujours nouveau. » Les philosophes qui de tout temps ont insisté sur la nécessité où est l'homme de se « divertir » n'ont ni mieux pensé ni si bien dit que Fantasio et son ami Spark.

Je n'ignore pas que pour rendre du prix à l'existence il est des moyens plus relevés que de se faire maître d'armes ou de devenir fumée de tabac. Se consacrer à une idée, se dévouer à une grande œuvre, cela est souverainement hygiénique pour l'âme. Seulement nous n'allons pas conseiller à Fantasio de chercher la péréquation de l'impôt, ou de fonder une société de secours. On doit tâcher autant qu'on peut de ne pas parler tout à fait en imbécile.

Ce qu'il faut à un homme dans l'état d'esprit où nous voyons qu'est Fantasio, c'est commettre une grande folie, une de ces excentricités dont on rêve en ses heures de philosophie, et qu'on ne met pas à exécution parce qu'on est lâche. Fantasio n'y manque pas. C'est pourquoi il aura connu, pendant quelques minutes au moins, le bonheur de vivre, cette plénitude de contentement qui vient de ce qu'on se rend témoignage qu'on n'est pas inutile et inactif, mais qu'on accomplit sa destinée et qu'on fait ici-bas l'œuvre juste qu'on y devait faire.

Donc, au bout d'un hameçon pendu au bout d'un fil, Fantasio pêche la perruque d'un prince. Cela est en soi une bonne farce. De

voir une perruque qui s'enlève et se balance à
travers les airs, quelle que soit d'ailleurs la
tête qu'elle décoiffe, cela est toujours plaisant.
Mais dans le milieu où opère Fantasio, son
action prend un caractère tout nouveau et qui
va bien au delà des bornes d'une simple plaisanterie. Car de grands personnages étaient
assemblés, et qui jouaient leur rôle et qui
tenaient leur emploi avec la gravité convenable.
Marinoni, revêtu des insignes de la dignité
princière, songeait : En vérité, ce sont de
belles choses qu'un titre, un costume et des
chamarrures, puisqu'il n'en faut pas davantage
pour en imposer aux hommes. Je ne suis qu'un
aide de camp. Mais j'endosse un habit qui n'est
pas le mien. Aussitôt ma personne inspire de
la vénération, les moindres de mes propos
tombent au milieu d'un silence attentif. Marinoni, cher courtisan, avais-tu jamais si bien
compris le respect qu'on doit aux grandeurs ?...
Le prince de Mantoue s'abîmait dans la contem-
plation de son propre génie : En vérité, songeait-
il, il y a une Providence. Et j'en suis maintenant tout à fait convaincu. Un homme, fût-il un
homme de génie, et c'est le titre que je me
flatte de mériter, ne se serait jamais avisé du
dessein qu'une inspiration venue d'en haut a
fait naître dans ma cervelle inventive. C'est la
Providence qui a voulu que je m'introduisisse
auprès de ma fiancée sous un déguisement
renouvelé du théâtre de Marivaux et que je lui
tinsse des propos empruntés à l'*Antony* de

Dumas qu'on appellera un jour Dumas père, afin de le distinguer de son fils, s'il en a un. Prince de Mantoue, décerne-toi par avance les hommages que la postérité ne te marchandera pas; car désormais ton nom ne saurait plus périr... Et le roi de Bavière, un peu triste, ainsi qu'il convient à un père qui s'apprête à signer le contrat du malheur de sa fille : Ce prince de Mantoue a l'air d'un homme tout à fait ordinaire. Et pourtant je ne saurais nier que ce ne soit un puissant prince ; ce qui le prouve bien c'est que je me prépare à acheter son alliance au prix de ce que j'ai de plus cher... Et les courtisans s'inclinaient très bas. L'air était chargé de respect. L'atmosphère était saturée d'adoration... Un éclat de rire ! Pour un instant toutes les convenances sont oubliées. Toutes les conventions ont craqué. Il n'y a plus de majesté royale. Il n'y a plus de grandeurs. Il n'y a plus de tête couronnée. Il n'y a plus de prince. Il n'y a plus qu'un monsieur chauve.

Et par les conséquences qu'elle aura, cette espièglerie va devenir un événement considérable. Le prince est furieux. Il va rentrer dans ses États pour se mettre à la tête de ses armées. La guerre va recommencer. En un instant tous les résultats sont compromis de négociations laborieuses et d'une diplomatie compliquée. Il y aura des batailles et du sang, le conflit de deux peuples, la défaite pour l'un, beaucoup de ruines et de désastres pour l'un et l'autre. Mais l'important n'était-ce pas d'épargner un chagrin, un chagrin trop lourd à la petite princesse Elsbeth ? Fantasio avait vu deux larmes tomber silencieusement sur le voile de la triste épousée. Les combinaisons politiques, les affaires qu'on appelle sérieuses, la guerre et la paix, l'alliance des souverains, les intérêts des peuples, qu'est-ce que tout cela au prix d'une larme sur la joue d'une enfant?

LE DRAME ROMANTIQUE

I. — ALEXANDRE DUMAS : *HENRI III ET SA COUR.*

« Oh ! ma tête ! ma tête ! » s'écrie Saint-Mégrin au premier acte de *Henri III* (1) ; et pourtant il n'en est encore, le malheureux, qu'au premier acte. Cette exclamation naïve résume assez bien l'impression que produit aujourd'hui ce drame. Et pourquoi d'abord a-t-on été l'exhumer ? Je dirais que *Henri III* n'est pas un des meilleurs drames de Dumas, si je trouvais aucune raison appréciable de préférer un quelconque des drames de Dumas à celui-ci. En tout cas, rien, absolument rien ne le désignait pour la faveur d'une reprise. Comment a-t-on eu l'idée, en 1889 et avant la période des jours gras, de nous faire assister à cette mascarade : les astrologues, les breuvages empoisonnés, les philtres, les cachettes dans les murailles, que sais-je encore ?

---

(1) 1829. — Reprise à la Comédie-Française, janvier 1889.

Dans un décor brossé en deux temps, se meuvent le roi et ses courtisans, et Catherine de Médicis, et d'Épernon, et Joyeuse, et Ruggieri, et quelques autres qui n'ont jamais existé. Et tous parlent le même langage ; et c'est le même que parleront les trois mousquetaires et tous les autres mousquetaires sortis de l'imagination de Dumas père, infiniment moins fécondé, moins créatrice, moins variée qu'on ne l'a dit. Les pantins peuvent être aussi nombreux qu'on voudra, ce ne sont toujours que des pantins, c'est-à-dire un peu moins que rien. Si encore ces romantiques à pourpoints, à fraises et à crevés, étaient moins prétentieux ! Mais ce sont d'abominables pédants, tout en citations, avec renvoi aux sources et dates précises. Vous savez ce début d'un discours de Gustave-Adolphe à ses conseillers : « Messieurs, avant de partir pour la guerre de Trente ans... » Et de même, les personnages de Dumas ; on sent qu'ils viennent de feuilleter les chroniques, et que, tout émerveillés des découvertes qu'ils y ont faites, ils veulent étaler devant nous leur érudition. Oh ! ma tête ! ma tête !

Il y a deux pièces dans *Henri III.* — Un drame de jalousie. Saint-Mégrin est amoureux de la duchesse de Guise. Il a eu une entrevue avec elle et d'une façon bien simple. La duchesse endormie a été transportée chez Ruggieri. Saint-Mégrin a poussé le bouton d'un miroir magique, approché un flacon des narines de la belle : alors on a pu causer. Par malheur, la duchesse a laissé tomber un mouchoir : le duc le trouve, comprend tout, et s'écrie dans ce langage incohérent dont l'auteur a le secret : « Mille damnations! ce mouchoir appartient à la duchesse de Guise! Voilà les armes réunies de Clèves et de Lorraine... Elle serait venue ici... Saint-Mégrin!... O Mayenne! Mayenne! Tu ne t'étais donc pas trompé! et lui... lui... Saint-Paul... Je vais... Saint-Paul! qu'on me cherche les mêmes hommes qui ont assassiné Dugast! » Voici comment il se venge : Il force la duchesse, il la force en lui tordant le poignet, et en lui faisant « des bleus », à écrire à Saint-Mégrin pour lui donner rendez-vous à l'hôtel de Guise. Le jeune homme arrive, sans défiance. Parvenu auprès de la duchesse, il apprend le péril qui le menace, tente de fuir ; mais les issues sont gardées, et il tombe sous les coups. Vous voyez d'ici les deux scènes capitales. Le duc et sa femme : celle-ci refusant d'écrire, mais se troublant, perdant courage devant ces menaces de mort, suppliant, et finalement se laissant faire. Saint-Mégrin et la duchesse : le jeune amant tout prêt à accepter la mort, pourvu qu'en mourant il emporte l'assurance qu'il est aimé et qu'on se souviendra de lui. Tout cela fait un drame de jalousie comme beaucoup d'autres et inférieur à beaucoup d'autres. — Un drame historique. Henri III mou, hésitant, dominé par tous ceux qui l'entourent, par sa mère, par ses favoris, par les princes lorrains. Catherine, la Florentine astucieuse, se servant des favoris pour gouverner le roi, du duc pour combattre les favoris, du roi pour ruiner les uns et les autres. Mais ce ne sont là que de vagues silhouettes, sans rien qui indique l'essai même d'une étude de caractère. Un coloriage hâtif, une image pour les grands enfants. — Or, ces deux pièces ne dépendent pas l'une de l'autre : la suture maladroitement opérée y est trop visible. On n'a même pas à louer l'habileté de main du faiseur.

II. — LOUIS BOUILHET :

LA CONJURATION D'AMBOISE.

Louis Bouilhet fut un homme des plus estimables, un travailleur consciencieux, un artiste désintéressé et uniquement épris de son art, un écrivain respectueux de la langue. Ce sont des titres. Ajoutez qu'il fut lié d'une amitié étroite avec Gustave Flaubert, et que l'auteur de *Madame Bovary* crut très sincèrement au génie de l'auteur de *Melœnis*. Nous avons donc toutes sortes de raisons pour souhaiter que cette noble mémoire soit honorée comme il convient, et c'est pourquoi je me hâte de constater que le public a revu avec plaisir la *Conjuration d'Amboise* (1). Il s'est intéressé, ce complaisant public, à l'esquisse des principales figures historiques, il a frémi

____

1) 1866. — Reprise à l'Odéon, avril 1892.

aux situations tragiques, il a vibré à tant de nobles sentiments exprimés dans ce drame d'une façon continue; des tirades particulièrement saisissantes ont été applaudies avec vigueur, les derniers tableaux surtout ont fait grande impression; l'émotion allait croissant — en vérité — et je crois bien qu'au dernier acte ç'allait être de l'enthousiasme, si toutefois il fût resté quelqu'un dans la salle... Et maintenant que j'ai enregistré le succès et constaté l'opinion de plusieurs, qui sans doute a plus de poids que la mienne, je puis bien dire mon avis. Cette *Conjuration d'Amboise*, que c'est ennuyeux, mais aussi que c'est ridicule!

Ce que je ne puis pardonner au drame du vieux Bouilhet, c'est d'être un drame historique, c'est-à-dire d'appartenir au genre le plus faux et le plus insupportable que je sache. Le mélodrame du boulevard du Crime a sa raison d'être, et on en établirait la légitimité sur de sérieux arguments. De bons esprits prennent chaque jour la défense du vaudeville. L'opérette a encore ses partisans. Mais qui osera jamais plaider la cause du drame d'histoire?... Voici, à mon avis, ce qui fait l'irrémédiable défaut du genre et ce qu'il y a dans sa définition elle-même de contradictoire. Le drame historique ne s'adresse qu'aux personnes très instruites. Si on ne possède pas sa chronologie sur le bout du doigt, on est perdu. Si on ne se meut pas avec aisance à travers les détails les plus menus des grands événements et des catastrophes mémorables, on se trouve comme plongé dans une cave obscure. Si on n'a pas vécu dans la familiarité la plus intime avec les princes et les rois défunts, on risque de ne rien comprendre aux conversations qu'ils tiennent devant nous. Si, enfin, on n'a pas l'esprit souple et l'intelligence subtile avec une finesse merveilleuse pour saisir au passage les allusions les plus aériennes, on reste comme stupide aux beaux endroits. Et je m'en apercevais bien aux efforts d'attention, souvent infructueux d'ailleurs, auxquels j'ai dû me livrer pour suivre, même d'un peu loin, la marche de cette *Conjuration d'Amboise*. Au temps déjà bien éloigné où j'étudiais au collège l'histoire du XVIe siècle, l'enseignement historique n'avait pas encore été réorganisé sur les bases solides et larges où nous le voyons établi aujourd'hui. L'histoire ne tenait que peu de place dans les études. Elle était considérée comme un genre inférieur, j'entends inférieur aux exercices eux-mêmes de versification latine. On l'abandonnait aux esprits un peu lourds, aux bons élèves doués de patience, pourvus d'une ample mémoire et médiocrement partagés sous le rapport des facultés originales et personnelles. C'était absurde, et depuis on est bien revenu de cette conception saugrenue. Mais alors nos maîtres eux-mêmes semblaient n'avoir que peu de foi dans l'utilité de leur tâche. Celui qui était chargé de démêler devant nous les fils embrouillés de l'histoire des guerres de religion, et qui a laissé des souvenirs parmi tous les hommes de ma génération, s'endormait régulièrement après qu'il s'était depuis un quart d'heure installé dans sa chaire. Nous ne le réveillions pas. Combien nous nous en repentons aujourd'hui ! La Renaudie, Poltrot de Méré, le prince de Condé lui-même ont des secrets pour nous.

Mais, d'autre part, et c'est la fatalité qui pèse sur toute œuvre du genre historique, ce genre qui ne peut être goûté que des personnes très savantes les choque sans cesse. Ce qui le constitue en effet, c'est le mélange de la vérité et de la fiction. L'érudit se double d'un poète et celui-ci joue à l'autre des tours pendables. Bouilhet prend des libertés avec Bouillet. Le cadre général est quasiment authentique, les faits sont pour la plupart inventés. On a une peine infinie pour faire le départ du vrai et du faux. On est tiraillé en des sens contraires, ballotté entre des impressions totalement incohérentes. On est incertain, on est troublé ; on hésite, on ne sait plus, on lâche pied. Ce qui est particulièrement irritant, c'est que, par une nécessité même du théâtre et par suite des exigences de l'intérêt scénique, le dramatiste est obligé d'assigner aux événements les plus considérables les causes les plus minces, et de ramener les plus grands faits de l'histoire à l'éternelle intrigue d'amour. C'est Scribe qui, dans le *Verre d'eau*, a formulé avec la plus admirable netteté cette loi du drame historique qui consiste à subordonner toujours le prin-

cipal à l'accessoire et à ne tout apercevoir
que par le petit côté. Qui est-ce qui parle
des causes lointaines, des grands courants,
des mouvements généraux? Tout n'est que
hasards, médiocres incidents et détails futiles.
Et il est bien vrai que Pascal avait dit quelque chose d'approchant à propos du nez de
Cléopâtre.

Vous me direz qu'on n'a pas le droit de faire
ainsi le procès à un genre et de demander à un
écrivain autre chose que ce qu'il a voulu faire.
Le drame historique n'est plus à la mode. Il a
plu en son temps. Il répondait apparemment
au goût du public, il est né d'un besoin des esprits. Et toute la question, puisque Louis
Bouilhet a voulu faire un drame historique, est
de savoir s'il a réussi et si son drame est bien
fait. Or je pense que la *Conjuration d'Amboise*
est un drame très médiocrement fait. Dans la
Conjuration, comme dans *Henri III et sa Cour*
et dans toutes les œuvres similaires, il y a deux
pièces : et elles ne se tiennent pas. Il y a d'une
part un tableau du règne de François II; il y a
d'autre part une intrigue romanesque entre le
prince de Condé et une honnête dame : madame
de Brisson. Et l'intrigue romanesque est maladroitement rattachée au drame d'histoire. Cela
est compliqué et pénible. Cela est mal venu, ou
même n'est pas venu du tout. Ajoutez que les
silhouettes des principaux personnages restent
très vagues. Ajoutez encore qu'en dépit du
mouvement, des grands gestes et des grands

cris, nous ne parvenons pas un seul instant à
prendre ce drame au sérieux.

Peut-être y aurait-il peu d'intérêt à raconter la
pièce par le menu et à en suivre la marche tortueuse. D'ailleurs, ce serait très long. J'indi-
querai seulement les quelques scènes capitales
et où l'auteur a fait porter son principal effort.
— Le premier tableau est rempli par une grande
conversation politique où Catherine de Médicis
explique avec les réticences nécessaires les des-
seins de sa politique tortueuse. — Le deuxième
tableau nous transporte au domaine de la Fre-
donnière, à quelque distance de Blois, dans la
cour du château, la nuit. C'est là que la comtesse de Brisson tombe dans un conciliabule de
conjurés protestants. Elle est en danger. Le
prince de Condé la sauve, et il en devient, si
j'ai bien compris, éperdument amoureux, sans
d'ailleurs l'avoir vue. — Le second acte met en
présence François II, Condé et le duc de Guise.
— Le troisième acte s'ouvre par un monologue
« comique » qui est de la drôlerie la plus lugubre. — Puis une grande scène d'amour idéal,
aristocratique et romantique entre Condé et la
comtesse de Brisson. Voici une déclaration dont
on a fort goûté la gentillesse : Condé est aux
pieds de la comtesse...

... De ces pieds charmants je veux baiser la trace !...
Ah! petits pieds meurtris aux pierres des chemins,
Pieds vaillants, qui courez au dernier des humains,
La nuit, furtivement, sur un mot qu'il envoie !...
Vous avez dans mon ombre apporté tant de joie,

Que les palais, ornés des tapis les plus doux,
N'en pourraient pas montrer qui soient dignes de vous!
Et que le ciel lui-même, étalant tous ses voiles,
N'aurait pas un nuage assez brodé d'étoiles,
Assez splendide, assez plein de parfums sacrés,
Pour embellir la place où vous vous poserez !

Ces pieds qui apportent de la joie,... ces tapis,... ces voiles du ciel,... quel pathos! Et serait-ce de ce style que parle l'amour entre personnes appartenant aux hautes sphères ? — La meilleure partie de tout l'ouvrage est une scène du début du quatrième acte entre le pauvre roitelet de France et Marie Stuart. La figure d'enfant malade de François II y est assez heureusement indiquée :

Je suis un souffreteux, un malade, un enfant ;
Lamentable héritier des héros séculaires,
Je n'en ai pas la force et j'en ai les colères,
Et quand dans mon sommeil l'un d'eux vient m'avertir,
. Je sens là comme un roi qui ne peut pas sortir...
   . . . .
   . . . .
   . . . . , ... Dans mes rêves
J'entends venir au loin de tels événements,
Que je deviens farouche et sombre par moments,
J'ai des désirs cruels... dont je frémis moi-même !...
Ah ! laisse-moi plutôt quitter ce diadème !
Dieu, peut-être, Marie, a fait les mêmes lois
Pour les petits enfants et pour les petits rois !
Peut-être il est un lieu plein de silence et d'ombre,
Où, sous le dais tremblant des étoiles sans nombre,
Ceux qui n'ont pas vécu jusqu'au terme assigné
Attendent vaguement ceux qui n'ont pas régné...

Mais le drame ne se maintient guère à ces

hauteurs. Et je n'insiste pas sur la qualité des plaisanteries dont le badin prince de Condé, au dernier acte, assassine Brisson, ce type des maris qui n'ont pas de chance...

————

ALEXANDRE DUMAS PÈRE

KEAN

Il faut avouer que le drame du vieux Dumas
est tout à fait amusant. Je sais tout ce qu'on
pourrait dire contre cette pièce, si on la prenait
par hasard pour une œuvre littéraire, et qu'on
voulût la soumettre à l'examen de la plus superficielle critique. Le peinturlurage de la couleur
locale y est d'une qualité particulièrement grossière. Les événements y sont de la dernière in-
vraisemblance. L'action est toute en gros effets
de mélodrame. Le style, si j'ose dire, en est
peu châtié. On y relèverait non seulement des
locutions empreintes de quelque emphase : le
métier de comédien, « cette robe de Nessus
qu'on ne peut arracher de dessus ses épaules
qu'en déchirant sa propre chair »; l'art, « ce
vampire mourant de faim à qui nous jetons un
manteau doré sur les épaules »; les critiques

(1) 1836. — Reprise à l'Odéon, octobre 1891.

« ces anges du jugement de la nation »; mais encore des métaphores qui ne sont pas exemptes d'incohérence. C'est ainsi qu'il y est parlé du « revers d'une médaille brillante qui porte deux couronnes, une de fleurs, une d'épines », et du théâtre « qui est une carrière dont il faut vider la coupe et le calice, boire le miel et la lie »; et qu'on y voit briller des phrases telles que celle-ci : « Quoi qu'on ait essayé d'imiter mon écriture, ce n'est pas la mienne... » Mais à quoi bon s'arrêter à ces chicanes? On sait de reste que Dumas père ne soignait pas son style, et qu'il n'avait pas le temps. Il ne s'occupait ni des mesquineries de l'exactitude ni des subtilités de l'étude morale. Et c'est avoir de l'encre à perdre que d'en dépenser afin de démontrer que l'auteur des *Trois Mousquetaires* et de *Monte-Cristo*, de *Charles VII* et de *Kean*, n'écrivait pas pour les délicats.

Ce qui est bien plus curieux, c'est de songer de quelle conception de la vie et de la société procède une pareille œuvre. Dans quel cerveau étrangement conformé ont pu se dessiner ces silhouettes d'ogres et de bons géants? Dumas père était de bonne foi. De même ceux qui l'applaudissaient. En vérité, les hommes de ce temps-là étaient de grands enfants. — Kean est un comédien. Il appartient à une profession sur laquelle pèse un préjugé. Il est en dehors de la société et hors la loi. Cela suffit. Il n'est pas d'héroïsmes, de noblesses, de saintetés dont il ne faille auréoler le front de ce paria sublime.

Kean est grand. Il est vraiment roi sur la scène où il triomphe, devant la salle qui l'acclame. Tour à tour Hamlet ou Roméo, Othello, Falstaff ou Prospero, il est sombre, il est touchant, il est terrible, il est gai, il est fou, il est sage. Il fait parler tous les sentiments. Il incarne en lui toutes les passions. Et dans l'enthousiasme que soulèvent ses merveilleuses créations, on oublie que tout de même Shakespeare est pour quelque chose dans l'affaire. — C'est pourquoi les premiers de l'État briguent l'honneur de son amitié. Tout Londres a vu passer Kean dans la voiture de son compagnon le prince de Galles. Les ambassadeurs étrangers l'invitent à leur table. Mais surtout les femmes consacrent, par la défaite de leur pudeur, la toute-puissance de leur superbe vainqueur. Ce cabot a des maîtresses à ne savoir qu'en faire. On ne nous montre que trois de ces femmes éperdues d'amour, mais elles ont un caractère symbolique et une valeur représentative. Ketty, la blonde, symbolise l'amour que toutes les femmes du peuple nourrissent pour Kean. Anna Damby symbolise l'amour dont toutes les riches héritières brûlent pour Kean. Elena, comtesse de Kœfeld, symbolise l'amour dont flambent toutes les grandes dames pour le grand Kean. Suivant l'expression si justifiée du souffleur Salomon, il est le soleil de l'Angleterre. Comme le soleil, il réchauffe et vivifie. Une jeune fille se mourait succombant au climat meurtrier de Londres ; il faisait froid dans son cœur, nuit dans son âme embrumée par les brouillards de la Tamise. Le hasard veut qu'elle assiste à une représentation où jouait Kean. Aussitôt elle renaît à la vie, le sang se remet à circuler dans ses veines, ses joues reprennent de bonnes couleurs. Kean a fait ce miracle, et ne l'a pas fait exprès. Il est le Christ ressuscitant les jeunes filles déjà couchées dans la tombe. Il est le bon Dieu.

Comme il est grand, comme il est beau, comme il est fort, Kean est généreux et bienfaisant. Une jeune fille peut aller chez lui et lui demander des renseignements sur la profession de comédien. Elle sortira de chez Edmond Kean aussi pure qu'elle y est entrée. Et attendu que Kean insiste sur la loyauté dont il fait preuve en pareille occasion, et que tous les personnages l'en félicitent à l'envi, force nous est de conclure à notre tour que c'est vraiment là l'effet d'une vertu singulière. Il est encore admirable avec les femmes mariées. Il n'est pas de danger où il ne s'expose plutôt que de risquer de les compromettre. Il n'est pas fier. Dans la plus obscure des tavernes, il deviendra le partenaire du premier boxeur à qui prendra fantaisie de lui pocher un œil, quitte à s'étonner ensuite qu'un grand seigneur refuse de s'aligner avec lui. Onques n'a-t-on ouï dire que Kean ait manqué à sa parole. Il est intraitable sur les questions qui touchent à l'honneur. Il est bien vrai qu'il ne paye pas ses dettes. Mais le prend-on pour un vilain? Il est le défenseur de tous les opprimés, le soutien des faibles, le sauveur des petites gens, le trésorier des pauvres. Qu'un prince vienne frapper à sa porte, Kean ne se dérange pas et fait congédier l'importun. Mais qu'un saltimbanque dans l'embarras ait recours à lui, Kean jouera les plus beaux morceaux de son répertoire pour faire tomber sa miséricorde en pluie d'or dans l'escarcelle du pauvre diable.

Cette conception du cabot divin est répandue dans toute l'œuvre, mais elle éclate surtout dans trois tirades qui sont les parties capitales du drame. Il s'agit d'abord de montrer la supériorité du comédien, et accessoirement de l'auteur dramatique sur ceux que l'impuissance de produire a jetés dans la critique. Quelques phrases y suffiront, où Dumas fait le jour sur les mœurs des critiques de son temps et aussi bien de tous les temps. Une actrice, naïve et pure, s'en va ingénument chez l'auteur d'un feuilleton peu élogieux. « Vous lui demandez le motif de sa haine, et ce que vous pouvez faire pour qu'elle cesse. Alors il vous dira que vous vous êtes méprise sur ses intentions, que votre talent lui plaît, qu'il ne vous hait pas, qu'il vous aime, au contraire. Vous vous lèverez comme vous venez de le faire, et il vous dira : Rasseyez-vous, miss, ou demain... » Ça, comme disent les personnes de la meilleure compagnie, c'est envoyé ! — Deuxième tirade, ou : de la supériorité des gens de théâtre sur les personnes titrées. C'est le grand air qui termine le troisième acte. Kean oppose sa conduite à celle de lord Melwill descendant d'une des plus grandes familles de l'Angleterre, et qui pour redorer son blason ne trouve pas de meilleurs moyens que l'enlèvement, le séquestre et le viol. — Enfin le triomphe de ce système, le plus bel effet et le plus précieux effort de cette rhétorique, c'est l'apostrophe fameuse au prince de Galles. L'histrion bafouant le prince, la royauté de théâtre humiliant la royauté véritable, Kean et « cet excellent George »... O Shakespeare ! ô Jocrisse !

Mais songez qu'en ce temps-là, d'autres, et des plus grands, s'élevaient à peine au dessus de cette philosophie !

Kean a pour sous-titre : *Ou désordre et génie.* C'est un des dogmes chers au romantisme que les nécessités de l'art sont incompatibles avec les conditions d'une vie rangée. Par définition, un artiste ne peut être un bourgeois, puisqu'il est justement le contraire. « Il faut qu'un acteur connaisse toutes les passions pour les bien exprimer. Je les étudie sur moi-même : c'est le moyen de les savoir par cœur... Avoir de l'ordre ! C'est cela. Et le génie, qu'est-ce qu'il deviendra pendant que j'aurai de l'ordre ? Avec une vie agitée et remplie comme la mienne, ai-je le temps de calculer minute par minute et livre par livre ce que je dois dépenser de jours ou dissiper d'argent ? Oh ! si Dieu m'avait donné cette honorable faculté, je serais à cette heure marchand de draps dans la Cité et non marchand de vers à Drury-Lane et à Covent-Garden. » Et comme l'ordre, la prévoyance, l'économie sont tout de même indispensables au point de vue des réalités de la vie pratique, il s'ensuit que quiconque est marqué du sceau du génie doit s'attendre à connaître toutes sortes de souffrances et de misères, qui sont comme le rachat de son fatal privilège.

Cette théorie est erronée. On n'a pas eu de peine à le démontrer. Et d'abord est-il nécessaire que l'artiste, interprète ou même créateur, ait ressenti les passions qu'il veut exprimer? Un homme de beaucoup de bon sens me disait à ce propos : « Prenons pour exemple Shakespeare. J'admettrai, si l'on veut, qu'il ait connu par expérience personnelle l'amour, la jalousie, la débauche, qu'il ait été Roméo, Othello, Falstaff. Mais comment admettre qu'il ait été en outre et Macbeth et Claudius, c'est-à-dire qu'il ait été lui-même assassin et assassiné? C'est impossible. L'artiste n'est pas celui qui a ressenti davantage, mais bien celui qui a au plus haut degré la faculté d'imaginer... »

Cela est l'évidence même. Nous savons d'autre part que l'irrégularité de la vie n'est ni l'origine ni la marque d'une extraordinaire valeur d'esprit. Tous les éclopés de la vie de Bohême sont là pour prouver que si ce genre de vie ne saurait faire éclore le génie, en revanche il est très capable de paralyser le talent. Les beaux livres ne se conçoivent pas entre deux vins. Les vers immortels peuvent être des sanglots, ce ne sont pas des hoquets. On cite de grands poètes qui ont été en même temps de bons pères de famille et d'habiles administrateurs, soucieux de leur fortune autant que de leur gloire. Les auteurs dramatiques ne sont pas toujours incapables de calculer la recette. Il arrive que des artistes, de quelque ordre que ce soit, après une brillante carrière, finissent leurs jours dans un intérieur paisible et dans une honnête aisance, tout comme les anciennes drôlesses. Pour ce qui est en particulier des gens de théâtre, c'est, nul ne l'ignore, parmi MM. les comédiens que se trouvent aujourd'hui les fonctionnaires les plus ponctuels, et les bourgeois jouissant de la plus haute respectabilité.

Nous avons donc, par le raisonnement et par l'exemple, réfuté le paradoxe romantique. Même on pourrait trouver, non sans raison, que nous l'avons réfuté avec excès. Nos comédiens ont une bonne odeur de bourgeoisie : ne trouvez-vous pas que cela se sent un peu trop dans leur jeu ? Nos écrivains sont d'habiles marchands ; pensez-vous que le mercantilisme n'ait mis nulle trace dans leur œuvre ? Je ne prétends pas que l'artiste puisse être dispensé des obligations de la morale commune. Mais l'atmosphère spéciale où il vit doit le rendre moins propre à la pratique coutumière de nos vertus. Le perpétuel souci de la traduction esthétique, la recherche de l'effet, le besoin aussi du succès entretiennent chez lui une constante excitation du cerveau. C'est un être d'exception. De commerce peu agréable, de relations peu sûres, il faut lui passer certaines bizarreries qui font partie du métier, et des excentricités qui sont aussi bien professionnelles.

AUGUSTE VACQUERIE

JALOUSIE

Au lendemain de la première représentation de *Jalousie* (1), M. Vacquerie écrivait au directeur du Gymnase pour lui demander qu'on ne jouât plus sa pièce : « Lorsqu'on a fait autrefois à *Tragaldabas* et aux *Funérailles de l'honneur* l'accueil qu'on a fait hier soir à *Jalousie*, j'étais jeune et je prenais ces choses avec insouciance et gaieté. Aujourd'hui j'entends autrement ma dignité, et il ne me convient pas de livrer aux ricanements une œuvre que j'ai méditée plus de temps qu'on n'en a mis à la juger... » Je me serais donc fait scrupule de troubler ce drame dans le repos qui a si tôt commencé pour lui, s'il ne m'avait semblé que l'échec de *Jalousie* a tout de même plus d'importance que le succès d'un vaudeville, et qu'il contient pour nous quelque enseignement.

(1) Gymnase, décembre 1888.

Jalousie devait certainement, dans les intentions de l'auteur, être un drame de psychologie.
On voulait analyser les effets de la jalousie sur
des âmes différentes, et nous montrer les formes que ce même sentiment peut prendre chez
plusieurs individus. La jalousie féroce chez un
vieillard enragé de ne pouvoir se faire aimer et
de ne pouvoir redevenir jeune. La jalousie passionnée chez un jeune homme, qui est aimé et
qui aime, mais d'un amour inquiet et soupçon-
neux. La jalousie élégiaque chez un soupirant
éconduit et fidèle. La jalousie coquette chez une
jolie mondaine qui s'est amusée à désespérer
un homme qu'elle aimait, et ne lui pardonne
pas, maintenant, que son désespoir ne l'ait pas
mené pour le moins au suicide. Du choc de ces
passions devait naître l'intérêt. Mais en fait
c'est seulement des situations que naît l'intérêt
dans *Jalousie*; ce qui est venu, ce n'est qu'un
drame d'intrigue, d'une intrigue compliquée et
sombre.

M. Jorgan a épousé une femme beaucoup plus
jeune que lui, Marcelle. Il lui en veut de cette
disproportion d'âge; il lui en veut de sa propre
vieillesse, de sa laideur, de tout ce qui chez lui
est fait pour mettre l'amour en fuite. La passion
très réelle qu'il a pour sa femme, s'est aigrie et
a tourné à une espèce de tyrannie tracassière.
Il se rend bien compte que Marcelle ne l'aime
pas : mais il se pose encore cette question : en
aime-t-elle un autre? Oui, elle en aime un autre,
elle aime le séduisant Gérard Bréhal. Celui-ci,

qui vient d'entrer dans le parc que possèdent les Jorgan à Villeneuve, s'approche du balcon de Marcelle pour cueillir une des roses sur lesquelles son souffle a passé. Marcelle le voit, ouvre la fenêtre, le gronde de son imprudence et descend auprès de lui afin d'avoir, en honnête femme qu'elle est, une explication franche. Elle connaît ses devoirs, elle est résolue à n'y point manquer. Que Gérard le sache donc bien : ils continueront à s'aimer, puisque aussi bien ils ne peuvent faire autrement; mais ce sera d'un amour pur, éthéré et résigné; ils s'adoreront dans le secret de leur cœur; ils s'attendront, et ils n'échangeront en s'attendant que des baisers métaphoriques. — Jorgan, caché derrière un buisson a tout entendu : il n'a été aucunement touché par l'honnêteté de ces deux jeunes gens, et il ne revient en scène que pour prononcer ce mot sur lequel tombe le rideau : « Je me vengerai ! »

Se venger ! mais comment ? Un duel ? s'il arrive que le mari soit blessé, ou s'il blesse l'amant, il ne réussit par là qu'à le faire aimer davantage. Un divorce ? pour jeter les deux amoureux dans les bras l'un de l'autre. Non, il faut inventer une vengeance efficace. Il faut que Gérard connaisse les mêmes souffrances dont Jorgan souffre lui-même. Il faut qu'il soit jaloux. Et comme il ne sera évidemment pas jaloux du mari, il faut lui susciter un rival en dehors du mari, ou lui donner au moins l'illusion qu'il a un rival. Et alors Jorgan va s'efforcer de mettre auprès de sa femme un amant fictif dont le rôle sera d'inquiéter l'amant véritable. Son choix tombe sur un certain Philippe, ami de Gérard et qui est à cent lieues de se douter des projets infâmes qu'il va servir inconsciemment. Jorgan l'attire à Villeneuve, lui ménage des tête-à-tête avec sa femme, et voici que cette nuit il le prie de monter dans la voiture de Marcelle et de l'accompagner à Paris. Il sait que Gérard a supplié Marcelle de ne pas consentir à cette promenade nocturne : et c'est pourquoi il insiste. Philippe se met tout naturellement à la disposition de madame Jorgan : il ne voit là qu'un service de banale courtoisie.

Cependant au troisième acte il commence à soupçonner quelque chose. Il a été surpris de trouver chez Gérard une froideur inaccoutumée. Il vient d'ailleurs de recevoir une lettre anonyme l'invitant à se rendre ce soir à Villeneuve, sous le balcon de madame Jorgan, s'il y veut voir quelque chose de très intéressant. Il flaire quelque machination ténébreuse : il est résolu à avoir le mot de l'énigme, à déjouer le guet-apens où on l'attire; il ira. — Ici une scène violente entre Marcelle et Gérard. Pourquoi a-t-elle accepté de voyager avec Philippe ? Et pourquoi serait-ce, sinon parce qu'elle l'aime, parce qu'il est son amant ? Voilà donc ce qu'il y avait au fond de ces protestations vertueuses. Elle se refusait parce qu'elle s'était déjà donnée. Il lui suffisait des soupirs de l'un, parce qu'elle avait les baisers de l'autre !

Dernier acte : à Villeneuve, sous les fenêtres de Marcelle. M. Jorgan attend les deux hommes, qui ne manqueront pas de venir. A Gérard, qui arrive le premier, il déclare qu'il va se battre avec l'amant de sa femme, il le prie d'être son témoin, son unique témoin; pour le cas où il serait tué et où Gérard aurait des difficultés avec la justice, il lui laisse une lettre par laquelle il déclare que c'est sur sa volonté formelle que ce duel irrégulier a eu lieu. Puis il s'écarte. — Arrivée de Philippe. C'était donc vrai! Et Gérard le provoque, l'insulte. Au bruit de la querelle, Marcelle est accourue et elle tâche de s'interposer; Philippe, qui, maintenant, a tout compris, essaye, lui aussi, de calmer son ami. Mais Gérard ne se connaît plus : il soufflette Philippe. Il faut donc en venir aux mains. La boîte à pistolets de Jorgan est restée là, comme par hasard. Gérard tire le premier et manque son adversaire. Et alors Philippe, devenu le justicier, se détourne, et au lieu de viser Gérard, il tire sur un buisson derrière lequel il sait que Jorgan s'est embusqué. Jorgan est tué net.

Vous voyez bien maintenant qu'il ne s'agit pas ici d'une œuvre vulgaire, que la donnée n'en est pas banale, que l'intrigue ne manque pas de vigueur. Pourquoi donc n'a-t-elle pas réussi? Et pourquoi devait-elle ne pas réussir? — On a dit d'abord qu'elle est remplie d'obscurités : et cela est exact. En vous la racontant tout à l'heure, je l'ai moins analysée que je ne l'ai expliquée. A la scène, il y avait une foule de choses qui

semblaient inintelligibles, faute d'avoir été suffisamment préparées. — On a signalé en outre
une maladresse qui aurait suffi à compromettre
des succès moins chancelants. Dans ce drame
il ne se dit pas une parole que n'entende le
mari, caché dans une serre, dans un cabinet,
derrière une porte. Chaque fois que Jorgan
donnait une preuve nouvelle de ce vilain défaut — hélas! je suis bien obligé de le constater — c'était une explosion de rires. Et lorsqu'au dernier acte Jorgan tombe frappé derrière
son buisson, il est bien justement puni par où
il avait péché. Ce drame pourrait être un proverbe : « *Jalousie,* ou *ce qu'il en coûte d'épier
aux portes.* »

Or, ce ne sont là que des critiques de détail
et superficielles. Le cas de *Jalousie* est autrement grave. Eût-on débarrassé la pièce de toutes
les maladresses de mise en scène, eût-on prié
le plus habile ouvrier de la mettre au point, elle
fût encore restée ce qu'elle est, une œuvre non
viable. C'est qu'elle pèche par sa conception
même : elle se réfère à une formule usée, elle
est un spécimen attardé d'un art qui n'a plus
cours : c'est une épave.

M. Vacquerie évoque le souvenir de *Tragaldabas* et des *Funérailles de l'honneur.* Il a raison et plus raison peut-être qu'il ne croit. *Jalousie* pourrait avoir été écrite à la même date
que ses sœurs aînées. Elle est tout aussi bien
un produit naturel du romantisme le plus intré-
pide et le plus naïf. Et c'est pour cela qu'elle

est si loin de nous! Songez en effet à l'état d'âme de l'auteur qui « médite » *Jalousie*. Il s'ingénie avant tout à trouver quelque chose d'extraordinaire, à paraître atroce et satanique. Il pourrait donner à Lucrèce Borgia son fils pour amant; il pourrait asseoir Triboulet sur le sac qui contient le cadavre de sa fille. Il préfère nous conter l'histoire d'un mari qui, pour venger son honneur, s'affuble d'un manteau couleur de muraille : c'est son droit. — De là cette conception du caractère de Jorgan. L'odieux bonhomme est pétri de toutes les noirceurs. Il est laid, il est ridicule, il est méchant. Il jette à la rue ses domestiques infirmes; il provoque les dénonciations à prix d'argent; il ment et il calomnie; il dispose des traquenards avec le cynisme d'un argousin de la dernière classe. Son vrai nom, c'est Croque-mitaine. — Seulement il vient un moment où les enfants s'étant aperçus que Croque-mitaine n'existe pas, cessent d'avoir peur de lui. Nous en sommes là. Les inventions les plus romanesques ne nous touchent plus, et précisément parce qu'elles sont romanesques. Nous avons horreur de tout ce qui sonne creux, des sentiments faux, des situations fausses, du langage faux. Et ici tout est convenu, romanesque et faux. « Il y a deux mariages, dit Gérard à Marcelle, celui qui préparé par les calculs d'intérêt, formé par les convenances, est sanctionné par la loi; et l'autre qui est le vrai, parce qu'il a pour toute sanction l'amour. » Or nous appelons maintenant ce

second mariage-là par son nom qui est : adultère. « Je ne serai pas votre maîtresse, répond
Marcelle, je me contenterai de souhaiter en
secret la mort de mon mari, car je suis fidèle. »
Or, nous apprécions ce genre de fidélité à sa
juste valeur, et c'est à peine si nous faisons une
différence entre cet adultère platonique et
l'autre. Mais vous vous souvenez bien qu'Antony et Adèle tenaient justement ce même langage.

Il ne manque pas dans le théâtre romantique
de ces raisonneurs qui raisonneraient comme
Jocrisse, s'ils ne raisonnaient comme des poètes.
Il n'y manque pas non plus de ces personnages
en carton, sans réalité et sans solidité, êtres
vagues, venus on ne sait d'où, pour faire on ne
sait quoi. Et ici de même. On fait se mouvoir
devant nous, un Gérard, un Philippe, un Prosper ; et à quel signe pouvons-nous distinguer
Philippe de Gérard, et Philippe et Gérard de
Prosper ? Il n'y a rien chez eux qui trahisse l'être
qui vit, qui a un caractère, une physionomie
propre : leur nom de baptême fait toute leur
individualité... Mais à quoi bon insister ? Toutes
ces invraisemblances et toutes ces insuffisances
passaient, vers 1830, grâce aux vers de Hugo
et à la prose endiablée de Dumas. Dix ans plus
tard le public commençait à regimber : Ponsard
faisait échec au maître, et le bon sens à l'imagination. M. Vacquerie, lorsqu'il commença à
écrire pour le théâtre, était déjà un peu en
retard. Depuis, le mouvement s'est continué et

accentué dans cette direction, qui nous éloi-
gnait chaque jour des grands ancêtres : Dumas
fils a singulièrement nui à Dumas père. Or il y
a aujourd'hui un homme qui conçoit le théâtre
comme on le concevait en ces temps lointains :
c'est M. Vacquerie. Il s'était, lui aussi, à son
heure, laissé glisser vers le genre plus moderne
de la comédie sociale : car il n'y a pas de fidélité
qui n'ait ses instants de défaillance. Voici qu'il
est revenu à son Credo des premiers jours. La
lettre qu'il écrit à M. Koning s'adresse en fait au
public de *Tragaldabas*. Je pense que *Jalousie*
aurait eu du succès devant ce public. Pourquoi
sommes-nous devenus plus exigeants ? C'est
notre faute après tout. C'est nous qui avons
vieilli. C'est M. Vacquerie qui est resté jeune.

ALEXANDRE DUMAS FILS

LE DEMI-MONDE

Il y a pour nous un intérêt de curiosité très vif à voir quel effet produit aujourd'hui une des œuvres les plus considérables du théâtre moderne et qui n'a pas moins de trente-cinq années bien comptées. On sait en quoi consiste le travail qu'opèrent les années sur une œuvre littéraire : c'est à faire saillir certaines parties, tandis que d'autres rentrent dans l'ombre qui plus tard s'éclaireront de nouveau. Les œuvres durables sont celles qui enferment assez de matière pour supporter sans en être épuisées le travail du temps, celles qui peuvent être envisagées sous plus d'un aspect, et qui trouvent dans leur fonds de quoi réparer à mesure des pertes inévitables. Le *Demi-Monde* (1) est une de ces œuvres-là ; nous nous en doutions bien un peu ; aussi n'en avons-nous

---

(1) 1855. — Reprise à la Comédie-Française, avril 1890.

eu que plus de plaisir à le constater. Une partie de l'œuvre s'est estompée, effacée ; une autre a pris un relief inattendu. Un élément d'intérêt, et qui, à vrai dire, est le plus important, a momentanément disparu ; nous en avons été quittes pour prendre l'œuvre par un autre côté.

Ce qui avait à l'origine fait le succès du *Demi-Monde*, c'était la peinture si neuve d'un coin de la société qui se trouvait pour la première fois étudié, décrit, désigné d'un nom qui devait rester ; c'était ce joli chapitre de géographie sociale et cette découverte, — on ne peut dire : de terres vierges —, mais du moins d'un pays dont l'exacte reconnaissance n'avait pas encore été opérée. M. Dumas a raconté comment il avait été introduit dans le salon d'une baronne d'Ange ; il y avait pu observer sur le vif les mœurs de cet étrange milieu ; les modèles avaient complaisamment posé ; le tableau était d'une absolue vérité. Seulement ce qui était vrai en 1855 ne l'est plus en 1890. Le progrès s'est fait ; on sait en quel sens. La société a marché. Tout comme l'autre, le demi-monde s'est encanaillé. On chercherait vainement aujourd'hui, sur la carte du monde galant, cette province où la galanterie n'est pas vénale. Monde disparu ! Et encore ce qui à l'époque parut audacieux ne saurait plus nous le paraître, après qu'on a tant dépassé les hardiesses de l'auteur du *Demi-Monde* ; nous sommes habitués maintenant à supporter au théâtre toutes les études de mauvaises mœurs, et à contempler dans leur vivante ressemblance les portraits des pires courtisanes. M. Al. Dumas, d'ailleurs, ne s'y était pas trompé. « Les différents mondes, écrit-il, se sont mêlés si souvent dans les dernières oscillations de la planète sociale, qu'il est résulté du contact quelques inoculations pernicieuses. Hélas! j'ai grand'peur, au train dont la terre tourne maintenant, que la bousculade ne devienne générale, que ma définition ne soit pour nos neveux un détail purement archéologique et que, de bonne foi, ils n'en arrivent à confondre bientôt le haut, le milieu et le bas. » Ce sont les « neveux » de l'auteur qui composent maintenant la majorité du public. Le détail purement archéologique les laisse en effet à peu près indifférents.

Mais M. Al. Dumas n'est pas seulement un observateur très perspicace, c'est encore un très vigoureux dramatiste. Cet auteur dramatique — d'une espèce qui se fait chaque jour plus rare — est un homme de théâtre. Cette comédie de mœurs a pour support un drame solidement charpenté. C'est le drame qui a résisté. Une femme qui est partie de la plus basse origine, mais qui a de la beauté, de l'esprit, de l'adresse, est arrivée à faire partie du demi-monde; elle tâche à s'élever jusqu'au vrai monde. Mme la baronne Suzanne d'Ange n'est ni baronne, puisque le baron d'Ange n'était pas son mari, ni veuve, puisqu'elle n'a jamais été mariée, mais elle a été la maîtresse d'un grand seigneur à qui elle doit sa fortune, et l'amie de plusieurs seigneurs de moindre importance; elle voudrait maintenant devenir la légitime épouse d'un honnête homme. Arrivera-t-elle à se débarrasser de son passé? L'échafaudage qu'elle a élevé à grand'peine, à force de tact et de prudence, en fera-t-elle un édifice, et le couronnera-t-elle par un mariage? Chez Olivier de Jalin, amant éconduit, qui l'emportera de la reconnaissance ou de la jalousie, et qui du galant homme ou de l'honnête homme? Enfin, chez M. de Nanjac, l'amour sera-t-il assez fort pour subsister après chacune des révélations qui, peu à peu, l'instruisent du passé de celle à qui il va donner son nom? Ce drame à trois personnages, cette lutte d'une femme avec son passé, ce duel avec l'amant d'hier devenu maintenant le plus dangereux des adversaires, c'est là ce qui nous a tenus jusqu'au bout intéressés et halétants. Ainsi, la pièce à laquelle nous avons assisté, ce n'est plus le *Demi-Monde*, c'est plutôt : la *Baronne d'Ange*. L'auteur avait eu à la vérité des visées plus hautes et plus larges, et nous lui faisons, malgré nous, tort du meilleur de ses intentions. C'est que nous sommes mal placés pour en juger. Nous ne sommes ni assez près, ni assez loin; n'étant plus les contemporains et n'étant pas encore la postérité. Mais le temps qui a dérangé les choses saura bien les remettre en place; et plus tard l'équilibre se rétablira entre les divers éléments d'intérêt; l'ouvrage reprendra ses justes proportions, son harmonie, son aspect véritable. Car il est appelé à rester comme un ouvrage type et comme le classique d'un genre.

Le *Demi-Monde* passe pour le chef-d'œuvre de son auteur. Il se pourrait en effet que M. Dumas y eût mis beaucoup de ses qualités les plus précieuses et très peu de ses défauts. La pièce est en cinq actes. Cette question de forme et de cadre a son importance. Aux personnages du théâtre, comme aux autres, il faut de l'espace pour se mouvoir, et de l'air pour respirer. C'est plus tard que M. Dumas nous donnera ces drames à la vapeur, en trois actes, voire en un seul, et dans lesquels il est contraint, faute de place et faute de temps, à se contenter de silhouettes au lieu de portraits, et d'esquisses sommaires au lieu d'études approfondies. Ici l'action se déroule dans toute son ampleur, les figures principales se laissent voir sous tous leurs aspects, l'analyse est patiente, la description minutieuse, la manière est à la fois large et précise, le trait ferme et appuyé, la touche savoureuse et grasse. Certes l'auteur s'y montre déjà comme l'historiographe d'un monde restreint et comme un spécialiste adonné à l'étude de questions particulières et particulièrement délicates ; mais du moins n'y voit-on point encore paraître le moraliste législateur qui se donnera plus tard la mission de réformer le code au nom de l'Évangile. Et enfin, s'il est vrai qu'on nous y présente sous les traits d'Olivier de Jalin l'ancêtre de toute une lignée de raisonneurs insupportables, encore faut-il reconnaître que cet ancêtre élégant et spirituel vaut mieux que sa descendance, que ce père est plus jeune que ses fils, et que ce raisonneur, non content de raisonner, prend encore part à l'action, et a droit de figurer dans un drame dont il est l'un des principaux meneurs.

Mais le *Demi-Monde* est plus que le chef-d'œuvre d'un auteur, c'est l'un des chefs-d'œuvre d'un genre qui a été universellement adopté sur nos principales scènes pendant trente années, auquel nous devons le meilleur de la production dramatique de ce siècle, et que sans doute on cherche maintenant à supplanter, mais qu'on n'a pas encore remplacé. Ce qui constitue ce genre, c'est qu'on y fait à côté de la peinture du milieu et de l'étude des personnages, une place à l'observation, et qu'on y considère l'intrigue, non certes comme l'objet principal, mais comme un accessoire dont encore ne saurait-on se dispenser. On pense que, pour intéresser le spectateur, ce n'est pas trop d'un milieu soigneusement décrit, d'une intrigue bien choisie et de personnages enfin auxquels on conserve une complexité qui est celle même de la vie.

Le milieu d'abord. — On nous le fera connaître en nous présentant les types qui en sont comme les principaux spécimens et les variétés les plus significatives. Au premier plan et en pleine lumière, la baronne d'Ange, le produit le plus complet des mœurs, des idées, des ambitions et de toute l'atmosphère d'un certain monde. A quelque distance, une madame de

Vernières, sorte de douairière, au douaire incertain, fait de restes compromis et d'espérances problématiques, qui tient un tripot dans le décor sévère d'un salon, et se sent devenir respectable, à mesure que grisonnent ses cheveux. Une madame de Santis, dégringolant de l'adultère simple à la cascade composée. Une Marcelle de Sancenaux, jeune fille grandie au milieu des compromissions fàcheuses, et à qui la vie n'a plus guère de choses à enseigner, surtout des plus vilaines et des plus tristes. Enfin, dans la coulisse, un M. de Latour, descendant des Latour-prends-garde, occupé à faire fructifier par le jeu une fortune héritée de l'usure; et d'autres encore, « tous ces messieurs » dont le groupe se décompose en deux parts, celle des fripons et celle des dupes. — Sans doute il serait à souhaiter que tous ces individus fussent marqués de traits assez nets pour que nous n'eussions pas besoin d'être renseignés par ailleurs sur le monde auquel ils appartiennent. Mais l'auteur se défie de lui-même, ou de son public. Il charge une sorte de montreur, ou de compère, de nous faire les honneurs de sa pièce, et de nous expliquer tout au long ses intentions. De là le rôle du Raisonneur. De là les tirades, et de là le couplet, ce couplet où se trouve contenue la phrase musicale dont toute la pièce n'est que le développement, le thème sur lequel actes et scènes ont été exécutés comme autant de variations. Ce couplet des « Pêches à quinze sous » a été tant cité, tant imité, tant démarqué, qu'il semble aujourd'hui un peu rengaine, à l'exemple des airs d'opéra vulgarisés par l'orgue de Barbarie. Mais tâchez d'oublier les couplets similaires ; prenez-le en lui-même ; quelle merveille de facture !

L'intrigue. — Jamais les maîtres de notre théâtre, j'entends les Augier et les Dumas, n'ont pensé qu'il leur fût permis de supprimer purement et simplement l'intrigue. Puisqu'un drame est une action, ils ont cru nécessaire qu'il se passât quelque chose dans les cinq actes d'un drame. Quelle que pût être la connaissance qu'ils avaient du cœur humain ou de la société contemporaine, ils ne se sont pas crus en droit d'ignorer les lois de leur art, et de méconnaître les exigences de la scène. On n'a pas encore démontré qu'ils eussent tort. — La difficulté est sans doute de trouver une intrigue bien appropriée au milieu, une action qui puisse justement s'y encadrer. M. Dumas n'y est pas toujours arrivé. Mais dans l'espèce il ne viendra à l'esprit de personne de nier qu'il n'y ait ici adaptation parfaite entre le milieu et le sujet. — Ce que l'on peut critiquer seulement ce sont certains détails de la mise en œuvre. La donnée première exige de la part du spectateur un effort de complaisance peut-être difficile. De si loin que vienne M. de Nanjac, cela n'explique pas suffisamment le rôle de bonne dupe qu'on lui fait jouer : c'est un homme après tout, non plus un enfant ; il a passé l'âge où certaines naïvetés peuvent encore s'épanouir. De même, on ne comprend guère de quelle nature peut être l'amour d'un homme, qui n'étant ni un maniaque, ni un dépravé, se résigne à cette ignominie de devenir le mari de la baronne d'Ange. Surtout le dénouement nous choque par ce qu'il a tout ensemble de mélodramatique et d'enfantin, par cette ruse qui consiste à faire passer Nanjac pour mort, par ce piège grossier où se prend la subtile Suzanne.

Ce qui importe surtout au théâtre, c'est de jeter sur la scène des êtres qui vivent; et de ceux-là il y a dans le *Demi-Monde* au moins un. La baronne d'Ange est une des physionomies les plus séduisantes, et c'est en même temps une des plus vivantes figures de la comédie moderne. C'est Célimène, mais Célimène transportée dans un autre temps et dans d'autres mœurs. Elle a autant d'esprit, et une grâce aussi forte que la grande coquette du XVII° siècle. Avec non moins de souplesse et non moins d'art, elle se joue du cœur d'un autre Alceste. Et elle s'en joue avec une plus meurtrière cruauté. A la jeune veuve de jadis qui voulait surtout se faire une cour d'adorateurs et se meubler un salon de conversation, nous avons substitué la courtisane avide de considération, jalouse de se faire enfin un état civil régulier. Mais la baronne d'Ange n'est pas seulement « la courtisane qui veut se faire épouser ». Elle est femme. Il y a dans son cœur des replis cachés; il y a dans sa conduite des mobiles inexpliqués et qui pour elle-même restent obscurs. N'a-t-elle point pour M. de Nanjac, pour son adorateur naïf et passionné, un peu d'affection vraie? Ou plutôt ne garde-t-elle pas pour le sceptique Olivier un reste d'amour? Et ce sentiment ne va-t-il pas grandissant, à mesure qu'elle trouve dans Olivier un adversaire plus digne d'elle, plus capable de combattre contre elle à armes égales, et dont l'amour serait comme pimenté par le mépris?

Je laisse de côté la question du style et du dialogue tout fourmillant de mots rapportés :

Quand on tombe, on ne tombe jamais bien...

Il paraît qu'elle a jeté son bonnet par-dessus les moulins. — Pas tout à fait. Mais comme c'est une femme bien élevée, elle les salue quand elle les rencontre...

Sommes-nous bêtes! — Si tu voulais bien parler au singulier. — Volontiers. Es-tu bête!...

On n'a pas du bonheur comme on a du ventre, sans le faire exprès...

Il a eu son premier duel à dix-huit ans et il a tué son adversaire. — C'est bien entrer dans la vie — dans la vie des autres.

Ce n'est pas le ton de la conversation habituelle. Non. Mais encore y a-t-il des gens qui, entre l'excès d'esprit et la platitude éhontée, choisiraient le premier de ces deux défauts.

Un mélange de convention et de vérité, mais la convention ne portant que sur les moyens et servant à exprimer la plus grande somme de vérité possible : telle est la formule du *Demi-Monde*. Il est permis de trouver que la formule était ingénieuse, et qu'elle tenait assez justement le milieu entre celle de Scribe, pour qui l'intrigue habilement compliquée remplace tout le reste, et celle de quelques-uns parmi les nouveaux venus qui nous donnent sous le nom de pièces de théâtre des croquis de mœurs et des notes sans support et sans lien.

ÉMILE AUGIER

Quand un homme politique est amené par les
nécessités de la représentation officielle à prendre la parole dans une distribution de prix ou
dans quelque autre solennité littéraire ou artistique, il s'adresse à un secrétaire qui lui aligne
un certain nombre de phrases banales et cor-
rectes. Cet usage n'est pas encore admis chez
les académiciens. Sous prétexte qu'on fait partie
des quarante écrivains qui représentent la « littérature » de la France, on met une sorte de
coquetterie à être l'auteur de son discours. Ce
scrupule d'un amour-propre mal placé peut
avoir de fâcheuses conséquences. L'aventure
de M. de Freycinet en restera une preuve mé-
morable. Je ne dirai pas que son discours soit
le morceau d'éloquence le plus saugrenu qui
eût encore été débité sous la coupole : car ce
sont matières où il faut se garder de rien affir-
mer : il se pourrait qu'il y eût des précédents.

Néanmoins ce discours restera fameux dans les annales académiques. Car, s'il était malaisé de s'exprimer dans une forme plus misérable et en plus méchant style, d'autre part on ne pouvait tracer du précédent académicien un portrait moins ressemblant.

Je sais bien que M. de Freycinet n'a pas été élu à titre d'écrivain. Son élection a été une affaire d'ordre purement politique, et, par suite, qui ne relève plus de l'appréciation de nous autres simples littérateurs. On a donné un fauteuil d'académicien au ministre en exercice, comme on donne une perception ou un bureau de tabac aux ministres hors d'emploi. Le ministre de la guerre actuel n'est pas même un orateur. C'est un orateur d'affaires et un ingénieur. On comprend qu'il fût mal préparé pour apprécier un écrivain de théâtre. Il doit aller rarement au théâtre, et, en admettant qu'il y prenne du plaisir, il doit s'intéresser assez peu aux progrès de l'art dramatique... Mais comme il y avait pour lui un moyen bien simple de sortir d'embarras ! Supposez qu'il eût dit en quelques petites phrases courtes, nettes et sèches : « Messieurs, je ne me fais pas plus d'illusions que vous-mêmes sur les droits que j'avais à être de l'Académie. Je dirais que ma place n'est pas ici, si la présence de quelques-uns de mes nouveaux confrères n'était pour me rassurer. L'éloge que je pourrais faire d'Émile Augier manquerait probablement d'autorité. Souffrez donc que je laisse la parole à votre directeur. D'autant que je suis pressé. On m'attend au Sénat. » Ces quelques phrases auraient déchaîné les applaudissements. Mais M. de Freycinet a tenu à faire sa harangue. Elle était de dimension moyenne. Elle a semblé interminable. M. de Freycinet lit aussi mal qu'il écrit, d'une voix sans timbre, avec le débit le plus monotone. Si on ne l'a pas sifflé, comme un médiocre acteur de province, c'est que le public de l'Académie a voulu donner une preuve — non de son indulgence, son attitude était assez significative — mais de son extrême politesse.

Il est d'abord des façons de parler niaisement emphatiques, dont il a suffi jadis d'enfiler quelques-unes pour composer le vocabulaire resté fameux de Joseph Prudhomme. Il arrive qu'on les reprenne aujourd'hui pour produire un effet de bouffonnerie. C'est en toute bonne foi, avec sérieux et gravité, que M. de Freycinet emploie ces locutions où sa pensée trouve sa forme naturelle. Le chef-d'œuvre en ce genre est à coup sûr la phrase où on nous montre Émile Augier en arrêt comme une bonne bête devant les cinq classes de l'Institut, fasciné par la classe des sciences morales et par celle des inscriptions pareillement : « Émile Augier avait été vivement impressionné en pénétrant dans votre compagnie. Il admirait le rayonnement que l'Institut, avec ses cinq classes, projette sur toutes les branches du savoir humain... » C'est la perle. On ne trouverait pas mieux. Voici pourtant un aphorisme dont il faut goûter la banalité solennelle : « La vertu est la meilleure assise du foyer en même temps que la loi nécessaire des sociétés. » Et il y aurait à méditer sur certaines « compromissions qui sont le prélude des défaillances » ou, si l'on préfère, sur certaines « défaillances qui sont le prélude des compromissions ». Car ces sortes de phrases ont cet avantage qu'on en peut mettre les mots dans l'ordre qu'on veut et qu'ils y sont aussi bien placés devant ou derrière.

C'est à l'épithète qu'on connaît l'écrivain. M. de Freycinet est justement ennemi de l'école quintessenciée des chercheurs d'épithètes rares. Il tient pour l'épithète de nature : tels Homère et M. Zola. Il nous a parlé du « jeune ingénieur » ainsi qu'il convenait; et aussi du « jeune viveur » et du « grave magistrat » et de « l'honnête mère de famille » et de la « jeunesse oisive et dorée qui s'adonne aux excès du vice ». Mais c'est surtout contre les « femmes perdues » qu'il a trouvé le mot juste et qui porte. Il a dignement qualifié cette classe « de femmes insolentes... »

Circonspect dans le choix de ses adjectifs, il est hardi dans celui de ses métaphores : « Augier, nous dira-t-il, s'était promis de prendre corps à corps ces deux types du vice social, et de les démasquer en les flagellant. » Je demande qu'on se représente l'opération. Essayez un peu, pour voir, de flageller le corps d'un vice en démasquant ce corps ! — Ce style a ses élégances. Il y est parlé des « accents » de la scène française, et question de « nourrir » une ambition. — Il y est parlé aussi, comme dans les rapports des commissions et dans les comptes rendus de la Chambre : d'une « force susceptible de rendre des services dans un régime sagement pondéré », et des « fractions de la société » et des « pensées formulées sur les conditions du gouvernement ». Ce sont les fleurs de la rhétorique parlementaire. Et il y est parlé, ainsi que dans les loges de concierges, des « régions élevées de la naissance et du pouvoir ». Puis ce sont des suites de mots qui n'ont de sens dans aucune langue. Car, si l'on devine à peu près ce qu'il faut entendre par des « aptitudes catégorisées », on ignore ce que ce peut être que d'être « qualifié dans une branche ». — Ce mélange de banalité, de fausse élégance et de jargon donne l'idée la plus bizarre de ce qui est donc le « dernier cri » de l'éloquence académique.

Encore pourrait-on, fût-ce en style burlesque, dire des choses sensées. Mais, soit de parti pris, soit par ignorance et par maladresse, M. de Freycinet a défiguré son modèle. Ce qu'il a vu surtout dans Augier, c'est le politicien. Augier politicien, ministre sans portefeuille et conseiller d'État *in partibus*, c'est ce que nous ne soupçonnions guère. Mais il paraît que nous nous trompions. L'occupation principale d'Émile Augier n'a été nullement, comme les naïfs se l'étaient laissé persuader, d'écrire des pièces de théâtre. Ç'a été de donner des consultations aux hommes d'État, de veiller au bon fonctionnement des institutions, et, comme dans la chanson de Jacques Ferny, au jeu de la Constitution gouvernementale. Que si l'on veut avoir la clé de son œuvre dramatique, qu'on n'hésite pas : mais qu'on aille tout droit à la brochure sur le système électoral. Émile Augier est accessoirement l'auteur du *Gendre de M. Poirier*. Mais il est surtout et aux yeux de la postérité il restera d'abord l'auteur de *la Question électorale*. — Comment croire, en effet, qu'il pût attacher grande importance aux médiocres intrigues qui se nouent et se dénouent entre cour et jardin, quand on fait le compte des projets de réforme qui furent en gestation dans cette puissante cervelle politique ? Désireux d'exercer « une influence considérable sur le sort de ses concitoyens » et d'ailleurs « attiré invinciblement par les problèmes politiques et sociaux », c'est lui, en fait, qui a préparé toutes les réformes apportées depuis quarante ans à notre législation. C'est lui qui a fait voter la loi du divorce. Qui en douterait, après avoir lu *Madame Caverlet ?* C'est lui qui a réorganisé l'armée : « Au moment où la question du service militaire obligatoire se posait dans les Chambres, il fut un des premiers à en saisir toute la portée sociale, et il s'appliqua dans ses ouvrages à le rehausser et à l'ennoblir. » Ce n'est pas pour une autre cause qu'il a composé *Jean de Thommeray*. Mais ce qui lui semblait d'un intérêt bien plus relevé encore, vraiment capital et essentiel, c'étaient les intrigues de partis et les marchandages de couloir.

Nul n'a su comme lui l'art de louvoyer entre les groupes, de rallier celui-ci en gardant la confiance de cet autre, et de doser le libéralisme en maintenant les saines traditions de l'autorité. Il excellait à ces chinoiseries du parlementarisme. Elles faisaient l'objet des entretiens qu'il avait avec les principaux personnages de l'État et avec l'empereur lui-même. De cela et non point d'autre chose il était question aux Tuileries entre le poète et le souverain. Car, si l'écrivain de théâtre a eu des collaborateurs, Sandeau, Foussier et Labiche même, on doit reconnaître qu'aussi bien pour son œuvre politique il a eu des collaborateurs, qui étaient M. Rouher, M. Émile Ollivier et Napoléon III. C'est Augier qui a fait l'empire libéral. C'est lui qui a fait le 4 Septembre. C'est lui enfin qui, vingt ans avant l'heure, avait inventé le boulangisme : « Profondément imbu de la nécessité de faire fonctionner le suffrage universel d'une façon sincère et d'assurer la fidèle représentation du pays, il caressait l'idée d'une revision constitutionnelle... » Et nous resterons, si vous le voulez bien, sur cette image audacieuse et gracieuse d'un Augier en train de caresser l'idée d'une revision.

Mais quel malheur que celui qu'on nous

montre si curieux de la politique « dans ce qu'elle a d'organique et de fondamental » ait été précisément sur ces matières le plus indifférent et le plus sceptique des hommes !

Avec cette conception du caractère de l'homme que fut Augier, il était inévitable que M. de Freycinet se fît de la nature de son œuvre une idée à rebours et à contresens. Ainsi a-t-il fait. D'après lui, l'œuvre d'Augier serait moins une œuvre de théâtre qu'une œuvre de prédication par le théâtre. « Il s'est servi du théâtre comme d'un moyen souverain pour mettre en relief certaines idées maîtresses et les répandre sous la forme où elles pouvaient être le plus aisément acceptées. Le succès purement littéraire a toujours été sa moindre préoccupation ; il le rencontrait sans le chercher : ce qu'il poursuivait ardemment, c'était le succès moral, c'est-à-dire le triomphe de la vérité et l'amélioration du milieu social. » Et peut-être est-ce là ce qu'on pourrait dire — on le disant mieux — du théâtre de M. Dumas. Mais ce n'est pas Augier qui poursuivait par delà le succès de la rampe cet autre succès qui consiste dans « l'amélioration du milieu social ». Ce n'est pas lui qui préférait ses idées à ses œuvres. D'idées même à proprement parler, d'idées abstraites et de théories, on peut dire qu'Augier en a eu fort peu. Ce que pourrait être une société idéale, réformée et rebâtie sur un plan nouveau, il ne le savait pas et ne se souciait pas de le rechercher. En revanche, il connaissait la société telle qu'elle est, il en avait étudié les mœurs, observé les types; il les avait observés directement, sans idée préconçue. Il s'efforçait de les portraire et de faire des portraits ressemblants. C'est là la marque de son œuvre; c'est ce qui fait que son observation est si large et qu'il entre dans ses pièces tant d'humanité vivante.

M. de Freycinet, il faut lui rendre cette justice, a passé une revue complète des ouvrages d'Émile Augier, il en a présenté de petites analyses, cité des passages, et rappelé les mots qu'on cite le plus habituellement, comme, par exemple, le « Va te battre » d'Antoinette Poirier. Et il a trouvé le moyen, au bout de cette énumération consciencieuse, de ne donner nulle idée du mérite propre et du caractère particulier de son auteur. — Aussi bien il se fait de la littérature en général une conception toute simple, appropriée aux besoins de l'enfance et à ceux des classes laborieuses. « Ce théâtre, dit-il, a moins pour but d'offrir une récréation que d'être une école sérieuse où toutes les classes peuvent trouver leur enseignement. » Éducation et récréation, c'est toute la littérature. Et c'est tout le théâtre d'Émile Augier. « Il est rare qu'on ne sorte pas d'une représentation d'Augier sans se sentir meilleur. La douce émotion qu'il a su provoquer dissipe les hésitations, détruit les mauvais germes et prépare une guérison prochaine. » Telle est l'idée dernière qu'on nous donne de l'auteur des *Lionnes pauvres*, du *Mariage d'Olympe* et des *Fourchambault*, comme d'un membre de la Société des bons livres. Littérature inoffensive et couleurs sans danger. Théâtre innocent, émollient et lénitif... (1).

(1) Je rappelle que dans sa réponse à M. de Freycinet, M. O. Gréard, directeur de l'Académie, a marqué en traits précis et sûrs la véritable physionomie d'Augier (séance du 10 décembre 1891).

VICTORIEN SARDOU

I. — *LA FAMILLE BENOITON*.

Je rappelle brièvement les faits. M. Benoiton a trois filles. L'aînée, Marthe, a épousé Didier. Sur la dénonciation d'une vieille fille médisante et rageuse, Adolphine, Didier soupçonne sa femme, dont l'innocence est d'ailleurs bientôt reconnue. La seconde, Camille, promise à M. Prudent Formichel, un chiffre fait homme, se laisse enlever par le cousin Stéphen, qui l'épouse. La troisième, Jeanne, épousera le vicomte Hector Pardailhan de Champrosé. C'est une jeune veuve, Clotilde d'Evry, qui marie Jeanne et Champrosé. C'est elle qui a marié Didier; elle en a marié bien d'autres; elle marie tout le monde; elle marierait le Grand Turc avec la république de Venise; mais elle ne mariera jamais Adolphine...

La *Famille Benotton* (1) est une des plus jolies comédies de M. Sardou. Elle a plu en sa nouveauté. D'où vient qu'elle semble aujourd'hui languissante et froide ?

Une explication se présente tout de suite, et qui, d'abord, semble plausible. Sardou est l'homme de l'actualité. Il attrape au vol l'idée qui est dans l'air, et, sur une donnée qui occupe tous les esprits, bâtit cinq actes de comédie : le succès est immédiat, la vogue considérable. Le temps passe. Les nouveautés, l'une après l'autre, quittent l'affiche. Si on essayait d'une comédie déjà consacrée ! Si on reprenait la *Famille Benotton !* Mais entre-temps la société s'est renouvelée, les travers ont changé avec les modes, et il se trouve que l'actualité d'il y a vingt-cinq ans commence à dater...

Cette explication est plus qu'insuffisante : elle est erronée. Ce n'est pas le croquis de mœurs qui a vieilli dans la pièce de M. Sardou. Les ridicules que l'observateur de 1865 notait chez les bourgeois de son temps sont encore ceux de la bourgeoisie d'aujourd'hui. Voit-on que la dose d'esprit positif ait diminué, que les autels de l'idéal aient été relevés, et que les pères se préoccupent de former à leurs enfants une âme romanesque ? Voit-on que les fils de famille soient moins précoces, ou qu'il ne se bâcle plus de mariages dits de convenance ? Voit-on que les femmes aient cessé de se montrer aux

______

(1) 1855. — Reprise à l'Odéon, septembre 1889.

courses, sur les plages, dans les villes d'eaux,
et d'y faire assaut de toilettes? Y a-t-il moins
de mots anglais dans le français que parlent les
personnes du monde élégant? Il s'est produit
dans l'intervalle de ces vingt-cinq années de
terribles secousses, et par lesquelles il semblait
que la vie sociale dût être entièrement boule-
versée. Mais les mœurs ont continué à suivre
tout doucement leur pente. C'est encore vers le
gain que tendent toutes les énergies, et vers le
luxe que vont tous les rêves. On veut faire fortune pour étaler ensuite la fortune qu'on a faite.
M. Prud'homme, enrichi, s'avise d'éclabousser
ses contemporains. On est pratique et frivole,
positif et vaniteux : on greffe sur une âme d'épi-
cier des goûts de cabotin. — La satire de
M. Sardou s'applique parfaitement à la société
au milieu de laquelle nous vivons. Il n'y a donc
pas lieu de dire que si nous avons pris moins
de plaisir à l'entendre, c'est que nous ne la
comprenons plus, et que si les traits nous en
ont paru émoussés, c'est que nous ne connaissons plus les originaux contre qui ils étaient
dirigés. La raison qui fait que cette pièce maintenant semble fanée est toute différente : ce
n'est pas une vulgaire raison de date, c'est une
raison d'art.

L'art de M. Sardou, dans la *Famille Benoit-
ton*, manque totalement de profondeur et de
solidité; il s'arrête aux surfaces : ridicules à
fleur de peau, drame à fleur d'émotion. A force
de verve et de brio, ses procédés font d'abord

illusion; mais, l'engouement une fois tombé, l'insuffisance de cet art sans conviction éclate : on s'aperçoit que sous ces brillants et séduisants dehors il n'y avait que le vide.

Il y a deux façons de composer une pièce de théâtre. Une vérité morale vous apparaît. C'est en la creusant que vous trouvez le développement théâtral qu'elle comporte, le moyen scénique qui vous permettra de lui faire prendre corps, de la rendre sensible, visible, palpable. Des entrailles mêmes du sujet sort l'action, la seule qui convienne, avec les personnages, tous les personnages nécessaires, et rien que ceux-là. L'idée s'est créé son milieu; cadre et tableau se tiennent intimement : il n'y a place ni pour des épisodes accessoires, ni pour un dialogueur sans utilité. — Il est clair que la *Famille Benotton* n'a pas été composée d'après ce système. On a pu à cette reprise supprimer complètement un rôle, celui de Théodule Benotton, le sympathique fondateur du Potach'club, le collégien noceur, revenu des femmes avant d'être allé au baccalauréat, décidé à ne rien faire sauf des dettes, et qui connaît assez son époque pour fonder sur un joli scandale toutes ses espérances d'avenir. On aurait pu réduire à deux le nombre des demoiselles Benotton, et nous n'aurions pas même songé à remarquer qu'on eût laissé en route une de ces trois Grâces. On a coupé des scènes; on couperait encore des tirades, la pièce y gagnerait. On imagine enfin vingt drames, également possibles, et qui se seraient adaptés au sujet, ni mieux, ni plus mal que celui sur lequel s'est arrêté le choix de M. Sardou.

Voici l'autre système. Un auteur prétend seulement à faire défiler sous nos yeux une série d'originaux : il se contentera pour nous les présenter d'une action quelconque, et la première venue, qui lui servira de prétexte. Il ne veut que relier ensemble des épisodes amusants : il lui suffira du lien le plus ténu. Ce système, poussé à ses dernières limites, donne ce qu'on appelle : une revue. La *Famille Benoiton*, en ce qu'elle a d'essentiel, n'est, en effet, qu'une revue, dont Clotilde et Champrosé sont la commère et le compère. La cousine et le cousin arrivent dès le premier acte, on ne sait d'où et on ne sait pourquoi. C'est pour entamer le boniment de rigueur et la série des annonces traditionnelles. Clotilde commence sans retard.

Elle annonce : voici la Parisienne de 1865 : « Toujours sortie, elle va, vient, trotte de Trouville à Ems, de Bade à Étretat, aussi prestement que son aïeule de l'armoire au linge à l'armoire aux confitures. Et toujours la toilette qui va son train : toilette de wagon, toilette de bateau, toilette de bain, de cheval, de traîneau, de chasse, de pêche, de soleil, de pluie, de brouillard, d'avalanche... » Voici l'amoureux xix⁰ siècle : « Jeune âme de négociant dirigeant sa petite passion méthodique avec la calme résolution qui doit présider aux jolies opérations de banque. Un peu d'amour, beaucoup de calcul. Tenue du cœur en partie double. » Voici le ménage nouveau modèle : « La femme est capricieuse, amère, fantasque : des gaietés folles, des amertumes sans nom, un incurable ennui. Aujourd'hui l'adoration de sa fille poussée au délire, et demain : « Dieu ! cet enfant ! quels cris ! vite la bonne ! Le mari, pendant ce temps-là, chiffre, chiffre toujours. » Voici la famille Benoîton : « Une fille compromise, une insultée, une autre enlevée, l'aîné en prison, le cadet gris, le père aux abois, et la maman sortie. » Voici M. Benoîton, « un millionnaire dont la fortune a commencé dans les sommiers qui portent son nom » ; ses fils : « un collégien, cancre de la plus belle venue et un petit bonhomme haut comme ça, élevé d'après la méthode positive, et qui promet. » — Et elle continue, montrant au doigt, expliquant, portraiturant, et débitant tout haut ses descriptions et ses définitions. Ce rôle est particulièrement insupportable. On se demande où Clotilde a pris, avec cette grande sagesse, ce droit de tout dire. On lui en veut d'autant plus de son agaçante suffisance qu'elle entasse les maladresses sur les aphorismes, et qu'avec tout son caquetage, elle fait infiniment de mal. Ce type de Desgenais en jupon est encore un type d'ineffable gaffeuse. On voudrait lui crier de se taire, d'avoir à ne pas mettre son nez dans les affaires des autres et de ne pas s'occuper de ce qui ne la regarde pas, et de mettre un terme enfin à sa manie dissertante et un point à la ligne au milieu de ses tirades. Mais quoi ! l'emploi même veut qu'elle parle ainsi, et c'est son rôle de détailler en vue du public la notice explicative.

De même on s'étonne que Champrosé fasse preuve d'une si prodigieuse naïveté. C'est bouche bée qu'il écoute Clotilde et enregistre ses révélations. Grâce à elle, il découvre la société parisienne, et entre autres choses curieuses, apprend avec stupeur que six mille francs de revenu à Paris ce n'est pas la fortune. Comment! voilà un homme qui n'est plus au sortir de l'adolescence, puisqu'il songe à faire la retraite et à prendre ses quartiers d'hiver dans le mariage. C'est au surplus un personnage très lancé, et qui a, paraît-il, « ébloui Paris par son éclat ». Même à force de l'éblouir, il s'est ruiné complètement : il a croqué l'héritage paternel, croqué le château de ses ancêtres, croqué le parc, croqué les bois. L'expérience qu'il aurait gagnée en y mettant ce prix aurait pu lui sembler bien payée; or, il en sait sur la capitale juste autant qu'un provincial au moment où il débarque du train de plaisir pour visiter l'Exposition. Peu importe, après cela, qu'il voyage depuis dix-huit mois et qu'il arrive de Carthage emprès Pontoise; nous avons peine à croire à cet excès de candeur... Mais, encore et toujours, c'est l'emploi qui veut ça. Un compère se doit à lui-même et doit à son rôle de marcher dans un perpétuel ébahissement.

Il va sans dire que quand on se contente comme M. Sardou de faire défiler ses bonshom-

mes dans une espèce de revue et de les arrêter
au passage pour nous les présenter, on ne risque
pas d'enfoncer très avant dans les caractères.
Tout cela est vu par le dehors. Aussi notez combien sont superficiels les travers qu'on dénonce
dans la *Famille Benoîton !* Ils n'entament pas
l'être, ils n'en altèrent pas l'honnêteté foncière.
Car Clotilde a beau me dire que cette famille
est le confluent de tous les scandales, elle ne
me convainc pas : tous ces gens-là, en somme,
me font l'effet d'être de braves gens. Madame Benoîton, d'abord. Toujours sortie ! et mère de
cinq enfants ! Entre nous, je n'y crois guère.
M. Benoîton, ensuite. Venu à Paris avec quarante sous en poche, il a fait sa fortune dans
les sommiers élastiques, ce qui est beaucoup
plus recommandable que de faire fortune à la
Bourse ; et rien n'indique, en effet, qu'il ait sur
la conscience une seule indélicatesse. Il n'a pas
dû s'amuser beaucoup dans son commerce, et
il ne songe pas à rattraper le temps perdu. Il
aspire à la décoration ; mais on n'insinue pas
qu'il entretienne une danseuse. Il s'occupe
uniquement de bien marier ses filles, ce qui est
son droit, sinon son devoir. Il leur donne une
dot très ronde, et après sa mort elles trouveront
dans sa succession de bons titres de rente, de
bons immeubles à Paris et de bonnes terres
hors Paris. Ce Benoîton, je sens que je le respecte. On en ferait son beau-père.

Travers superficiels et travers passagers. Les
personnages de M. Sardou ne sont même pas

ancrés dans leurs défauts. Ils se convertissent... et facilement. Convertie Marthe! qui, joueuse tout à l'heure, et parieuse, et patineuse, et soupeuse, va maintenant restreindre son train de vie, rogner sur sa dépense, et se vêtir de la laine qu'elle aura filée. Convertie Camille! qui, après avoir été élevée à ne considérer dans un mari que son argent, en vient à éconduire un prétendant qui est riche, pour épouser sans dot un amoureux sans fortune. Convertie Jeanne! qui après avoir parlé argot et piaffé dans des toilettes tapageuses, revient au français de Noël et Chapsal et à la mousseline de sa grand'mère. Les garçons ne seront pas plus difficiles à corriger. Pour Théodule, six mois de régiment en viendront à bout, et pour Fanfan, il suffira d'une fessée.

Les trois demoiselles Benoiton sont mariées : on prévoit qu'elles seront d'honnêtes petites femmes, qu'elles rendront leurs maris très heureux et qu'elles les rendront plusieurs fois pères. J'en conclus qu'elle ne donne pas de si mauvais résultats, l'éducation système-Benoiton; mais peut-être n'est-ce pas cette conclusion que M. Sardou prévoyait pour sa pièce.

Ce manque de solidité, — j'allais dire de sérieux — on le constate dans la partie de drame aussi bien que dans la partie de comédie. Car il y a un drame dans la *Famille Benoiton*, et quel drame! Didier, poussé par Clotilde, s'avise que Marthe exagère les dépenses : une querelle s'ensuit à propos d'une histoire de dentelles, quo, le mari ayant refusé de payer, la femme se procure avec un argent de provenance inconnue. Une lettre anonyme fait connaître en outre que Champrosé ne voit pas Mme Didier pour la première fois, qu'il a causé avec elle à Dieppe, et qu'un jour la rencontrant aux Tuileries avec sa fillette, Madeleine, il a embrassé la petite dans les bras de sa nourrice. Didier en conclut hardiment que Champrosé est le père. Des lettres de Marthe contiennent sa justification; mais Clotilde, par une de ces inspirations qui n'appartiennent qu'à elle, les a brûlées. Situation insoluble. Famille désunie. Le mari prêt à quitter le domicile conjugal... Par bonheur il arrive un malheur. La fillette, sur qui on a laissé une fenêtre ouverte, est malade. Clotilde tire parti de la circonstance. Elle annonce devant Champrosé que l'enfant est morte. Champrosé tressaille, mais non autrement que ferait le premier passant venu, à la nouvelle d'un accident : en somme il est gêné plus qu'ému et propose, par discrétion de se retirer. « Eh bien ! s'écrie Clotilde, est-ce ça un père? — Non, répond Didier, ce n'est pas ça un père. Dans mes bras, Marthe, dans mes bras; tu es le modèle des épouses. » Et il absout sa femme avec autant de légèreté qu'il en avait mis à la condamner.

Sans doute il vaudrait mieux que ce drame n'eût pas été écrit. Le contraste est trop choquant entre le ton spirituel des deux premiers actes, et la grossièreté des moyens employés maintenant : la maladie de l'enfant, l'instinct

qui se réveille chez la mère, les variations sur
le thème usé de la voix du sang et les tressail-
lements aux nuances indicatrices, tressaillement
simple pour étrangers et tressaillement spécial
à l'usage des pères de famille. Mais enfin, puisqu'il s'agit d'un procédé habituel à M. Sardou
et auquel celui-ci est resté fidèle dans ses principaux ouvrages, il ne servirait à rien de le
contester ici. Acceptons-le. Acceptons que la
comédie ait pour suite un drame, et qu'après
nous avoir présenté un pimpant décor on nous
montre que de terribles épisodes peuvent y
trouver place. Je me borne à réclamer que du
moins le système soit appliqué franchement, et
que le drame auquel on nous convie soit véritablement un drame. Les données ne manquent
pas. Chaque jour les comptes rendus des tribu-
naux et les potins des salons nous apportent en
foule le récit des catastrophes propres à la
bourgeoisie riche : chutes soudaines, infidélité
de la femme, libertinage du mari, inconduite
des enfants, que sais-je encore ? Il y a là une
abondante source de larmes et une ample matière à enseignements. Mais c'est bien d'un
drame, en vérité, qu'il s'agit ! c'en est à peine
une apparence. Marthe n'a jamais songé à tromper son mari. Ses rapports avec Champrosé
sont l'innocence même. Ils se bornent à un service pécuniaire qu'elle a accepté : argent prêté
et remboursé depuis. Les lettres, les lettres
brûlées, ce n'étaient que billets, quittances et
reçus. Le mari s'est emballé à vide, et sa femme

l'a laissé faire quand elle pouvait l'arrêter d'un mot. Il n'y a pas eu de faute commise, pas de sujet de brouille, pas de prétexte à séparation; il n'y a eu que malentendu et quiproquo. Il n'y a pas de drame : il n'y a qu'un vaudeville.

C'est ainsi que nous avons beau retourner cette pièce en tous les sens, nous y notons toujours le même défaut : l'absence de solidité et de sérieux. La composition est lâche, en dépit de l'habileté de l'auteur. Ah! cette grande habileté faite de tant de petites habiletés, combien elle aura desservi M. Sardou! Pas une figure qui soit fouillée, mais des caricatures au lieu d'êtres vivants, des silhouettes où il faudrait des portraits en pied, des manies sans un défaut capital et sans un vice d'importance. Une comédie qui tourne mal, un drame qui finit bien. Tout ce qu'il faut pour piquer notre curiosité, et rien de ce qu'il faudrait pour la satisfaire.

II. — *THERMIDOR.*

Thermidor (1) est du bon Sardou de drame. Il
y manque le coup d'inspiration de *Patrie !* mais
aussi sommes-nous bien loin de *Théodora* et de
son bariolage, de la *Tosca* et de son dramatique
de tortionnaire, ou encore de *Cléopâtre*, cette
pure image du vide, ce synonyme de rien. Le
nouveau drame de M. Sardou est de la plus
honorable moyenne. Et c'est pourquoi il ne prête
guère à la discussion. M. Sardou y a mis toutes
les qualités que nous avons maintes fois applaudies, tous les défauts que nous avons maintes
fois regrettés. Exalter les uns, se lamenter sur
les autres, serait perdre sa peine et son encre.
M. Sardou s'est contenté d'être lui-même ; il n'a
pas cherché à se renouveler, sachant que l'en-
treprise est toujours périlleuse, et que lorsqu'il
l'a tentée, elle ne lui a pas réussi ; il a appliqué
une fois de plus des procédés dont l'efficacité
ne peut faire de doute pour lui, après tant
d'épreuves heureuses. Nous les avons salués au
passage comme on fait pour de vieilles connais-
sances. Nous n'avons pas un instant attendu ce

(1) Comédie-Française, janvier 1891.

que nous savions bien que l'auteur ne nous donnerait pas. Il n'y avait point de place pour l'imprévu.

Dans ce drame historique où le souci de l'exactitude matérielle, où le soin du menu détail est poussé très loin, nous n'avons pas eu pendant une seule minute l'illusion de la réalité, et point oublié, fût-ce pendant une seconde, que nous étions au théâtre. Dans ce drame, qui a pour cadre une époque où, sous la poussée des événements, les passions humaines atteignaient à leur dernière intensité, pas un cri, pas un mot, pas un accent n'a pu sembler l'expression naturelle et vraie de la souffrance. Dans ce drame qui intéresse, qui empoigne et qui angoisse, rien pourtant qui émeuve. L'humanité est en dehors de l'affaire. — Mais en revanche, quel louable souci de divertir le public! Quelle science de l'effet! Quelles ressources de pittoresque! Quel art d'amener à point, juste au moment où elle est désirée, la grande scène! Quelle habileté à la noter en suivant la respiration du public! — Ce sont exercices de virtuosité, très propres encore à nous plaire : M. Sardou s'y est montré, comme à la belle époque, un extraordinaire exécutant.

Comme la tragédie classique, avec laquelle d'ailleurs il n'a pas d'autre rapport, le drame de M. Sardou tient dans les vingt-quatre, et voire dans les douze heures. Il commence avec les premières lueurs du jour; il est terminé avant que le soir ne soit venu. Cette rapidité même de l'action est un trait de vérité historique, puisqu'il s'agit de nous montrer à l'œuvre la justice révolutionnaire, à qui un jour suffisait pour arrêter, juger, condamner, guillotiner.

Une jeune fille, sœur d'un chouan, est dénoncée au tribunal révolutionnaire; en dépit des efforts qu'on fait pour la sauver et aussi parce qu'elle se refuse à user d'un stratagème qu'elle regarde comme déshonorant, elle monte dans la charrette. Tel est, en deux mots, le sujet de *Thermidor*. — Quelle est maintenant l'idée que M. Sardou a voulu exprimer, et dont il a cherché à faire l'âme même de sa pièce? La voici. Il s'est demandé, en ces temps de la Révolution témoins d'actes sublimes, quelle avait pu être la forme la plus héroïque du sacrifice. Et il a répondu : il n'y a rien au-dessus du courage d'une jeune fille qui fait le sacrifice de son existence pour rester fidèle au respect de soi.

Premier acte. Une berge de la Seine. Sur la droite un lavoir. Dans le fond, à travers les arches d'un pont, on aperçoit l'enchevêtrement des rues du vieux Paris. Sur cette berge le hasard, grand ami, comme on sait, de M. Sardou, conduit les principaux personnages du drame. — C'est d'abord le comédien Labussière, celui-là même sur lequel toute l'action va reposer, et qui en est, pour parler en beau style, le pivot, la clé de voûte, la cheville ouvrière. Ce cabot au cœur d'or abomine les crimes de la Révolution. Mais il faut songer à sa tête,

surtout à une époque où les têtes sont si mal
assurées sur les épaules. L'ingénieux Labussière a trouvé un moyen de se mettre lui-même
à l'abri, et de rendre service aux camarades.
Il s'est affublé d'une peau de tigre. Entendez
par là qu'il a accepté un emploi dans les bureaux
du Comité de salut public. Ainsi les dossiers
lui passent entre les mains ; il s'arrange pour
en dérober quelques-uns, pour faire disparaître
les papiers les plus compromettants. Il les fait
tremper dans l'eau, en forme une sorte de pâte
méconnaissable et s'en va, aux heures complices
du crépuscule, jeter la chose à la Seine. C'est
précisément pourquoi il est venu ce matin. —
Ensuite le jeune officier Martial Hugon, aide
de camp de Jourdan, et qui a eu mission de
rapporter à la Convention les drapeaux de
Fleurus. Ce brillant militaire est amoureux. Il
nous conte la plus romanesque des aventures.
Il a sauvé une jeune fille qu'il avait trouvée
évanouie dans la neige. Il a appris d'elle qu'elle
se nommait Fabienne Lecoulteux, qu'elle sortait
du couvent, qu'elle était la sœur d'un chouan,
comme telle suspectée et poursuivie. Martial
l'a installée chez une cousine à lui, où il pensait
qu'elle serait en sûreté. L'amour ne pouvait
manquer une si belle occasion de se mettre de
la partie. On s'est promis de s'épouser. Puis il a
fallu s'en aller. Martial a dû rejoindre son corps
d'armée. Il a été laissé pour mort sur le champ
de bataille. Et maintenant il ne sait ce qu'est
devenue Fabienne, sa protectrice lui ayant fait

défaut. Il la cherche vainement à travers la grande ville. — Troisième personnage, mais auquel on a ménagé, comme il convenait, une entrée à sensation : Fabienne.

Je vous ai dit que sur la scène est figuré un lavoir. Au lavoir viennent les laveuses. Elles viennent avec un grand bruit de voix, avec un brouhaha de foule ameutée. C'est qu'elles poussent devant elles, poursuivent de leurs quolibets et de leurs injures une jeune fille, l'une d'entre elles, mais dont il leur semble que les traits sont trop fins et les mains trop blanches. « A l'eau, la ci-devant ! à l'eau ! » La ci-devant, vous l'avez deviné, c'est Fabienne. Martial se précipite pour la protéger contre ces furieuses. Il n'y réussirait pas sans l'intervention du bon Labussière. Celui-ci découvre aux yeux du populaire ébloui une carte où brillent ces mots : « République française. Comité de salut public. » L'effet est magique. La foule respectueuse livre passage à Labussière et aux protégés de Labussière.

A signaler dans cet acte la grande conversation politique entre Martial et Labussière. Tirade de Martial. Le thème en est celui-ci : Contraste entre les espérances de 89 et les réalités de 93. « Quel enthousiasme aux premiers jours ! Ce fut la lune de miel de la liberté. Nous autres, là-bas, à la frontière, nous nous battons pour ces beaux rêves. Et je m'attendais, en rentrant à Paris, d'y trouver des législateurs. Hélas ! qu'ai-je vu ? Des mœurs de cannibales.

Robespierre, ce vilain homme, avec ses petits yeux gris derrière ses lunettes, avec sa voix qui grince, s'est plaint que nous fassions trop mousser nos victoires. Des fous à la Convention! Des forcenés aux Jacobins! Des trembleurs partout! Et c'est ça Paris!... » Tirade de Labussière sur la loi des suspects et le tribunal révolutionnaire. « Suspect! C'est tout le monde qui est suspect. Êtes-vous gai? Vous vous réjouissez des périls que court la liberté. Suspect! Êtes-vous triste? Vous regrettez les tyrans. Suspect! Êtes-vous inquiet? Êtes-vous pâle? Mais même êtes-vous propre? Votre propreté est suspecte... Fouquier-Tinville a dit ce mot : je ne juge pas, je condamne... Une seule peine : la mort. La mort pour tous, sauf pour les assassins... Le peuple, ce peuple héroïque, accepte tout... Les honnêtes gens gémissent. Gémir! C'est jusqu'où va leur audace d'honnêtes gens... Pourtant dans les charretées de la guillotine ont passé, les uns après les autres, royalistes, feuillants, girondins, hébertistes et dantonistes... Le jour de la fête de l'Être suprême, les bœufs ont refusé d'avancer, à cause de cette affreuse odeur de sang... Un homme est à lui seul la Terreur : c'est Robespierre. Ceux qui ont osé le dire ont payé leur crime de leur tête. Et c'était Camille! Et c'était Danton!... Quelle est notre récompense, pour avoir chassé nos maîtres? La tyrannie, et la pire de toutes : celle de la canaille! »

Second acte. Chez Mme Bérillon, costumière. Son mari est le type connu du trembleur. Brave homme, modèle des époux et des pères, parangon des lampistes, il s'est déguisé en sansculotte. Il s'est débaptisé, lui et les siens, et s'est affublé du prénom de Casca, « pour le quartier ». Il est en train de s'équiper, sabre au côté, bonnet rouge en tête, afin d'aller retrouver ceux de sa section. Le programme est celui de tous les jours : boire d'abord aux frais du nouveau Casca; ensuite, prendre des mesures contre les liberticides qui, sous prétexte de modérantisme, sèment parmi les patriotes les ferments de la discorde... C'est chez la bonne Mme Bérillon que l'excellent Labussière conduit ses protégés. On s'installe, on se met à table, on mange ; et tout en mangeant on s'explique et on se conte son histoire. Histoire de Labussière. Mais je vous ai déjà expliqué au premier acte comment il profite de ses fonctions au Comité de salut public pour sauver des innocents : Florian, Mme de Custine, la Montansier. Histoire de Fabienne. Renvoyée par la personne à qui Martial l'avait confiée, sans nouvelles d'ailleurs de Martial, elle a songé d'abord à demander secours à un ancien domestique de sa famille, François Héron, qui est aujourd'hui quelque chose dans le gouvernement. Quand elle s'est présentée chez lui, Héron était pris de vin et menaçait d'avoir le vin tendre. Elle s'est enfuie. Puis elle a retrouvé des sœurs de son couvent, aujourd'hui dispersé.

Elle vit avec elles, gagnant par des travaux manuels le pain de chaque jour... Mais le temps presse. L'unique moyen pour Fabienne d'échapper à la rancune de François Héron, c'est de gagner la frontière avec Martial. Y consentira-t-elle?

Ici la grande scène.

Martial doit décider Fabienne à fuir avec lui. (Notons, si vous le voulez bien, les différents moments par lesquels il est inévitable que passe une grande scène.) Et d'abord : (*Étonnement.*) Martial s'étonne de la résistance de la jeune fille. (*Interrogations.*) D'où vient cette froideur à laquelle il n'est pas accoutumé? Douterait-on de lui? Ou si c'est qu'on lui cache quelque terrible secret! (*Aveu.*) Un secret! C'est vous qui l'avez dit! Hélas! Martial, quelle peine je vais vous causer! Mais il n'y a pas de ma faute. Je vous croyais mort. Et voulant ici-bas n'avoir aimé que vous, j'ai renoncé au monde, j'ai prononcé des vœux. (*Explosion de colère.*) Des vœux, dites-vous, Fabienne. Ah! comme je reconnais bien là le zèle imprudent de ces nonnes, jalouses seulement des intérêts du ciel! (*Essai de discussion.*) Mais voyons! Raisonnons! L'engagement n'est pas valable. Vous aviez prononcé vos vœux, croyant que j'étais mort. Mais je ne suis pas mort, puisque me voici qui vous parle. Donc il y a eu erreur. Vous êtes libre. (*Échange de reproches.*) Libre, Fabienne, tu l'es. Mais voilà, tu ne m'aimes pas assez. Tu ne comprends pas ma douleur. — Ta douleur! Et la mienne... — Ah! si tu m'aimais! — Si je t'aimais, cruel! Et ne faut-il pas que je t'aime pour supporter que tu me parles comme tu fais, pour chercher avec toi un moyen d'échapper à la destinée, pour me débattre entre ma passion et mon devoir? (*Sanglots. Attendrissement. Élan final.*) Eh bien! si c'est un crime, tant pis. Que Dieu me pardonne! Martial, je t'aime trop!...

Restait à trouver une belle fin d'acte. La voici, telle qu'on ne pouvait souhaiter mieux : véritable modèle de fin à grand orchestre. On entend des vociférations qui viennent de la rue : « Dansons la Carmagnole! » Mais peu à peu, dominant le hideux refrain, s'élargissant dans une puissante et pure harmonie, monte un chant sacré. Ce sont les religieuses du couvent de Fabienne qu'on mène à la Force. Fabienne s'est montrée. Et tandis que des soldats envahissent la chambre, elle s'avance : « Celle que vous cherchez, c'est moi, Fabienne Lecoulteux, en religion sœur Marie-Madeleine!... »

Troisième acte. Un salon du pavillon de Flore. Contre les murs, décorés de fraîches peintures de Boucher, des rayons de bois blanc où s'empilent les dossiers. C'est dans ce bureau qu'opère Labussière. Et c'est d'abord un grand va-et-vient; ça va chauffer aujourd'hui à la Convention; chacun s'empresse afin d'assister à la séance. Resté seul, Labussière introduit Martial. Tous deux s'entretiennent des affaires du jour. Martial feuillette les dossiers qui doivent être remis le jour même au tribunal révolutionnaire avant trois heures ; le tribunal siège pendant deux heures ; à cinq heures les charrettes emmènent les condamnés. Les chefs d'accusation sont odieux et futiles. Celui-ci est accusé d'avoir eu deux cent mille livres de revenu, cet autre de ne fréquenter que des gens comme il faut, un troisième d'avoir conservé des jetons à l'effigie du tyran. Et comme Martial s'indigne, Labussière lui refait à nouveau l'historique de la Révolution française, que nous nous souvenons d'avoir entendu déjà au premier acte. — Cependant le patriote Marteau apporte un dossier supplémentaire, tout spécialement recommandé celui-là. Quelle n'est pas la stupeur de Martial et de Labussière lorsque sur le dossier laissé par Marteau il lit le nom de Fabienne Lecoulteux ! Eh quoi ! Elle a été arrêtée. Le tribunal dans une heure. La condamnation certaine !

Ici seconde grande scène, destinée à s'appeler « la scène des deux hommes » pour faire pendant à la scène de *Dora* dite « des trois hommes ». Il est curieux de voir avec quelle exacte symétrie se répondent et se répètent les procédés chez M. Sardou, auteur fécond, mais économe.

Les deux hommes sont en face d'un problème atroce et qui semble insoluble. Comment, par quel moyen tenant du prodige arriveront-ils à sauver Fabienne ? Les minutes se passent, les précieuses minutes, et ils ont beau se mettre à la torture, avancer des idées rejetées aussitôt

que proposées, se perdre en inventions folles, se dépenser dans cette recherche de l'impossible, ils ne trouvent rien... Si, pourtant! il y aurait un moyen, mais si atroce qu'on n'y doit pas songer. Ce serait de substituer au dossier de Fabienne un autre dossier. Martial, qui aime, qui ne voit et qui ne sait que le salut de Fabienne, supplie Labussière de ne pas se refuser à cette tentative désespérée. Si c'est un crime et un assassinat, il en prend sur lui la responsabilité. D'ailleurs, mort pour mort, ne vaut-il pas mieux la mort d'une inconnue? Ceci seul est en cause : à savoir qu'ils auront eu un moyen de sauver Fabienne et qu'ils ne s'en seront pas servis... Vaincu par l'ardente supplication de son ami, Labussière se dirige vers le casier où il trouvera des dossiers au nom de Lecoulteux. Il s'y glisse comme un voleur. Et c'est défaillant, le visage baigné de sueur, qu'il se hisse sur un escabeau... Voici trois dossiers Lecoulteux. Un vieillard de quatre-vingts ans! Impossible, et si aveugle que soit le tribunal, il s'apercevrait de la substitution. Une femme de quarante-deux ans. Mais quoi! deux enfants, Faut-il sacrifier les enfants avec la mère?... Ah! fille Lecoulteux, vingt-six ans! Voilà notre affaire, nous n'avons pas mieux, crie Martial. C'est vrai, mais si jeune, vingt-six ans! — Fabienne en a vingt-deux! Lis d'ailleurs, Labussière. C'est une fille, elle a été la maîtresse d'un grand seigneur. C'est quelque créature...
— Une créature humaine!

Telle est cette scène sur laquelle on a compté pour tendre nos nerfs jusqu'à l'extrême limite. Elle est au surplus inutile. Car tout d'un coup la salle est envahie par le flot de ceux qui reviennent de la Convention. Ils racontent que c'en est fait de Robespierre. Dans la joie de cette nouvelle, Labussière et Martial oublient tout à fait et leur débat et leur projet de criminel sauvetage. De dossiers et de substitution de dossiers, il n'est plus question.

Quatrième acte. Dans la cour du guichet de la Conciergerie, qu'on peut voir encore aujourd'hui à la droite du grand escalier d'honneur du palais de Justice. Robespierre est tombé. Mais le tribunal n'en a pas moins continué de fonctionner. Fabienne est désignée pour la fournée qui va quitter à l'instant la prison. Aux portes, sur l'escalier, sur les murs, une foule grouillante insulte les condamnés. Labussière et Martial n'ont pas perdu tout espoir. — Ici se place la troisième grande scène, taillée d'ailleurs justement sur le patron des deux précédentes. Il existe pour les femmes un moyen de faire surseoir à leur exécution. C'est de se déclarer enceintes. Le bon Labussière obtient d'un des geôliers qu'il rédige un procès-verbal en ce sens. Il n'y manque plus que la signature de Fabienne. Les deux hommes supplient la jeune fille. Est-ce le temps de discuter sur les moyens, et discute-t-on avec la guillotine ? Et voici que, par un de ces brusques retours que n'ignorent pas les dramaturges à prétentions skakespeariennes, la foule s'intéresse pour Fabienne. Qu'elle rentre dans sa cellule, puisqu'on ne veut pas d'elle! Bien sûr on ne va pas exécuter un petit citoyen qui n'a pas encore eu le temps de devenir suspect. Mais Fabienne : « Ils en ont menti! Menti !... Cet homme n'est pas mon amant... Je suis pure... N'insultez pas une vierge chrétienne... Ne lui refusez pas sa part du martyre !.. » Et elle va, victime volontaire... Martial, affolé, se précipite sur les soldats. L'un d'eux riposte par un coup de pistolet. Martial tombe mort.

En contant ce drame par le menu, en insistant sur les situations les plus tendues, sur les scènes à grand effet et sur les effets de théâtre, je crois bien en avoir dit tout ce qu'on en peut dire. Il ne saurait être question ici de l'étude historique. Elle est tout à fait superficielle. Quelques tirades ne sauraient nous donner le change. Pour ce qui est des personnages, on ne prétendra pas sans doute qu'ils aient même l'apparence de la vie. Ce ne sont que des rôles de théâtre et du théâtre de M. Sardou. Ce Labussière qui conduit toute la pièce, qui se multiplie et se donne tant de mouvement, et dont la parole abondante s'épanche en développements, réflexions, aperçus, mots à facettes et mots à l'emporte-pièce, ce n'est autre que le « raisonneur ». Il s'appelle Clotilde dans la *Famille Benoiton*. Martial est un amoureux quelconque. Pour ce qui est de Fabienne, dont il semble pourtant que la figure aurait dû être étudiée

avec le plus de complaisance, il se trouve que
c'est des trois rôles le plus vide. Des exclama-
tions, des sanglots et des gestes ne tiennent pas
lieu d'une étude de sentiments. Mais M. Sardou
n'a jamais su faire parler les femmes ni les
jeunes filles. Il s'en est tenu au type de convention de l' « ingénue ». Fabienne n'est qu'une
ingénue tragique.

Il reste que pour l'agencement scénique,
pour l'entente du théâtre, *Thermidor* est l'un
des exercices les plus réussis de M. Sardou.

MEILHAC ET HALÉVY

I. — *FROUFROU*.

Que *Froufrou* (1) soit une comédie charmante
et touchante, d'une jolie observation mondaine,
d'un tour de dialogue aisé et spirituel, et pleine
aussi de douces larmes, c'est ce qu'on a toujours dit. Mais en le disant et en tenant cette
comédie pour l'une des plus réussies entre les
pièces de genre, on lui faisait tort. Après vingt-
trois ans, elle n'a point vieilli. Dans le cadre
de la Comédie-Française, elle n'a pas semblé
trop mince. C'est qu'avec leur légèreté de main
et leur air de n'y pas toucher, MM. Meilhac et
Halévy ont fait cette fois une œuvre large, humaine, qu'ils y ont traité une situation nullement exceptionnelle, mais fréquente et commune au contraire, abordé une question
douloureuse, qui est d'aujourd'hui comme elle
était d'hier.

(1) 1869. — Reprise à la Comédie-Française, mai 1892.

Je pense bien que ceux qui n'ont pas vu jouer *Froufrou* l'ont lue tout au moins, et que j'ai à peine besoin d'en rappeler la fable. Gilberte, la plus délicieuse entre les enfants gâtés, tête folle, cervelle d'oiseau, gentille de gaminerie, d'étourderie, d'imprudence et de frivolité, éprouve, sans prendre même la peine de s'en apercevoir, une vague sympathie pour un écervelé, très séduisant et très insignifiant : Valréas. Sa sœur, Louise, raisonnable, réfléchie, et qui est, d'un mot, justement l'opposé de Froufrou, aime le sérieux, le grave M. de Sartorys. Comme il arrive, c'est Froufrou qu'aime M. de Sartorys ; il l'épouse, Louise ayant fait le sacrifice de ses propres sentiments, et plaidé auprès de sa sœur la cause de celui qui lui déchire le cœur en demandant à une autre le bonheur de sa vie. — Quatre années se passent. Sartorys, qui adore sa femme, la traite comme tout le monde a fait jusque-là, en enfant gâtée. Les aimables défauts de Froufrou pendant ce temps-là n'ont fait que grandir. Elle est la plus fêtée et la plus adulée des femmes. Et la vie pour elle n'est vraiment qu'une fête. Pour ce qui est du sérieux de la vie, on l'en dispense : ces devoirs de maîtresse de maison, de mère, que Froufrou abandonne, une autre les prend pour elle. Louise, qu'elle a invitée et presque contrainte à s'installer dans la maison, se substitue peu à peu à elle pour tout ce qui est pénible, ennuyeux et morose, comme de compter avec les fournisseurs et de choisir la gouvernante de l'enfant.

Dans une crise d'énervement et d'agacement, dans une de ces minutes terribles où l'on a besoin de faire une folie, et où le coup de tête s'impose comme une nécessité, par colère, par jalousie, par lassitude, par ennui et par dépit, bien plus que par amour, Froufrou se sauve avec Valréas. Puis le mari se bat avec l'amant et le tue. Puis Froufrou meurt...

Comment une femme, qui n'était ni méchante, ni vicieuse, et qui pouvait rester une très honnête femme, devient-elle coupable ? De quel malentendu est-elle la victime ? A quel concours des circonstances, à quelle complicité des choses et des gens va-t-elle succomber? Comment ceux qui l'aiment le plus travaillent-ils inconsciemment, mais de leur mieux, à la perdre ? Et combien dans la faute des coupables entre-t-il de la faute des honnêtes gens?... c'est la troublante question que les auteurs de *Froufrou* ont mise à la scène, et c'est ce qui fait la portée de leur œuvre.

Non, vraiment, cette Froufrou, ce n'était pas une mauvaise nature. Elle n'était pas destinée et condamnée au mal. Elle n'avait pas apporté avec elle ces dispositions contre lesquelles échouent les conseils et l'exemple, ces instincts plus forts que la volonté. Elle n'était pas de la race de celles qui naissent pour le désespoir des femmes et pour le châtiment des hommes. Ses défauts ne sont qu'à la surface, et de ces défauts-là est fait le charme de beaucoup de nos contemporaines qui sont restées très vertueuses. Elle est inconsistante et légère. Faut-il s'en étonner? et faut-il le lui reprocher? puisqu'elle est femme. Elle est incapable de réflexion et de toute pensée suivie. Dans sa petite âme mobile, les idées passent et ne laissent pas de trace. Des sentiments très contraires ne s'y combattent même pas, mais l'un remplace l'autre. Elle est capable de colère et point de rancune, capable de faillir et aussitôt de s'en repentir. Une grande passion ne serait pas son fait, et son cœur ne serait pas assez large pour la contenir. Toujours... cela est bien long! Passionnément... cela est bien grave! Il ne faut pas trop lui demander. Elle a besoin d'un peu d'indulgence et de beaucoup de protection. Encore une fois, elle est femme. C'est une femme qui aurait aimé son mari, qui aime son enfant quoiqu'elle le néglige. Elle n'a pas de sécheresse de cœur. Elle n'est pas même coquette au sens tragique du mot: elle ne prendrait aucun plaisir à torturer un cœur d'homme et à compter les gouttes de sang que ce cœur saignerait pour elle. D'autre part, elle n'est pas non plus dominée par les sens. Mais elle aime à plaire : elle a conservé, sous la liberté de ses allures, une sorte de naïveté qui l'empêche d'apercevoir et de mesurer le danger. Elle est aimable. Elle est bonne. Et c'est pourquoi elle est terriblement exposée... Il y a beaucoup de Froufrous de par le monde, si même il n'y a un peu de Froufrou chez toutes les femmes, et chez les meilleures. Il y en a dans toutes les conditions et dans toutes les situations. Il y en a qui sont restées tout de même respectables et chastes : la vie a été clémente pour elles. D'autres ont fini comme Froufrou, et d'autres plus mal encore. La société les condamne, et elle n'aurait point tort, si, en les condamnant, elle ne se hâtait de s'absoudre elle-même... Quoi qu'il en soit, on ne peut dire que Froufrou soit une figure d'exception. Et je sais gré aux auteurs de ne pas nous avoir montré en elle un monstre de perversité, comme sera la Parisienne de M. Becque. Leur étude en prend une application d'autant plus générale. Froufrou est de celles dont on peut attendre beaucoup de bien ou beaucoup de mal, suivant qu'elles seront façonnées par la vie.

Or il semble bien au premier aspect, que Froufrou n'ait pas le droit de se plaindre de la vie, et qu'elle en ait été même une privilégiée. Elle n'a trouvé autour d'elle qu'affection, sympathie, dévouement. Elle a été choyée par les siens, bien accueillie par le monde. Elle est jolie et elle est riche. Elle a un mari qui l'adore. Elle a un enfant. De tout ce qu'une femme peut souhaiter rien ne lui a été refusé. C'est ce qu'on appelle : le bonheur... Pourtant il n'est personne qui n'ait été coupable envers elle. Les uns ont péché par légèreté et par égoïsme ; les autres, et cela est plus grave, par maladresse. — Voici à peu près comment se répartissent les responsabilités. En les énumérant on comprend bien que je ne songe pas à innoconter Froufrou. Chacun de nous, en fin de compte, est responsable de sa destinée. Mais, en outre, nous avons notre part de responsabilité dans la destinée d'autrui. Il est bon, il est sain de nous le rappeler.

Il a manqué d'abord à Froufrou d'être mieux élevée. Chargé, lui tout seul, de l'éducation de sa fille, M. Brigard a fait ce qu'il a pu : cela est hors de doute. Nous voyons qu'il lui arrive de faire la grosse voix, et de reprocher à Mlle Froufrou ses excentricités. Mais comment lui aurait-il enseigné que la vie est chose sérieuse, attendu que lui-même ne s'en est pas encore avisé? Car il est de ceux dont l'incorrigible jeunesse défie l'âge et les épreuves, qui prennent des années sans vieillir, et vivent sans rien apprendre de la vie. Il a pris plaisir à retrouver dans sa fille la gaieté et la légèreté de son propre caractère. Il s'en est amusé. Puisqu'aussi bien son autre fille, Louise, avait pris pour elle toute la raison et tout le bon sens, il les lui a volontiers laissés. Et peu à peu il a habitué Froufrou à cette idée qu'on peut dans la vie faire son choix, qu'on peut n'en prendre que les choses agréables et laisser les pénibles ; mais au contraire pour tous la vie est mêlée de tristesse et de joie et de moins de joie que de tristesse.

Pour d'autres raisons, et d'autre façon, l'excellente Louise a agi dans le même sens. A force d'épargner à sa sœur tous les ennuis et toutes les difficultés, elle a fait que Froufrou dût se trouver sans force, étonnée et désarmée, au premier choc de la réalité. Aussi bien ce qu'il y a de plus démoralisant ici-bas, ce n'est pas le spectacle du mal, mais c'est de voir à quoi aboutissent les meilleures de nos résolutions, et quels sont les effets des plus nobles entre nos actes. En se sacrifiant pour sa sœur, Louise a fait ce qu'elle devait. Agir autrement eût été d'une âme égoïste. Et pourtant, si elle avait cédé à un mouvement d'égoïsme, si les intérêts compromis de son bonheur lui avaient ouvert les yeux et fait lire dans l'avenir, qui sait combien de ruines elle aurait pu conjurer? Ou peut-être a-t-elle eu trop de confiance en elle, et son tort a-t-il été de croire que pour certaines natures il n'est pas de sacrifice au-dessus de leurs forces. Car sans doute elle a en toute sincérité renoncé à Sartorys. Elle a fait effort de tout son courage pour tuer l'amour qui était en elle. Elle croit en toute bonne foi qu'elle y est arrivée. Mais si savante qu'elle soit, elle ignore certaines choses du cœur, et de son propre cœur. Ce soin qu'elle met à veiller au bonheur de Sartorys, à s'occuper de l'enfant de Sartorys, à sentir que celui qu'elle a aimé est protégé par elle, n'est-ce pas encore une forme de l'amour? Ne cède-t-elle pas, sans le savoir, à un attrait que son affection pour sa sœur ne suffit pas à expliquer? Il est de ces obscurités dans les consciences les plus loyales. Et l'effroi qu'elle éprouve quand Froufrou lui reproche d'aimer encore Sartorys, ne procèdet-il pas en partie de ce qu'elle vient d'apercevoir brutalement éclairés ces coins obscurs de son âme ?

Il y a dans *Froufrou* une figure qui n'est ni la moins vraie ni la moins curieusement étudiée : celle de la baronne de Cambry. La baronne est de celles dont l'honnêteté est faite de froideur. « Moi, dit-elle, si l'on venait me parler d'aimer sérieusement un autre homme que M. de Cambry, ce serait absolument comme si, après avoir reçu cinquante coups de bâton par devoir, on venait me proposer d'en recevoir cinquante autres, par plaisir. » Protégée par cette froideur comme par une triple cuirasse, elle va librement côtoyant des dangers qui pour elle n'en sont pas. Un poète a dit qu'il n'est plaisir plus grand que de contempler des dangers dont on est soi-même à l'abri. C'est par une raison de cette sorte que la baronne prend un singulier plaisir aux histoires d'amour. Elle ne joue pas la comédie elle-même, et cela l'amuse d'autant plus de la voir jouer. Ajoutez qu'elle est très clairvoyante, rien ne venant troubler sa vision tout intellectuelle des choses. Elle s'est ainsi acquis une expérience dont les autres ont fait les frais. Sa curiosité est devenue perspicacité. Elle lit dans un cœur ainsi que dans un livre ouvert, et, ce qu'elle y lit de préférence, ce sont les sentiments qu'on ne s'est pas encore avoués à soi-même. Partant, elle ne se fait aucune espèce d'illusions ; et si elle a une morale assez accommodante, son jugement reste très sévère. Lorsque Froufrou, après la faute, s'étant réfugiée à Venise et songeant à M. de Valréas, dit : « Ah ! si je l'avais épousé, je ne serais pas ici... » la baronne laisse échapper un « Heu! heu! » qui en dit long, plus long que telle condamnation en règle et en forme. Curiosité, indulgence avec des retours de sévérité, c'est assez bien de quoi se compose l'opinion mondaine... Avec ses yeux qui voient si clair, la baronne a vu très nettement comment les choses se sont engagées entre Froufrou et M. de Valréas. Certes elle ne souhaite pas qu'il arrive malheur à Froufrou : c'est elle pourtant qui la force à s'apercevoir que Valréas est vraiment amoureux d'elle, amoureux pour de bon, amoureux fou. Au besoin, comme dans la scène de la répétition, au second acte, elle s'entremet entre eux très gentiment... Le monde fait ainsi. Il s'amuse des Froufrous, et il les pousse tout doucement vers l'abîme.

Mais, comme on le pense bien, celui qui est le plus vraiment coupable envers Froufrou, c'est son mari. Au moment où elle l'a épousé, Froufrou peut-être ne l'aimait pas, mais elle ne demandait qu'à l'aimer. Elle était touchée de voir qu'elle lui eût inspiré, elle qui est une si petite personne, une passion si grande. Le caractère sérieux de Sartorys et la gravité du personnage n'étaient point même un obstacle. C'est un beau ténébreux; et ce genre a coutume de plaire aux écervelées. Il s'en fallait donc que la partie fût perdue d'avance. Seulement, pour la gagner, il fallait beaucoup d'habileté. Frou-frou n'est pas si folle qu'elle ne s'en soit rendu compte, et dès le premier jour, et la veille même du mariage : « La bataille entre lui et moi sera plus grave que tu ne veux croire... Ah! il est très fort, je sais bien... mais quand il le serait cent fois plus encore, quand il me serait prouvé qu'il est de force à mener l'Europe, il ne me serait pas du tout prouvé pour cela qu'il est de force à mener Froufrou. » Elle dit bien. Mener Froufrou, cela est beaucoup plus difficile et plus compliqué que de mener l'Europe. Mais cela est tellement plus important !... Or ce que Froufrou a compris, son mari ne s'en avise même pas. Cet homme si supérieur, pour qui les chancelleries n'ont pas de secrets et les protocoles sont sans mystère, est, comme il arrive, un pauvre écolier dans les choses du cœur. Il a passé à côté de la tendresse passionnée de Louise sans rien deviner, sans songer même que le bonheur était là. Il a ignoré l'âme de Louise; maintenant il va ne pas comprendre celle de Froufrou. Il a entendu dire qu'il suffit d'aimer, et que l'affection appelle l'affection, et qu'une femme est toujours reconnaissante à qui l'aime uniquement, et autres banalités optimistes mises en circulation par les femmes apparemment, afin d'endormir la défiance des hommes. Il y a cru. Il s'apercevra de son erreur, un peu trop tard. Aimer n'est rien, mais il faut en outre savoir aimer.

Il accumule les maladresses; et on jurerait

qu'il le fait exprès; mais on ne réussit ces choses-là si bien que parce qu'on ne les fait pas exprès. La première, et qui entraîne toutes les autres, c'est qu'il oublie de faire sentir à Froufrou qu'elle a en lui un maître. Le peuple dit que de battre un peu les femmes, c'est le moyen de leur plaire; et le peuple, en disant cela, parle grossièrement et tient un langage de peuple. Mais il n'est pas douteux que toute femme n'aime à être dominée : car cela doit être, et l'ordre de la nature le veut ainsi. Sartorys fait tout plier et céder aux caprices de Froufrou. Il faut voir comme celle-ci l'en remercie avec un sourire malicieux d'enfant gâté, et une phrase où il y a une nuance de dédain : « Mais si... mais si... la meilleure façon d'aimer sa femme, c'est de faire tout ce qu'elle veut... parce qu'alors la femme se pique d'honneur et fait de son côté tout ce que veut son mari. » Croyez cela, ô Sartorys ! Donc Froufrou veut jouer la comédie dans un concert de bienfaisance, et y paraître costumée en débardeur. Si candide que puisse être Sartorys, il n'ignore pas que ces distractions innocentes se terminent parfois moins innocemment. En tout cas, sa femme en débardeur sous le regard ironique de madame de Cambry, et aussi sous d'autres regards plus complaisants, cela le fâche. Mais puisque tel est le bon plaisir de Froufrou !... Ceci est un peu plus grave. On a offert à M. de Sartorys un poste de ministre à La Haye. Mais La Haye ce n'est pas Paris, et il va sans dire que Froufrou ne saurait se passer de Paris. Donc Sartorys refuse; il compromet sa position et brise son avenir, en vertu de cette théorie, que ce n'est pas la femme qui se doit aux intérêts sérieux du mari, mais que le mari se doit aux fantaisies de sa femme... Cependant la maison va au petit bonheur; l'enfant est indisposé; Froufrou l'apprend par hasard. Sans doute il ne s'agit pas que Froufrou, comme elle y songe, conduise son fils aux Tuileries et le fasse jouer au cerceau, puisque cela est de mauvais ton et puisque nos femmes, les petites bourgeoises, ont seules le droit d'être entièrement des mères. Mais encore faudrait-il que Froufrou ne trouvât pas que la maison est ennuyeuse et qu'elle est vide, quand elle y a son enfant auprès d'elle... Tout cela est mauvais. Tout cela est dangereux. Sartorys enfin s'en aperçoit. Il n'y peut rien. Il n'ordonne pas. Il ne défend pas. Le procédé le plus maladroit est justement celui qu'il emploie. Trop faible pour rien empêcher, il laisse faire; après quoi il reproche, il récrimine, très discrètement d'ailleurs, et par voie d'insinuation. Cet homme, intelligent et brave, et capable au besoin d'énergie et de résolution, est un timide. Et c'est ce qu'une femme n'a jamais pardonné.

A ces études de caractère, à ces remarques et à ces déductions morales, il fallait trouver leur forme scénique. Il fallait nous mettre sous les yeux la situation de Froufrou « moralement abandonnée ». C'est ce que MM. Meilhac et

Halévy ont su faire dans leur troisième acte. Et cet acte-là est de tous points admirable. Gilberte est effrayée en sentant tout d'un coup que des pensées sérieuses lui viennent. Cela est anormal et grave, et l'avertit qu'elle est en danger. Et donc comme une femme qui veut rester honnête, elle demande du secours à qui devrait lui en donner. La baronne de Cambry... lui conseille de se montrer à l'Opéra en costume de Circassienne. Son mari... Elle s'adresse à lui sincèrement et bravement. Elle veut lui faire sa confession. Elle est prête à avouer ses torts, pourvu qu'on veuille en entendre l'aveu. Elle réformera sa conduite, pourvu qu'on veuille en discuter le programme avec elle sérieusement. Elle fait appel à cette autorité qui s'est toujours dérobée. Elle demande que pour une fois on consente à la traiter comme une femme et non comme un enfant. A cette démarche loyale, Sartorys répond du haut de sa supériorité, en imbécile. Son père... mais ce père n'est qu'une vieille coquette. Son fils... on l'a emmené. Ses devoirs... on l'en a déchargée. Tout ce à quoi elle essaye de se rattraper lui manque à la fois. Il ne faut plus qu'une occasion. Et voilà que Froufrou s'avise d'être jalouse de sa sœur. Cette scène entre les deux sœurs, résultat et résumé de tout ce qui a précédé, est le point culminant du drame... Maintenant c'en est fait de Froufrou. Pauvre Froufrou !

Les deux derniers actes, qui sont purement de drame, sont aussi ceux où l'impression de vérité diminue, et où l'intérêt faiblit. Il y a pourtant au quatrième acte une belle scène, et dont on ne pouvait se dispenser, celle qui met en présence Froufrou et son mari. Et il y a surtout un bout de scène qui est une pure merveille. A Venise Gilberte et Valréas sont à table. On leur apporte les journaux de Paris. Avec un empressement curieux ils lisent les nouvelles, le programme des théâtres. A mesure qu'ils lisent, leur voix devient grave et puis triste. Et après un temps de silence, s'étant devinés, ils éprouvent l'un et l'autre le même besoin de se donner l'assurance, l'assurance menteuse, qu'ils ne regrettent rien...

Froufrou meurt en scène. Elle dit des choses très touchantes et parle de la robe blanche couverte de petites roses, qu'elle veut qu'on lui mette, afin qu'elle soit souriante encore et jolie jusque dans la mort... Cela nous gêne. Nous en avons trop vu mourir de jeunes femmes sur les planches. Mais je crois bien que cette impression nous est particulière, et qu'un autre public ne l'éprouverait pas. Quand on y songe, on se rend compte que la pièce ne pouvait finir autrement. Et puisque nous devons en dernier lieu continuer de plaindre et d'aimer Froufrou, il est clair que la mort seule pouvait rendre à son image toute sa poésie.

II. — *LA PETITE MARQUISE*

Ce n'est ni dans leurs bouffonneries fameuses, ni dans une comédie telle que *Froufrou* que MM. Meilhac et Halévy ont mis ce que leur talent a de plus original. Mais il y a eu dans ces derniers temps une forme de comédie légère, qui semble sans attaches avec les développements antérieurs du théâtre et dont on n'a donné depuis que des contrefaçons. La *Petite Marquise* (1) est l'une des merveilles de cette comédie qu'on a appelée « parisienne » et qui n'est que la comédie de Meilhac et Halévy. Nous pourrons donc, en la prenant pour type, indiquer de quels éléments fort complexes est formé cet art, produit d'un état d'esprit et en rapport avec un état de société tout à fait particuliers.

C'est de fantaisie d'abord qu'est fait cet art, de fantaisie comique, d'invention plaisante et d'imagination bouffonne. L'intrigue est parfaitement folle. Un mari, Kergazon, qui veut se séparer de sa femme Henriette, convient avec celle-ci qu'il introduira une maîtresse au domicile conjugal, mais une maîtresse pour rire

<hr>

(1) 1874. — Reprise aux Variétés, janvier 1893.

et pour faire semblant, à seule fin de se mettre
en règle avec le code. Henriette, profitant de
sa liberté toute neuve, court chez Boisgommeux, le plus empressé de ses soupirants, afin
de lui annoncer qu'elle va être à lui pour toute
la vie. L'accueil fait à cette nouvelle est trop
significatif. Et c'est pourquoi Kergazon aura
inutilement procédé à un semblant d'adultère.
— La folie de l'intrigue n'a de mérite qu'autant qu'elle se combine avec l'observation et la
vérité. MM. Meilhac et Halévy connaissent une
portion de l'humanité qui n'est pas très vaste
et dont on pourrait dire qu'elle n'est pas très
intéressante, mais où les idées se compliquent
avec tant de bizarrerie, où les sentiments se défor-
ment avec une telle étrangeté, un coin de monde
où l'atmosphère est si conventionnelle et factice qu'il faut, pour s'y débrouiller et s'y reconnaître, une extraordinaire subtilité. Sur la Parisienne de nos jours, sur les mondains et les
viveurs qui l'entourent, sur la vanité de la première et sur la sottise des autres, ils ont dit
des choses très justes. Et comme les sociétés
ne sont pas si différentes qu'en quelques points
elles ne se ressemblent, et parce que c'est la
forme seule des travers qui change mais que
l'égoïsme, la sottise et la coquinerie se retrouvent toujours les mêmes, il est arrivé à
Meilhac et à Halévy de toucher, rien qu'en
passant et sans en avoir l'air, à ce fonds commun de l'universelle bêtise et de la méchanceté
éternelle.

Ce mélange d'observation et de fantaisie, ce concours de choses folles avec d'autres qui sont sérieuses, c'est un élément de la comédie de Meilhac et de Halévy. Ce n'est d'ailleurs pas celui qui est essentiel. Mais ce qui caractérise leur manière, c'est l'emploi d'un procédé dont on a coutume de dire qu'il est en contradiction avec la nature elle-même de l'œuvre dramatique : l'ironie. Il est bien clair que les auteurs ne prennent pas leurs personnages au sérieux, mais qu'ils s'en moquent. Ils se placent en dehors et à côté d'eux : ils les regardent agir, ils les écoutent parler, et ils ne nous cachent pas qu'ils les trouvent infiniment ridicules. Ils se moquent de leurs spectateurs aussi, comme on fait aussi bien des gens à qui on trouve convenable de conter des histoires à dormir debout. Ils se moquent de leur pièce qu'ils laissent aller à la dérive, au hasard et au petit bonheur. Ils se moquent de plusieurs conventions admises entre auteurs dramatiques, et aussi de plus d'une idée reçue entre les hommes. Leur ironie prend parfois les allures un peu grosses de la parodie : ainsi dans les scènes d'amour entre Boisgommeux et la petite marquise ; à d'autres moments, elle est, cette ironie, singulièrement fine, et les traits pour n'être pas appuyés n'en égratignent que mieux. « Ce n'est guère mon affaire à moi, les cocottes, dit Boisgommeux. Vous savez que j'ai toujours préféré les femmes mariées. » — « Et je vous en estime, » repart Kergazon. Les reparties de ce genre éclatent à chaque instant dans le dialogue. Elles en indiquent le tour de malicieuse raillerie. Et sans doute on ne parle guère de ce style dans la conversation courante. Cela est factice et conventionnel. On a souvent montré l'analogie de cette manière avec le maniérisme de Marivaux. Et c'est assez bien cela : du Marivaux pervers.

Avec ces éléments Meilhac et Halévy ont traité, dans une forme qui leur appartient, le grand sujet de la comédie moderne, et qui est même l'unique sujet du théâtre de nos jours : l'adultère. La pièce est à trois personnages, la petite Marquise étant une honnête femme. Voici sous quels traits, à peine chargés, on nous présente l'éternel trio.

La femme. — Pour ce qui est d'Henriette de Kergazon, son mari en trace en quelques mots un portrait si ressemblant, que tout ce qu'on peut faire c'est de commenter et de développer ces paroles judicieuses et pleines de sens. « Je sais, lui dit ce mari clairvoyant, que vous avez de vous-même une très haute idée et que cette illusion est entretenue chez vous par une demi-douzaine de freluquets qui se pâment à vos mines et mangent mes dîners. Mais mon avis à moi, je puis bien vous l'avouer puisque nous sommes entre nous, mon avis à moi est que vous êtes la plus impertinente petite pécore. » On ne saurait mieux dire. Henriette est un des types les plus réussis, un exemplaire de choix de ce qu'on appelle une poupée de salon. La cervelle est vide, vide de toute idée, même frivole. Son esprit, ou ce que quelques-uns prennent chez elle pour de l'esprit, n'est fait que de la témérité qu'elle a de parler sur toutes choses à tort et à travers et plus volontiers à contresens. Elle est au demeurant médiocrement intelligente et même un peu sotte. Son idéal ne dépasse pas celui des modistes liseuses de romans. La conception qu'elle se fait de l'amour va des élégances du jeune premier aux tendresses du chanteur de cavatines. Boisgommeux pour la charmer n'a pas eu besoin de se mettre en frais d'invention, et les banalités de la phraséologie la plus usée lui ont suffi, pour trouver le chemin de son cœur. Qu'est-ce d'ailleurs que le cœur de la petite marquise, et peut-on dire qu'elle ait un cœur? Elle n'aime personne et d'aucune sorte d'amour. Il est bien vrai qu'elle a encouragé Boisgommeux : « Un petit coup d'œil, un éclat de rire à propos de rien, quelques mots insignifiants derrière l'éventail, et puis, quand vous me quittiez, un regard bien d'aplomb. » Mais n'est-ce pas manège accoutumé de femme du monde et ne doit-on pas se conformer à l'usage ? Il est exact encore qu'elle se laisse meubler un petit appartement, et qu'elle y a donné rendez-vous : mais ce sont les cœurs les moins remués qui ont le plus de besoin d'émotion. Dans sa faute, il n'y aura ni passion, ni tendresse, ni même de sensualité, mais rien que vice de l'imagination et perversion de l'esprit. Une femme entre plusieurs, toute vanité et toute frivolité, tête légère et cœur sec, incapable de s'intéresser à rien et d'aimer personne sauf elle-même, une pécore, pour redire le mot, telle est la petite marquise; c'est par où elle ressemble à tant de nos contemporaines, et des plus séduisantes.

Le mari. — Kergazon est un honnête homme et un sot. Ces deux attributs ne vont pas nécessairement de pair. Et de même, tout mari imbécile n'est pas un mari trompé. Néanmoins il a des chances. Car une femme ou tout au moins une femme telle qu'est la marquise de Kergazon peut pardonner bien des choses à un homme. Elle lui pardonnera une faute et voire un vice. Elle ne lui pardonnera pas un ridicule. Or Kergazon a un ridicule: ce gentilhomme mène une vie de rat de bibliothèque; il pourrait s'occuper de sport, faire courir, jouer, s'occuper d'une femme, s'occuper même de sa femme; il s'occupe à écrire une *Histoire des Troubadours au quinzième siècle*. La fameuse chanson : « C'est le trou… c'est le trou… c'est le troubadour, » est-elle du quinzième siècle, ou serait-elle plus moderne? Et y avait-il des troubadours à cheval, comme il y a gendarmes à pied et gendarmes à cheval ? Voilà les questions qui passionnent ce descendant des preux. Ajoutez que Kergazon a un timbre de voix désagréable. « Oh ! cette voix, dit Henriette, surtout cette voix ! » Comme c'est Baron qui depuis l'origine incarne le personnage, il nous est permis de supposer que la marquise a dans l'ordinaire de la vie précisément cet organe qui fait chaque soir, avec la stupeur des provinciaux, la joie du public des Variétés. Ce n'est pas que cet organe tout à la fois claironnant et empâté soit par lui-même déplaisant. Mais on sait assez bien que, de ceux que nous n'aimons pas, tout nous devient odieux. Telles sont les raisons pour lesquelles la marquise a pris son mari en grippe. Elles sont péremptoires.

Boisgommeux est l'amant, ou il va l'être. C'est toute la définition de son caractère, et il n'est pas besoin d'en donner une autre. Si on y voulait regarder d'un peu près, on trouverait que c'est un assez vilain monsieur. Homme de plaisir, il l'est jusqu'au cynisme. Ses goûts sont vulgaires et ils sont même bas. Il possède aux environs de Poitiers une châtellenie, où il mène la vie de seigneur de village entendue au sens le plus grossier. Lorsqu'il est fatigué d'avoir paradé dans les salons, porté l'habit noir avec la boutonnière fleurie, et fait aux dames des déclarations aussi fleuries que sa boutonnière, il se retire dans ses terres. Il s'y met à l'aise. Il endosse la veste du chasseur. La pipe remplace les cigares très chers. Et la familiarité des filles de ferme suffit à cet élégant pour lui tenir lieu de ce qu'on appelle l'amour. Ce n'est pas d'ailleurs qu'il ait dans sa tournure des grâces irrésistibles, et que le son de sa voix ait des douceurs non pareilles.

Boisgommeux est un monsieur quelconque. Tout son mérite, c'est qu'il n'est pas le mari, mais qu'il est : l'autre.

La comédie qui met aux prises ces trois personnages sert à illustrer cette vérité : c'est à savoir que dans l'amour à la façon dont le monde l'entend, il n'entre pas une parcelle d'amour. Un mot de cette comédie est resté célèbre, et il est entré dans les habitudes de notre conversation. C'est le mot de Boisgommeux à la recherche de la forme la plus authentique de l'amour. La petite marquise est nerveuse, railleuse et elle est façonnière. Elle manque ses rendez-vous, ou encore au moment psychologique elle sonne sa femme de chambre. Et Boisgommeux, chatouillé par ce manège charmant et décevant : « C'est ça l'amour... » Dans son domaine de province, entre Martine et Georgette qui lui offrent le plaisir tout bonnement, sans manières ni simagrées, Boisgommeux songe encore : « C'est ça l'amour... » Et dans les deux cas, au moment même qu'il parle, il essaye vainement de se convaincre. Il sait bien à part lui que ce n'est pas ça l'amour. C'est aussi bien pour cela que le premier devoir des viveurs est de ne jamais penser, de ne jamais réfléchir, et de ne jamais faire de retour sur soi. Car pour celui d'entre eux à qui il arriverait de voir nettement à quoi il a sacrifié sa dignité d'homme, la découverte serait si douloureuse qu'il n'en pourrait supporter la honte. Mais Boisgommeux ne vous a pas les allures d'un songe-creux. Il passe, sans s'embarrasser de plus de scrupules, de ses amours mondaines à ses amours villageoises. — De son côté, la petite marquise a cru avec un peu trop de candeur aux protestations passionnées et aux déclarations amphigouriques de Boisgommeux. Il prenait à témoin les étoiles, il faisait intervenir le tonnerre, il invoquait l'éternité. Les étoiles, le tonnerre, l'éternité, cela voulait dire : un rendez-vous d'une heure, rue Saint-Hyacinthe-Saint-Honoré, au troisième au fond de la cour. Comme Henriette s'étonne, et comme elle paraît un peu scandalisée par le désaccord des mots avec l'idée et par la disproportion qu'il.y a entre le signe et la chose signifiée : « Je vous ai aimé en homme du monde », lui répond Boisgommeux. Il a raison. Il n'est que de savoir ce que parler veut dire. Et c'est ce qu'on sait entre personnes qui ont un peu d'usage du monde et d'habitude de la vie. On se comprend à demi-mot. On dit les choses sans y croire à qui les entend sans en être dupe. Il y a comme une complicité de tromperie réciproque; car on a tout à la fois besoin de se donner l'illusion de l'amour et peur d'en rencontrer la réalité.

C'est pourquoi on pourrait être tenté de dire que cette comédie a une réelle portée morale. Car on a fait beaucoup de pièces sur l'adultère, et beaucoup de romans aussi. Avec colère, avec indignation, avec amertume on a fait le procès de l'adultère. A ce point de vue, le récit de la petite marquise au premier acte vaut beaucoup de tirades éloquentes. Henriette a promis, après dix mois, de venir dans le petit appartement que Boisgommeux lui a préparé rue Saint-Hyacinthe. Elle y est venue; ou tout au moins elle est venue jusqu'au seuil. Sortie de chez elle comme une voleuse, elle a jeté à sa femme de chambre une excuse quelconque. Il lui a semblé que sa femme de chambre la regardait d'une drôle de manière. Tel est le trouble d'une mauvaise conscience. Dans la rue il lui a semblé encore que les passants la regardaient justement comme avait fait la femme de chambre. Ils s'arrêtaient, se parlaient à l'oreille, et avaient l'air de se dire : « La voici, c'est elle, la petite marquise, qui court à un rendez-vous. » Elle a pris un fiacre, puis un second, afin de dépister, puis un troisième fiacre. Elle est arrivée. Elle a monté l'escalier. Devant le cordon de sonnette, subitement elle a pris le parti de se sauver. Cependant derrière la porte Boisgommeux attendait. Il a attendu depuis une heure après-midi jusqu'à huit heures trente-cinq. Car il est consciencieux. Et c'est ce qu'on appelle un rendez-vous d'amour ! — D'autre part, lorsque Henriette est venue proposer à Boisgommeux de lui consacrer son existence tout entière, elle a pu juger, à l'effarement de celui-ci, de la nature de ses sentiments. Quelle leçon ! et dont elle voudrait que toutes les femmes fussent à même de s'appliquer les bien-faits. « Femmes qui seriez tentées de m'imiter,

femmes, qui avez, ainsi que moi, rêvé l'amour
venant sur un nuage de pourpre et d'or vous
consoler des déboires du mariage ! Que n'êtes-
vous là, mes sœurs ? Je ne vous donnerais pas
de conseils, je ne vous ferais pas de tirades, je
vous dirais tout simplement : Écoutez... Re-
gardez... et souvenez-vous, mes sœurs, souvenez-vous ! » *Intelligite et erudimini.* C'est un
grand enseignement que donne cette petite
marquise...

Mais ceux qui le diraient se tromperaient.

D'autres ne manqueront pas de dire que cette
pièce est singulièrement immorale. Car, en toutes choses, c'est la conclusion qui importe. Et la
conclusion ici n'est rien moins qu'édifiante. Un
des lieux communs du drame et du roman
sentimental consiste à nous montrer comment
la femme coupable et désabusée revient à son
mari et se prend d'une sorte de fervente adoration pour celui qu'elle a tant méconnu. Henriette ne manque pas de passer par cette crise
d'exaltation : « Oui, je tiendrai ma parole, homme
estimable, et je te respecterai, je t'admirerai, je
t'aimerai... Je ferai du moins tout mon possible. » Tout le possible de la petite marquise,
cela ne doit pas encore aller très loin. Cet élan
tombera. Cette crise passera. Et qu'y a-t-il de
changé, en effet ? Le marquis a-t-il cessé de
vivre pour ses troubadours ? N'a-t-il plus la
même voix ? Oh ! cette voix ! Pourquoi donc sa
femme se mettrait-elle subitement à l'aimer ?
Et peut-être, en effet, ces conversions aux-

quelles les dramatistes ont coutume de nous faire assister ne sont elles qu'une invention de leur optimisme. Seulement Henriette a maintenant plus d'expérience. Elle se rend compte qu'il est sage ici-bas de se supporter les uns les autres et qu'on ne doit pas introduire dans la vie de complications inutiles. Kergazon n'a pour Boisgommeux que de la sympathie; il l'invite à dîner; il le prie d'offrir son bras à la marquise. On peut vivre en paix. Nous prévoyons l'avenir du ménage Kergazon. Et les choses devant tourner ainsi et avoir leur aboutissement naturel, peut-être n'était-il pas besoin de prendre tant de peine, de feuilleter le code, de consulter les gens de loi, de déranger une soubrette complaisante et de faire le voyage de Poitiers aller et retour. Mais on ne s'avise jamais qu'en dernier lieu des choses les plus simples. — Tel est donc l'arrangement familial que nous proposent MM. Meilhac et Halévy. Cela est tout à fait choquant...

Mais ceux qui le diraient feraient preuve de beaucoup de lourdeur et d'épaisseur d'esprit.

Le fait est que MM. Meilhac et Halévy ne se soucient pas de donner des conseils, et que de moraliser les hommes leur semblerait une mission un peu trop lourde. Ils ne croient pas à l'efficacité de la comédie pour réformer les mœurs. On ne corrige pas les mœurs par le ridicule si tant est qu'il y ait pour les corriger des moyens d'un effet plus sûr. Les vices dureront tant que durera la société des hommes.

Et on a beau se mettre en colère. L'important est de ne pas être dupe, d'y voir clair, de savoir toujours nettement ce qu'on pense et de n'exprimer jamais sa pensée que d'une façon enveloppée.

BARRIÈRE ET CAPENDU

LES FAUX BONSHOMMES

Les Faux Bonshommes (1) sont le chef-d'œuvre de Barrière et en même temps un des chefs-d'œuvre authentiques du théâtre contemporain. La pièce contient des types pris sur le vif, observés, étudiés, fouillés ; un dialogue qui, s'il manque parfois d'élégance littéraire, est bourré de mots qui portent, mots de caractère et mots de situation ; deux ou trois scènes enfin justement classiques. Il y a toujours intérêt à revoir une pareille œuvre au théâtre et à constater l'impression qu'elle produit trente-trois ans après la création.

On ne peut nier qu'elle n'ait pris des rides. Il n'en saurait, d'ailleurs, être autrement. Les meilleurs ouvrages semblent jeunes après cent ans, et vieux après trente. Il serait difficile de dire avec quelque précision d'où vient

(1) 1857. — Reprise au Vaudeville, mai 1890.

qu'une pièce a l'air démodé : c'est surtout une impression générale et qui ne peut guère être définie. Voici pourtant quelques-uns de ces traits qui datent. Le cadre est emprunté à cette bourgeoisie moyenne dont s'occupaient alors presque exclusivement le théâtre, le roman et la caricature. On nous présente, comme dans les *Jocrisses*, un père qui cherche à bien marier « ses demoiselles »... — Les personnages sympathiques sont des artistes, au lieu que ce devaient être depuis des ingénieurs, et que ce sont maintenant des professeurs. Les deux rôles d'Edgard et d'Octave sont conçus suivant le type de convention alors adopté. Le genre artiste s'opposait au genre bourgeois. L'artiste devait être avant tout désintéressé, et mépriser la fortune incompatible avec le talent : il était gai et gouailleur, avec un fond de sentimentalisme. L'artiste tel que nous le connaissons aujourd'hui est dans sa vie un bourgeois comme les autres : il a cessé de croire que la pauvreté et le talent fissent ensemble un fort bon ménage ; il est homme du monde, et sait qu'à se moquer des gens en face on prouve moins d'esprit que de manque d'éducation. Il met des gants, ou, depuis que c'est la mode, il n'en met plus. — Cet « album de caricatures » qui, du jour au lendemain, met son homme en lumière, cela nous fait songer à Daumier et à Gavarni, mais ne répond plus à aucun usage actuel. — Il n'est enfin pas jusqu'aux noms des personnages qui ne nous reportent à un autre temps.

On ne s'appelle plus aujourd'hui même au théâtre ni Péponet, ni Edgard.

On remarquerait aussi que les *Faux Bonshommes* sont le triomphe de la pièce « mal faite. » Je ne parle pas de la pauvreté des moyens employés pour conduire l'action et dignes tout au plus du vaudeville. Le soupirant Octave, brouillé avec son oncle, du jour où il est entré dans la peinture, se jette brusquement dans les affaires afin de rattraper l'amitié et l'héritage de son farouche parent. Il ébahit tout le monde par sa promptitude à chiffrer, par la hardiesse de ses opérations. Or, nous conservons d'invincibles doutes sur la valeur des opérations de ce financier improvisé. Après quoi, et le tour une fois joué, il reprend ses pinceaux et peut braver néanmoins les foudres de l'oncle berné, car le ministre vient de lui envoyer le ruban de la Légion d'honneur. Décoré! il est décoré! On fait cercle autour de lui : il sera la gloire de la famille. Quand je vous disais que tout cela nous reporte à une époque déjà lointaine! — Remarquez surtout que les différents acteurs de la comédie viennent on ne sait d'où, qu'il n'y a aucune raison pour qu'ils se trouvent réunis, et que la fantaisie du dramaturge en a seule décidé ainsi. Ils entrent, ils sortent, sans qu'on sache pourquoi, et ils pourraient dire, comme dans la *Révoltée* de M. Jules Lemaitre : Voilà une drôle d'entrée! Voilà une sortie bizarre! L'action enfin, si tant est qu'il y en ait une, nous laisse positivement froids, et qu'Emmeline, au lieu d'épouser M. Octave Delcroix, peintre, épouse M. Anatole de Massano, jeune agioteur, ou même M. Raoul Dufouré, ou qu'elle les épouse tous les trois, ou qu'elle n'en épouse aucun, ce sont autant de combinaisons auxquelles nous nous prêterions avec la même docile indifférence.

C'est ici que se réjouissent ceux qui méprisent le « métier », et dont au reste je ne suis pas. Car, en négligeant toutes les habiletés de mise en scène, et en laissant aller sa pièce à la diable, Théodore Barrière est arrivé à créer des types vivants, durables : et cela vaut bien autant que de charpenter adroitement un vaudeville. Péponet, Bassecourt, Dufouré sont à eux trois toute la pièce. Des trois c'est peut-être Bassecourt qui est resté le plus célèbre, quoique celui-là ait moins un caractère qu'une manie et un tic. C'est lui qui commence toujours par dire du bien des gens, et qui, la conversation allant son train, finit par les déchirer. Il a de terribles : « seulement ». Il vous estime, il vous aime, seulement... seulement il vous sait un défaut, oh! rien qu'un et tout petit, mais qui fait que vous pouvez donner la main aux pires vauriens. Ce procédé, qui fait que tous les propos du Bassecourt tournent à l'aigre, n'est chez lui d'ailleurs pas entièrement voulu : c'est moins une tactique qu'une habitude, un travers de nature, une tournure d'esprit. Cet homme le voudrait, qu'il ne pourrait s'empêcher de dénigrer : il a cela dans le sang. Peut-être ne songe-t-il pas à vous faire du mal, et peut-être même, au moment où il vous perd, aurait-il la meilleure envie de vous servir : ses perfidies sont à demi inconscientes. Ayez Bassecourt pour ennemi : ne commettez pas la maladresse de l'avoir pour ami. Il vaut mieux l'avoir contre soi que pour soi.

Dufouré, le faux bonhomme de la douleur, n'a qu'une scène, mais admirable. Sa femme est malade, en danger. On lui pose, avec toute sorte de ménagements, cette question : « Voyons si un malheur arrivait, que feriez-vous? » Et on s'aperçoit qu'il a examiné l'hypothèse, et que minutieusement toutes ses précautions sont prises : « Mon Dieu! j'irais vivre à la campagne, j'achèterais une petite propriété en Normandie, à quelques lieues de Rouen. La vie des champs, ç'a toujours été mon rêve. Mais avec cette pauvre chère femme je n'aurais jamais pu le réaliser. Ce n'était pas dans ses goûts. Mais si un malheur arrivait... D'abord, voyez-vous, lors même que j'aimerais Paris, je n'aurais plus la force d'y demeurer. — Les souvenirs, n'est-ce pas? — Oui, et puis tout est si cher! tandis qu'à la campagne... Je vivrai là, tranquille : je recevrai seulement quelques amis ; nous ferons la petite partie... et puis, j'irai de temps en temps à Rouen. Il faudra venir me voir au beau temps; l'air est très sain. Il y a des bois magnifiques : j'achèterai une carriole, avec un cheval. » — Enfin, il sera très heureux. Tout est prévu : et il y a évidemment indélicatesse de la part d'une femme à déranger, en ne mourant pas, ces projets de bonheur.

Le caractère de Péponet, qui semble moins neuf, est plus complet aussi, et contient plus de vérité commune. Adoucissez un peu les traits, et celui-ci ressemblera à bien des gens que nous connaissons. Ce qu'il cherche, en somme, c'est à marier ses filles le plus avantageusement possible : on n'a jamais dit que ce fût un crime. Seulement... seulement, comme dirait Basse-court, il fait la chose sans élégance. Il y a chez lui de Joseph Prudhomme autant que de Géronte. Il est bête mais solennel, indélicat mais sentencieux. — La pièce est soutenue par ces trois cariatides de l'égoïsme bourgeois : triple incarnation de la sottise et de la méchanceté.

Mais voici ce qui nous a frappé tout particulièrement, qui est digne de remarque, et qui est le trait significatif de cette reprise. C'est que le genre de comique de Théodore Barrière est justement celui auquel on revient aujourd'hui, et que l'auteur est tout à fait dans le courant. Dans telles pièces du Théâtre-Libre, et dans celles par exemple de M. Ancey, le comique est féroce, la gaieté méchante et le rire est un rire sec de pessimiste. Les personnages qu'on fait se mouvoir devant nous sont moins des hommes encore que des bonshommes occupés à nous montrer leurs laideurs morales. Or, c'est ainsi que procédait Barrière. Il y a dans son observation beaucoup d'amertume : et on sent qu'il prend plaisir, en dépouillant l'animal humain, à mettre à nu ses difformités. Eux aussi, les Péponet, les Bassecourt et les Dufouré sont tournés à la caricature. Eux aussi, ils passent leur temps à se montrer sous tous les angles, et de profil, et de trois quarts et de face, afin que nous admirions combien ils sont, de quelque côté qu'on les prenne, également déplaisants. Eux aussi, ils nous livrent leur pensée de derrière la tête, et mettent leur soin à dire tout haut ce que d'habitude on s'avoue à peine à soi-même. « Il n'y a rien d'écrit, » répète Péponet chaque fois qu'il manque à ses promesses; et encore : « Un Péponet marier sa fille sans dot!.. Que dirait le monde ? » — Ce sont des maniaques. Enfin la fameuse scène du contrat est d'un comique macabre: « On ne parle que de ma mort là dedans ! » s'écrie Péponet. Et tous à l'envi insistent et lui remettent sous les yeux cette perspective d'une mort qui après tout est certaine: « Vous mourrez un jour, il faut vous y attendre... Vous ne serez pas éternel... Pensez un peu à ce qui se passera après votre mort. Supposez un instant que vous soyez enterré... » L'impression dernière qu'on emporte de ce spectacle d'une humanité irrémédiablement méchante, ancrée dans ses ridicules, dans ses travers et dans ses vices, c'est une impression pénible. On est mal disposé. On voit les gens en pire. Décidément Georges Ancey fait école.

Et vous sentez bien que je ne songe aucunement à diminuer par ce rapprochement l'originalité de l'auteur des *Inséparables*. Mais tout se recommence en littérature. On est très surpris de retrouver à des années et à des siècles de distance les tendances les plus modernes. Nous n'avons pas inventé le pessimisme au théâtre. Barrière ne l'avait pas inventé, puisqu'il est déjà dans Molière, qui lui-même...

LE THÉATRE DE LABICHE

Pendant quarante années Labiche a fait rire
ses contemporains : il a été une force et une
force bienfaisante. La gaieté, c'est en effet le
trait qui domine dans tout son théâtre, c'est ce
qui en fait véritablement un théâtre unique en
son genre et très original. Car d'autres ont été
à leurs heures aussi gais que Labiche : nul n'a
eu comme lui cette inépuisable gaieté qui d'un
bout à l'autre et constamment a été son inspiratrice. C'est lui vraiment qui semble n'avoir
écrit que pour s'amuser, et pour nous amuser.
Une situation comique lui apparaît : il l'établit
dès le début de la pièce. Puis il la tourne et la
retourne, l'examine en tous les sens, comme
s'il voulait prolonger son plaisir, et lorsqu'il
en a tiré tous les effets qu'elle comporte, il
s'arrête et laisse l'action se terminer comme
elle peut, au hasard d'un dénouement quelconque. Qu'on ait ri, de ce franc et large rire qui
est, paraît-il, le propre de l'homme, de ce rire
qui, ne laissant ni amertume ni inquiétude, est

hygiénique : il n'en demande pas davantage.

Je ferais volontiers deux parts dans l'œuvre de Labiche. L'une, et de beaucoup la plus considérable, se compose de ces vaudevilles à quiproquos, dont le *Chapeau de paille d'Italie* et la *Cagnotte* sont les chefs-d'œuvre. Nous sommes ici dans la bouffonnerie énorme. On part de l'impossible pour voyager à travers l'abracadabrant. Les personnages qu'on nous présente sont des grotesques. Tout, depuis le nom dont ils sont affublés jusqu'à leurs tics et à leurs manies, tout contribue à mettre en relief leur bêtise hors nature. Bourgeois et provinciaux, leur physionomie s'épanouit en caricature. Leur état d'âme habituel est l'ahurissement. Pour rendre leur sottise plus pittoresque, il n'est pas d'accoutrement assez bizarre, d'accessoires et de postures assez excentriques. Nonancourt se promène douze heures durant, un pot de myrte dans les bras : Colladan se montre en plein boulevard, sa pioche sur l'épaule, Edgard est grimpé sur une échelle, parce qu'il a mal, si mal aux dents, qu'il ne sait où se mettre ; un monsieur en habit noir se trouve tout à coup porteur d'une bassinoire ; on a un camélia à la boutonnière, et à la main un panier de charbon. Il s'agit avant tout de faire rire. Et tous les moyens y sont bons. Les méprises. — Dans ces pièces, on est pris généralement pour n'importe quoi, excepté pour ce qu'on est : un teneur de livres pour un maire chargé d'inscrire les noms sur le registre municipal, un individu au hasard pour un ténor renommé, l'hôtel d'une marquise pour celui d'un restaurateur. Le plus souvent, une femme très mûre prend pour elle des déclarations que son âge suffirait à mettre en fuite. — Les récits invraisemblables. Chaque fois qu'un personnage est acculé dans une impasse, il invente pour en sortir l'explication la moins plausible, sûr que c'est celle qu'on acceptera le plus facilement. — Le retour des mêmes plaisanteries, des mêmes interjections, des mêmes incidents, la suspension d'une confidence interrompue vingt fois au moment palpitant. Le contraste entre les choses qu'on dit et le ton dont on les dit : on traite un sourd d'idiot et de ganache ; lui sourit et remercie.... Je pourrais prolonger cette énumération des procédés que Labiche emploie pour provoquer l'hilarité. Ce sont ceux qui ont réussi en tous les temps, les éternelles sources du rire : mais Labiche les a mis en œuvre avec une adresse étonnante ; et dans un genre où il n'était pas un inventeur, il est devenu un maître. Certaines de ces pièces sont d'un comique irrésistible. Elles sont en ce sens la perfection même. Encore n'y faut-il pas aller chercher ce qui n'y est pas. Pour ma part je n'ai jamais pu découvrir la philosophie de la *Cagnotte*, et pénétrer dans les profondeurs psychologiques du *Chapeau de paille*. Fantaisies, farces désopilantes : ce n'est rien de plus ; mais c'est déjà très suffisant ainsi.

A côté de ces imbroglios, qui vous réjouissent comme des défis jetés à la réalité, il y a dans le théâtre de Labiche des pièces d'une tout autre portée : ce sont celles, en petit nombre, où il s'est montré observateur, et a fait preuve d'une réelle connaissance du cœur humain. Je citerai : *le Voyage de M. Perrichon*, son œuvre maîtresse ; *le Misanthrope et l'Auvergnat, Célimare le bien-aimé, Le plus heureux des trois, la Poudre aux yeux...* Toutes ces pièces ont un caractère commun qui en fait l'unité : c'est que des idées très fines y sont traduites par des moyens très gros. Labiche fait cette remarque : nous nous plaignons de ne trouver partout que mensonges, faux dehors, convention, nous faisons le souhait de rencontrer enfin la sincérité et la franchise ; or, pour nous faire regretter ce souhait, il suffirait souvent qu'il vînt à se réaliser. Voici sous quelle forme il nous présentera sa pensée : un misanthrope croit trouver dans un rustre, Auvergnat par naissance et porteur d'eau par métier, l'homme selon la nature, le naïf et l'indépendant qu'il a vainement cherché à travers la société : il se l'attache, lui recommande de dire toujours la vérité : une journée ne s'est pas écoulée que notre Auvergnat a accumulé gaffes sur gaffes et que notre misanthrope n'a trouvé ni l'escalier assez rapide ni la fenêtre assez prompte pour se débarrasser de son gêneur. Labiche observe que, lorsque l'amant s'est introduit dans un ménage, c'est au mari qu'il devient indispensable : et alors il nous montre Célimare, au lendemain de son propre mariage, flanqué de deux Sganarelles qui ne peuvent plus se passer de lui, et qui ont juré de ne plus le lâcher. Ce contraste entre la nature de l'idée et la valeur des moyens est curieux ; et d'ailleurs il ne servirait à rien d'en contester la légitimité, car cela irait à supprimer l'œuvre même de Labiche dans un de ses caractères essentiels.

Le milieu où Labiche a promené son observation si pénétrante est toujours le même, et le type qu'il met constamment en scène est le bourgeois, proche parent de M. Prudhomme. Il est riche, ce bourgeois, aisé tout au moins, parce qu'une vie commode est un terrain merveilleusement propre à la culture de cette fleur : la bêtise. Il a vécu, mais sans rien apprendre : le peu d'expérience qu'il a se tourne invariablement en aphorismes et en formules vides. Il est sentencieux, farci de préjugés, et ne reconnaît la morale que s'il la voit sur les échasses où il l'a juchée. Étroit et borné, il porte sa mesquinerie jusque dans ses vices : étant jeune il a été libertin, mais dans une certaine mesure. Une fois marié, il entrera tout à fait dans son personnage, et subira consciencieusement les mésaventures qui sont dans le programme de sa situation. Il y trouvera son compte d'ailleurs, grâce à une sorte d'instinct qui lui fait tourner toutes choses en vue de son plus grand bien. Mari trompé, il sera le plus heureux des trois ; et dans les prévenances dont on l'accable, dans les dorloteries où on l'endort, il aura des compensations qui équivaudront à une récompense. Ses défauts lui constitueront un droit de plus au bonheur : son ingratitude, en lui épargnant l'ennui des obligations, sauvegardera l'indépendance de son cœur. Tous les traits de son caractère reviendront ainsi à un seul : c'est à un profond, incurable, et salutaire égoïsme.

C'est là de l'observation vraie ; est-ce au fond, et en dépit des apparences bouffonnes, de l'observation chagrine ? Non. Car, si Labiche se hâte de rire de nos travers, on ne voit pas qu'il ait eu jamais l'envie d'en pleurer. Il accepte les choses comme elles sont, parce qu'il les trouve en somme acceptables, n'y sachant d'ailleurs pas de remède. Il pousse à l'excentrique, mais ne pousse jamais au sombre. En dépit de tous ses défauts, son bourgeois est tout de même un assez brave homme, plus féroce que méchant. Les *Petits Oiseaux* se terminent par cette conclusion que je crois bien juste, mais qui est la formule même de l'indulgence. « Pour être heureux il faut savoir faire deux choses : fermer les yeux et ouvrir les mains. » Il se rencontrera sans doute quelqu'un pour dire à propos de l'auteur du *Misanthrope et l'Auvergnat*, comme il est à la mode de le dire à propos de l'auteur du *Misanthrope*, que ces éclats de rire cachent beaucoup de tristesse, et que cette bouffonnerie recouvre un grand fonds d'amertume. C'est une supposition toute gratuite et sans preuves. Ce railleur aimait les hommes : et n'est-ce pas encore la seule façon qu'on ait trouvée pour nous consoler de nos défauts, que de nous en faire rire ?

Cette tendance à voir en toutes choses, et même en des choses fort tristes, le côté plaisant, est précisément ce qu'on appelle, au bon et large sens du mot : la tendance gauloise. Labiche est un Gaulois. Par là il est bien dans la tradition de la comédie en France. On a prononcé à son sujet les noms de Regnard et même de Molière : si l'on entend par là que l'œuvre est comparable à celle de ces maîtres pour la valeur littéraire et pour le succès durable, c'est une singulière exagération. Mais voici cependant en quel sens j'admettrais le rapprochement : c'est qu'on peut, au sortir d'une lecture de nos grands comiques, voir une pièce de Labiche : on est frappé d'un air de ressemblance : Labiche est de la famille. Il a comme eux le bon sens, la santé de la bonne humeur. Molière avait-il ce que nous appelons aujourd'hui, de l'esprit ? J'en doute; mais ce dont je suis sûr, c'est que Labiche n'en avait pas. A peine pourrait-on extraire de son théâtre quelques mots d'auteur, et combien moins saisissants que ceux de nos faiseurs attitrés : « Nous autres demoiselles, nous voyons très bien, très bien... et nous ne regardons jamais. » — « Le vaudeville est l'art de faire dire *oui* au papa de la demoiselle, qui au début disait *non*. » — « C'est drôle quand on ne s'est pas vu depuis vingt-sept ans et demi comme on a peu de choses à se dire ! » — « Je retiens votre salon de cent couverts. — Combien êtes-vous ? — Quatorze. — Alors vous allez être bien à l'étroit. » — « J'ai toujours aimé les femmes mariées : c'est rangé, c'est honnête ; et c'est si difficile aujourd'hui d'avoir pour maîtresse une femme complètement honnête ! » En revanche la plaisanterie chez Labiche sort de la situation même et du caractère. Quelques-unes de ces plaisanteries sont entrées dans le domaine courant, comme tels mots classiques : « Tout est rompu, mon gendre ! » — « Embrassons-nous, Folleville. » C'est une façon qui en vaut une autre, d'enrichir la langue. Et Labiche a encore le naturel, la simplicité, la largeur de touche, le talent de peindre à fresque.

Tous ces traits font un ensemble qui a son étroite unité, et composent une physionomie d'écrivain très caractérisée. Aussi Labiche a-t-il toujours été incapable de sortir de son genre. Il a fait pour le Théâtre-Français une comédie qui voulait être plus relevée : *Moi.* Cela est gêné, sans logique dans l'action, sans nuances et sans dégradations dans les caractères. Parfois il a été conduit par l'intrigue de ses pièces à s'aventurer dans le sentimental : il s'y est montré maladroit au point qu'il y faut regarder de près pour s'assurer s'il est sérieux ou s'il se moque. Mais c'est l'inconvénient auquel sont exposés tous ceux dont la personnalité est bien accusée, et Labiche a eu le rare mérite de se connaître admirablement et de ne pas vouloir excéder ses moyens. Il a de même été le meilleur critique de son œuvre, et le juge le plus clairvoyant de son talent. Quand on lui dit que « ses pièces gagneraient cent pour cent à la lecture », il en fut tout surpris, et par cette raison fort simple qu'il les avait composées pour être jouées, non pour être lues, et afin de suffire à l'amusement d'un certain nombre de soirées. C'était l'effet d'une modestie excessive ; sans doute, mais c'était aussi la preuve d'un goût bien avisé. Quand on mit son nom en avant pour l'Académie, il se montra très sceptique à l'égard de sa candidature, et douta s'il se fût donné sa propre voix. Laissé à lui-même il n'eût certes pas publié dix volumes de ses œuvres, et eût moins encore songé à y donner une suite. Il eût probablement fait lui-même le choix que le temps va y pratiquer. Il y eût mis la *Cagnotte* et quelques pièces du même ordre, parce qu'elles sont les types d'un genre. Il y eût ajouté cinq ou six comédies d'observation. Cela eût composé deux volumes où toute la gloire de Labiche aurait tenu à l'aise. Labiche restera comme le seul homme de notre temps qui ait eu complètement cette qualité : la belle humeur. Et il restera comme le représentant attitré d'un genre intermédiaire entre la farce et la comédie, et qui mêle aux observations de l'une les bouffonneries de l'autre.

JULES LEMAITRE

I. — *RÉVOLTÉE* (1).

On pourrait dire : « La pièce de M. Jules
Lemaître est un régal de lettrés. Par l'aisance
du tour et la distinction de la forme, elle donne,
depuis le lever du rideau jusqu'à la dernière
réplique, l'impression de quelque chose d'ex-
quis. Elle est tissue de conversations élé-
gantes, d'observations malicieuses autant que
justes, de fines analyses, de croquis lestement
enlevés, de satires rapides et qui n'ont pas l'air
d'y toucher; et les traits les plus spirituels ne
s'y comptent pas. C'est l'œuvre d'un moraliste
d'autant plus pénétrant qu'il se sent beaucoup
d'indulgence pour les misères humaines, d'un
curieux qu'amuse le décor de la vie mondaine,
l'œuvre enfin de celui de nos écrivains qui
écrit aujourd'hui la langue la plus pure et la
plus vraiment française. »

____

(1) Odéon, avril 1889.

Mais en le disant on n'apprendrait rien à personne. C'étaient toutes choses prévues d'avance. Et la question ne se posait sur aucun de ces points.

La question, en effet, n'était pas de savoir si l'œuvre de M. Jules Lemaître serait pleine de qualités littéraires du premier ordre. Cela ne faisait doute pour personne. Mais on se demandait si cette pièce serait une pièce. Il y avait des incrédules. Un préjugé très répandu veut qu'un critique ne puisse être en même temps ce qu'on appelle de ce grand mot : un créateur. Ajoutez que le critique des *Débats* a en outre cette tare d'être un normalien. Un normalien faire du théâtre ! Cela est impossible, par définition. Avoir appris pendant trois années à discuter sur toutes choses et à distinguer le fort et le faible de toutes les opinions ; avoir ensuite brillamment réussi à démonter les ouvrages des autres, et s'imaginer qu'il vous reste encore assez de naïveté pour camper des bonshommes sur la scène ! Faites des articles, faites des chroniques, faites encore, si vous y tenez, des contes, de petits romans, où il entrera plus d'analyse que de véritable invention. Mais du théâtre ? Cela vous est défendu. — L'objection, s'adressant à M. Jules Lemaître, semblait tout particulièrement fondée. Car on peut bien, en lisant lentement une prose délicate, goûter le charme rare d'une pensée volontairement indécise : au théâtre, nous voulons de la décision, une allure rapide, des partis pris très nets. Enfin M. Jules Lemaître n'a jamais caché son mépris pour ce qu'on appelle une pièce bien faite. Cet extrême dédain du « métier » était de nature à inquiéter. Et il paraît qu'on était inquiet autour de M. Jules Lemaître. On ne lui avait pas ménagé les avertissements ; lui, très malheureux, en était réduit à revendiquer du moins ce droit qu'a tout homme libre, le droit de faire une sottise. Donc la curiosité était très vive ; et les mieux disposés pour l'auteur de *Révoltée* n'étaient pas les plus tranquilles. Maintenant ils sont rassurés. *Révoltée* contient des scènes tracées avec la sûreté de main d'un maître ; des scènes vigoureuses, émouvantes et qui ont empoigné le public. M. Jules Lemaître s'est révélé du premier coup pour un habile, qui n'ignore du métier que ce qu'il en veut ignorer. Dût l'éloge lui sembler pénible à avaler, il faut lâcher le mot : il y a en lui un homme de théâtre.

Révoltée est l'histoire d'une jeune femme qui a plus de nerfs que de cervelle, et plus de cervelle que de cœur. Elle n'aime pas son mari, parce que son mari est laid et gauche ; elle va le tromper avec un bellâtre ; elle est au bord de la faute ; elle s'y arrêtera d'ailleurs parce que M. Jules Lemaître ne se pardonnerait pas d'avoir alarmé la morale. — Au premier acte, le salon de Mme de Voves, un salon « ami des lettres ». Mme de Voves est tout de noir habillée, et elle a le regard noir : c'est Mme Tessandier. Vous êtes tout de suite renseignés ;

vous devinez qu'un secret douloureux a plissé ce front, assombri ce regard. La pièce peut commencer en comédie : il y a du drame dans l'air. — Mᵐᵉ Herbaut, chaussée d'un bas couleur d'azur, est venue inviter Mᵐᵉ de Voves à sa prochaine soirée, et lui demander en même temps si elle ne pourrait lui prêter pour la circonstance un de ses académiciens. En voici un justement, Barillon, qui vient de prononcer un discours délicieux sur les prix de vertu. On l'entoure, on le complimente. Charmant! ravissant! étourdissant! Que d'esprit, que de malice, que de gaieté! Dans ce concert d'éloges, une seule note discordante. La jolie Mᵐᵉ Hélène Rousseau exprime avec vivacité son opinion sur ce petit exercice qui consiste à « blaguer la vertu ». On se dit : pour qu'elle se révolte contre l'innocent badinage académique, faut-il, mais faut-il que cette petite femme ait envie de se révolter! Répliques brèves, gestes saccadés, quelque chose d'agressif dans l'allure, un défi de toute la personne. C'est qu'aussi bien Hélène a ses raisons pour en vouloir à la société. Fille naturelle, mise de bonne heure au couvent, elle ne sait même pas qui est sa mère. Elle s'est laissé marier parce qu'elle s'ennuyait. Elle s'ennuie davantage depuis qu'elle est mariée. Sans doute, son mari est un homme excellent; c'est même un homme de mérite, presque un homme supérieur. Mais Pierre Rousseau est un timide : il n'a pas su parler à sa femme et se faire comprendre d'elle. Puis c'est un professeur, et de mathématiques ; il fait des classes, il donne des répétitions, il corrige des copies ; rien dans tout cela pour monter l'imagination d'une femme. Il est maladroit, gauche ; il ne sait pas nouer sa cravate ; il manque totalement d'élégance, et de toutes les sortes d'élégance. C'est un *scientifique*. Sa femme l'a pris en grippe.

Un M. de Brétigny a compris la situation, et le parti qu'il en pouvait tirer. Celui-là est la parfaite antithèse de l'agrégé de mathématiques. Sportsman accompli, membre de l'un de ces cirques mondains où les gentilshommes se donnent en spectacle faisant du trapèze et de la haute école, ce clown intermittent a tout ce qu'il faut pour plaire aux femmes. Il plaît fort à Hélène. Et ce n'est un secret pour personne, même pour le mari. N'y aurait-il pas moyen d'avertir la jeune femme, de la mettre en garde contre elle-même ? C'est ce que demande à Mme de Voves son fils André. Intime ami de Pierre Rousseau, André a pour Brétigny l'antipathie naturelle à un homme d'esprit pour un imbécile. Il supplie sa mère d'user de son influence auprès d'Hélène, d'empêcher un malheur. Restée seule Mme de Voves lève les yeux au ciel, et joignant les mains : « Mon Dieu, Dieu juste et miséricordieux, épargnez, protégez mon enfant ! Faites que ma fille ne connaisse jamais la même honte, les mêmes tortures dont sa mère souffre si cruellement ! » Et voilà pourquoi Mme de Voves promenait des regards sombres ! Nous ne nous étions pas trompés : elle est la mère. — Ce premier acte n'est certes pas celui que je préfère ; les plaisanteries sur les salons littéraires et sur les choses de l'Académie m'ont toujours paru glaciales. Mais le sujet est désormais posé très nettement, les personnages nous sont connus. Et la prière finale est du plus bel effet.

Les deux actes qui suivent sont de tout point excellents. C'est là qu'il faut chercher ce qu'il y a d'original et parfois de très neuf dans la pièce de M. Jules Lemaître.

Un bal chez Mme Herbaut. Le pauvre Rousseau est venu avec sa femme. Il arrive ce qui devait arriver. Hélène ne valse qu'avec Brétigny ; elle se compromet ; nous assistons même à un duo où Brétigny est aussi pressant que possible, tandis qu'Hélène résiste avec la mollesse la plus inquiétante. « Ne voulez-vous donc rien tenter ? répète André à Mme de Voves. » Et pendant qu'il cause avec elle, il se laisse aller à l'interroger. Mais qui donc pouvait être cette mère d'Hélène ? Une de vos amies, m'avez-vous dit ; j'ai beau chercher, je ne puis fixer mes soupçons sur aucune. Comment se fait-il qu'elle ne se soit point fait connaître de sa fille ? Pourquoi est-ce à vous qu'elle a légué l'enfant ? Et frappé du trouble de sa mère, du vague des réponses, voilà qu'il devine tout, sans qu'on lui ait rien avoué. — La scène est scabreuse et il a fallu toute la légèreté de main de M. Jules Lemaître pour la faire passer. Celle qui suit est dans sa simplicité d'une grande énergie. André comprend qu'il lui appartient de protéger celle qui est sa sœur. S'adressant donc à M. de Brétigny il le prie loyalement de cesser ses assiduités auprès d'Hélène. Mais à quel titre s'est-il chargé d'une pareille démarche ? C'est ce qu'il ne peut révéler, et ce qui rend sa situation si poignante. Brétigny le prend de haut, comme cela est naturel. Les deux hommes se battront.

Le lendemain, chez les Rousseau. — L'acte est fait de deux scènes qui sont aussi bien les scènes maîtresses de tout l'ouvrage. Sur le conseil de son ami, Pierre Rousseau s'est décidé à avoir un entretien avec sa femme, à la questionner, à se livrer lui-même et à dissiper le malentendu qui les sépare. Il parle avec la sincérité de l'émotion ; il parle de sa tendresse infinie, et de ce peu qu'il demandait, en retour de tout son dévouement : un peu de pitié, un peu d'affection. Est-il possible qu'Hélène ne se laisse pas toucher ? Mais qu'elle lui dise au moins ce qu'elle lui reproche et s'il l'a blessée en quelque chose... Ici un trait de réalité banale qui est une trouvaille. La porte s'ouvre ; la bonne prévient monsieur qu'il y a là un élève qui l'attend... Et voilà. C'est toujours ainsi. Il dispose à peine de quelques moments, entre deux occupations. Tout ce qu'il fait tourne contre lui. Mais la patience a des bornes. Qu'Hélène prenne garde. Il y a du moins un malheur qu'il ne serait pas disposé à supporter.

Le pauvre homme avait été vraiment beau :
il nous avait touchés avec son éloquence faite
de tendresse et de colère, de langage du cœur
et de jargon professionnel. Naturellement Hélène saute sur sa bonne plume et griffonne un
rendez-vous à Brétigny. Mais Mᵐᵉ de Voves
se présente à son tour, et entame, elle aussi,
de graves exhortations. « Comment ! s'écrie Hélène agacée ; alors tout le monde ? Mais pourquoi me dites-vous ça ? pourquoi vous ? de
quel droit ? » Et Mᵐᵉ de Voves : « Hélène, je suis
ta mère ! ». — Ce n'est pas la première fois
que nous voyons au théâtre une fille qui retrouve sa mère. Et nous savons comment les
choses se passent en pareil cas. Nous pensions
donc qu'Hélène allait se jeter dans les bras de
sa mère, que les deux femmes s'inonderaient
de leurs larmes réciproques, et que rafraîchie
par ce torrent Hélène allait devenir le modèle
des épouses. Eh bien ! pas du tout. Hélène
reste très calme : elle est étonnée sans doute ;
mais elle n'est pas émue. « Vous..., ainsi c'est
vous qui êtes ma mère..., vous qui veniez me
voir au couvent, deux fois l'an, pendant une
demi-heure... J'ai beau faire, et je dois sans
doute vous paraître impie ; mais je ne me sens
pas pour vous les sentiments d'une fille... je ne
sens rien. » Cette scène est justement au rebours
de la scène consacrée ; c'est la négation de la
fameuse voix du sang. Vous voyez sans peine
combien la scène ainsi présentée est plus vraie.
Je dois dire que le public a d'abord été décon-

certé, qu'il n'a pas compris tout de suite. C'est qu'on ne rompt pas sans quelque difficulté avec une habitude qui ne date pas d'hier.

Ici, par exemple, il faut mettre un point à la ligne. Le quatrième acte n'existe pas; il n'est pas fait; et c'est ce qu'on en peut dire de mieux. Hélène est allée chez Mme de Voves pour attendre l'issue du duel. On ramène André blessé. Hélène fond en larmes, et promet qu'elle ne recommencera plus. André de son côté pleure de douces larmes : il est heureux ; il a réconcilié son ami et sa sœur; cela valait bien un coup d'épée. Tout le monde est content, sauf pourtant le public. Outre que ce dénouement est imprévu et que l'auteur y a visiblement eu recours afin de ne pas se donner la peine d'en chercher un autre, il ne dénoue rien. Car peut-être André guérira-t-il ; mais ce qui est sûr c'est qu'Hélène recommencera et avant qu'il soit longtemps.

Ce quatrième acte, dont l'insuffisance saute aux yeux, est le grand défaut de l'œuvre. On en pourrait signaler d'autres. Je regrette qu'on ait fait d'Hélène si complètement et si uniment une *peste ;* puisqu'à la fin elle se convertit et que son cœur est touché par la grâce, au moins aurait-il été utile de nous montrer qu'elle a un cœur. Il aurait fallu par un ou deux traits nous indiquer que si elle est légère, frivole, capricieuse et passablement égoïste, cependant elle n'est pas incapable de tout bon sentiment. — Par contre, quelques-uns des traits du caractère du mari me semblent inutiles. On nous dit à plusieurs reprises que ce brave homme peut, le moment venu, se montrer terrible, et qu'il ne faudrait pas se fier à ce mathématicien. Or, il reste jusqu'au bout absolument passif ; il ne fait rien ; il semble même ne rien comprendre. Et c'est tout juste, à la fin, s'il ne paraît pas ridicule.

Mais c'est un autre reproche que je veux faire à M. Jules Lemaître. Il a eu le grand tort de se défier de lui-même, et de se laisser troubler par les objections qu'il prévoyait. Il a fait des concessions. — Il a d'abord fait des concessions au « théâtre ». Il a pensé qu'il ne lui était pas permis de négliger tout à fait les moyens, si gros soient-ils, par lesquels on est assuré de remuer les foules. De là cette double reconnaissance, tout comme dans un drame de Dennery : la fille qui retrouve sa mère, le frère qui retrouve sa sœur. De là l'effusion de larmes du dernier acte, et cette si déplaisante exhibition du blessé qui revient en scène, la chemise sanglante, les joues très pâles. — Puis il s'est souvenu qu'on lui a reproché parfois d'être un peu souple sur les questions de morale. De là cet abus des tirades vertueuses ; ces fréquentes invocations aux honnêtes gens, à la morale éternelle, à la société, à Dieu. — M. Jules Lemaître pense encore qu'il est impossible à des gens saturés de littérature comme nous sommes, de rien dire qui n'ait été déjà dit, de mettre en scène des personnages qui n'aient pas d'an-

cêtres littéraires et de se garder enfin des ré-
miniscences. Aussi, loyalement, il nous prévient. Il fait dire à l'un de ses acteurs, en par-
lant d'Hélène : « C'est Emma Bovary. » Cela
est d'un effet déplorable; car voilà l'illusion dé-
truite; nous suivons l'exemple qu'on nous
donne et nous nous apercevons qu'Hélène ne
manque pas de « sœurs en littérature ». Emma
Bovary, oui; et aussi Froufrou, et Paulette, et
Séraphine Pommeau, d'autres encore. Mais lui-
même Pierre Rousseau, le mari qui adore sa
femme et ne lui demande en retour qu'un peu
de reconnaissance, l'homme supérieur taillé en
rustre, Dieu me pardonne! c'est cet autre mathématicien : le Maître de forges... Et sans
doute nous ne nous serions avisés d'aucun de
ces rapprochements saugrenus, si on ne nous
y avait invités, et si le dramatiste n'avait laissé
passer un petit bout de l'oreille du critique.
Que M. Jules Lemaître ait la hardiesse d'être
entièrement lui-même : nous aurons tout à y
gagner.

II. — *LE DÉPUTÉ LEVEAU* (1).

Une comédie d'une allure hardie et neuve, prise en pleine vie moderne et aussi en pleine humanité, faite de spirituelle raillerie et plus encore d'observation pénétrante, d'émotion sincère et de vraies larmes, une comédie qui d'un bout à l'autre de ses quatre actes soutient et renouvelle l'intérêt, et dont un acte, le second, est égal à ce qu'il y a de plus beau dans le théâtre moderne : telle est l'œuvre nouvelle de M. Jules Lemaître.

Le premier mérite de cette pièce, c'est qu'elle n'est pas une pièce à allusions. M. Jules Lemaître n'a aucunement recherché un succès de scandale. Il a mis plus haut ses ambitions. Le point de vue auquel il s'est placé, c'est le point de vue désintéressé du moraliste, qui s'élève au-dessus des querelles des partis et ne retient des événements contemporains que ce qu'il faut pour nous faire entendre la leçon qui s'en dégage. Partout où l'allusion se présentait comme d'elle-même et semblait solliciter l'auteur, il l'a soigneusement écartée : et il ne nous a laissé ni le pouvoir ni le droit de nous

(1) Vaudeville, octobre, 1890.

tromper sur ses intentions. Le personnel de l'aventure boulangiste a pu lui fournir le milieu réel dans lequel il a fait baigner son action; mais on perdrait son temps en cherchant à mettre sur les personnages de la comédie les noms des hommes d'aujourd'hui. En ce sens, une comparaison avec *Rabagas* pourrait être instructive. On y verrait quelle distance il y a entre deux auteurs, l'un qui, escomptant par avance l'effet produit par les sifflets et les réclamations, s'applique à attiser toutes les rancunes, l'autre qui s'efforce de présenter d'amères vérités avec assez de mesure et un tact assez délicat pour que ceux mêmes sur qui elles retombent puissent les entendre. Et on apprécierait aussi la différence qu'il y a entre un art incapable de dépasser la surface et d'apercevoir dans les mœurs d'un temps autre chose que leur apparence risible, et cet art qui enfonce jusque dans les profondeurs douloureuses du cœur humain.

M. Jules Lemaître est de ceux qui dans l'étude d'une société pénètrent jusqu'aux traits essentiels, et qui savent discerner les désordres spéciaux à un temps, à un certain état des mœurs. Or, si la France d'aujourd'hui est une démocratie, elle a derrière elle de longs siècles de tradition aristocratique. Dans cette France vieillie, et qui ne s'est avisée que sur le tard de se donner une constitution égalitaire, il reste toujours et quand même une société d'en haut, qui continue d'exercer son prestige sur ceux-là mêmes qui la combattent, adversaires dont l'hostilité est pour une bonne part faite d'envie. Grâce à la forme républicaine, les succès de la politique bouleversent les situations sociales avec une singulière rapidité, avec une brusquerie qui ne ménage pas les transitions. Parti d'en bas un homme se trouve tout d'un coup porté aux sommets. Qu'adviendra-t-il donc de l'homme du peuple qui se verra subitement accueilli dans un monde dont il a longtemps, et sans se l'avouer, envié les élégances ? Ne se produira-t-il pas chez lui comme une débâcle générale et une soudaine débandade de tous les principes qui ont semblé jusque-là diriger sa vie? Telle est l'étude que s'est proposée l'auteur du *Député Leveau.*

Le premier acte sert à nous présenter les personnages. C'est dans le « salon » de M. de Maubrun, gentilhomme sceptique, qui se plaît à réunir chez lui tous ceux qui, venus d'un monde ou d'un autre, ont leur heure de célébrité dans ce Paris si hospitalier et si peu bégueule. Les marquises authentiques s'y rencontrent avec les sociétaires de la Comédie-Française. Les artistes s'y mêlent aux politiciens. Tous les groupes du Parlement y envoient leurs leaders, et jusqu'au centre gauche dont on se montre avec curiosité le représentant. Mme Leveau y arrive avec sa fille, et tout de suite elle est très entourée et très complimentée, car son mari est l'homme du jour. Mais c'est par des jérémiades que Mme Leveau répond à ces félicitations. Ah ! bien, oui, qu'on lui en parle des succès de son mari ! C'est chaque fois pour elle l'occasion de tristesses nouvelles et des plus amers déboires. « On me croit heureuse, parce que Leveau est un homme supérieur ! Oh ! je le sais bien. C'est un homme qui n'a pas son pareil. Pour l'esprit, la parole et tout, il n'en craint pas un. Et il vous a des manières, quand il veut !... Seulement, moi, je ne peux pas le suivre. Je suis une ignorante et une provinciale. Bonne ménagère tant qu'on voudra ; mais femme du monde, jamais... Ça fait que Leveau et moi nous sommes chaque jour plus loin l'un de l'autre. Plus il monte, plus je descends... » Et elle continue sur ce ton. Elle est peuple, et comme tous ceux du peuple, elle a un besoin de conter ses chagrins, de s'épancher en confidences geignardes.

Cependant, et tandis que la conversation se continue de groupe en groupe occupée du seul Leveau, lui-même le triomphateur fait son entrée. En réclamant l'urgence pour la discussion d'une proposition relative à la séparation de l'Église et de l'État, le député radical a renversé le ministère. Il annonce complaisamment sa victoire, et, comme s'il se croyait encore à la tribune, il ajoute quelques-unes de ces banalités sonores qui dans les Assemblées enlèvent l'applaudissement. Il éclate de vanité satisfaite. C'est un homme heureux. Aussi le jeune Deslignières, député du centre gauche, choisit-il ce moment pour adresser à Leveau une demande déjà plusieurs fois repoussée. Deslignières aime Mlle Leveau et il en est aimé ; pourquoi lui refuser la main de cette jeune fille ? Une différence d'opinions politiques est-elle, en vérité, un obstacle insurmontable ? Mais c'est qu'entre Deslignières et Leveau il y a tout autre chose qu'une différence de teintes politiques, il y a une antipathie de nature. Deslignières est un délicat, de ceux qui, par une sorte d'atticisme moral, recherchent avant tout la mesure, se défient des mots qui trahissent les idées, et craignent sans cesse de « surfaire » ; ceux-là croient à un tas de choses, naïvement et bêtement, et s'en cachent tout de même, se protégeant sous des apparences de scepticisme, mettant l'ironie comme un voile entre eux et le public. Leveau tout au rebours est une nature vulgaire, incapable de nuances, n'apercevant les idées qu'en gros, telles qu'elles lui apparaissent dans l'emballement de la tribune, déformées et amplifiées hors de toute proportion par le coup de gueule oratoire. Entre ces deux hommes, l'accord est impossible. Leveau ne verra jamais dans ce croyant fin de siècle qu'un imbécile qui fait de l'esprit. Ou plutôt il soupçonnera vaguement que ce Deslignières est fait d'un autre limon que lui, et qu'il possède sans y tâcher cette véritable distinction de l'esprit, que rien ne remplace, et à laquelle, lui, Leveau, malgré ses efforts, ne parviendra jamais. C'est pourquoi les Leveau sont les éternels ennemis des Deslignières ; et pourquoi, après tout, ils sont excusables de ne vouloir point en faire leurs gendres.

Ce qui flatte surtout Leveau, maintenant qu'il est quelqu'un et qu'il s'impose, c'est qu'il a enfin de quoi répondre à ceux qui lui reprochaient d'être sans éducation et sans usage du monde, au point de s'être montré à un enterrement en cravate blanche et d'avoir pris un smoking pour une voiture. Il voit avec orgueil les salons les mieux fréquentés s'ouvrir devant celui qui a débuté dans une étude de petit avoué, à Montargis. On ne le tolère pas seulement; on le recherche, on vient à lui. « Ça y est! » comme il pourrait dire en son jargon plébéien... Moment psychologique s'il en fut. Leveau est à la merci de la première aventurière titrée qui se présentera. D'une pression de sa petite main aux doigts effilés d'aristocrate, elle le mènera où elle voudra. Et cette grande dame se présente. C'est la marquise de Grèges.

Celle-ci rêve de jouer un grand rôle, tout à fait en évidence et au premier plan. Le marquis n'est qu'un niais décoratif. Et donc elle est en quête de l'homme dont elle se fera la conseillère, l'inspiratrice, l'Égérie, et qui en échange lui apportera les ressources du talent et l'appoint de la popularité. Du premier coup d'œil elle reconnaît dans Leveau celui qu'elle cherchait; et, dès la première rencontre aussi, Leveau tombe dans le piège subtilement préparé. Il est, dans son entretien avec la marquise, cynique à souhait, brutal à ravir, et grossier idéalement. « Nous autres radicaux, il semble que la droite soit le parti politique dont nous sommes le plus éloignés. Eh bien ! c'est encore avec la droite que nous votons le plus souvent. Et puis voulez-vous que je vous dise, c'est encore à droite qu'on trouve les gens de meilleure tenue, les plus propres, les plus... enfin les plus chics. » La marquise a tout au plus fait les frais de quelques phrases banales, le pacte est déjà conclu. Loveau engagera ses amis les radicaux à former avec les droitiers un grand parti réformiste, où tous les mécontents pourront se rencontrer et s'unir. On verra un peu plus tard à s'entendre sur la nature des apports réciproques et des gages à échanger. Et Loveau sort, ayant au bras celle dont il est désormais le prisonnier.

Maintenant nous connaissons les principaux personnages : Loveau, le plébéien, pris à cinquante ans d'une fureur de jouissances distinguées ; Mme Loveau, la provinciale qui, après dix ans de vie à Paris, est restée de Montargis ; la marquise enfin, sorte de Célimène politique. Ce premier acte est un acte charmant d'exposition. — Celui qui suit, et qui nous transporte en plein drame intime, est la partie maîtresse de l'œuvre.

Il est de toute beauté.

C'est dans l'intérieur de Loveau, dans cet intérieur qu'il déserte de plus en plus. Mme Loveau confie à sa fille toutes ses tristesses, la cruauté de l'abandon où elle est, la certitude qu'elle a d'être trompée; son mari, contrairement à leur habitude de toujours, a voulu faire chambre à part. D'ailleurs, elle l'a suivi un jour qu'il allait au rendez-vous. — Des grincheux ont réclamé : Une mère ne dit point de telles choses à sa fille... Et à qui voulez-vous qu'elle les dise? Ou croyez-vous qu'elle va se taire? Elle n'a pas été élevée sur les genoux des duchesses, peut-être. Ce qu'elle a sur le cœur, il faut que ça sorte! Depuis des semaines il s'amasse en elle tant de haine contre l'accapareuse qui a mis le grappin sur son mari, qui le tient et qui ne le lâche plus! — Entrée de Leveau, bientôt suivi de la marquise, devant qui se retirent aussitôt les deux femmes. — La marquise est venue pour obtenir que le leader du radicalisme, au risque de se compromettre et de se perdre, signe le programme du marquis, candidat aux élections du conseil général. Lui, voudrait en échange qu'elle lui promît, le cas échéant et grâce au divorce, de devenir sa femme. La marquise est adorable de coquetterie savante; quand elle part, elle a tout obtenu sans s'être engagée à rien. — C'est ici que se place la scène attendue, qui devait mettre aux prises le mari et la femme, et faire s'entrechoquer les reproches douloureux de l'une et les reparties haineuses de l'autre. « Elle est ta maîtresse, gémit Mme Leveau. Ne nie pas. Je t'ai suivi. — Ah! tu m'espionnes, maintenant! Eh bien! oui, c'est vrai; elle est ma maîtresse.

Et puis après ?... Penses-tu par hasard que tu sois la femme qu'il me faut ? Voyons, regarde-toi un peu. Te crois-tu capable, par exemple, de tenir un salon ? » La pauvre ne s'est jamais fait d'illusions sur elle-même ; elle s'est adressé bien souvent le reproche dont aujourd'hui Loveau la soufflette cruellement. Et voici qu'elle s'humilie et demande pardon : « Je t'ai gêné, je t'ai fait souffrir par mes manières, par mon peu d'intelligence. Je t'en demande pardon... Mais cependant, souviens-toi, quand tu m'as épousée... tu m'aimais... — Ah ! dame ! En ce temps-là, tu étais certainement gentille. Tu m'apportais une jolie dot. Et puis... et puis... *je ne savais pas encore ce que je valais !* » Et pour un mot de nature, en voilà un, ou je me trompe. — Loveau essaye maintenant d'amener sa femme à accepter l'idée du divorce : « Voyons, tu dis, n'est-ce pas ? que je te rends malheureuse, que la vie que je te fais est insupportable. Eh bien, il y a un moyen d'arranger tout cela. — Lequel ? — Le divorce. — Jamais. — Jamais ! Et pourquoi cela ? Par scrupule religieux ? Tu ne vas pas à la messe... — Je crois tout de même au bon Dieu, qui était là le jour de notre mariage. Et d'ailleurs, la vraie raison je l'avoue : *Tu es mon mari, je ne veux pas te perdre, voilà !* Depuis bien du temps je m'aperçois que tu ne m'aimes plus, que tu te détaches de moi chaque jour davantage. Mais je me disais : attendons ! Il me reviendra... plus tard... quand il sera vieux. Et aujourd'hui tu viens me parler de divorce! Je refuse. Je n'ai plus pour moi que ceci, c'est d'être la femme légitime, l'épouse. *C'est tout ce qui me reste, je le garde.* »

Ah! l'admirable langage! Comme tout cela est simple et vrai! combien on sent que c'est la nature elle-même qui parle! Quelle touche large et puissante, et sûre! Quelle superbe scène, taillée en pleine humanité, et telle que depuis Augier nous n'en avions pas vu une seule au théâtre.

Restée seule et affolée de douleur, M⁰ Leveau cherche par quel moyen elle pourrait se défendre contre la marquise. Le seul qui se présente, c'est le moyen classique : la lettre anonyme. Elle griffonne une dénonciation à l'adresse du marquis... Mais Leveau la surprend, s'empare de la lettre. Il est venu pour lui proposer une transaction. Qu'elle consente à demander le divorce, il consentira au mariage de sa fille avec Deslignières. Mᵐᵉ Leveau essaye encore de tenir bon. Puis, voyant le chagrin de sa fille, elle cède. Elle accomplira tout le sacrifice...

Troisième acte. L'acte des élections, rempli de jolis détails et qui contient une trop juste satire des étranges compromis occasionnés par l'alliance des radicaux et des réactionnaires. C'est pour Leveau le commencement de la fin. Il est blackboulé dans sa circonscription, tandis que le marquis de Grèges, qui depuis des années ne récoltait qu'un nombre de voix dérisoire, passe à une immense majorité. Leveau commence à soupçonner qu'il a été joué. Du moins il aura pour se consoler l'amour de la marquise; il la presse de tenir ses engagements, de divorcer ainsi qu'il a fait lui-même, afin d'être toute à lui, comme il sera à elle. La marquise, très douce : « Mais je ne comprends pas, mon ami... Je ne vous ai jamais rien promis de tel... Nous resterons dans l'avenir ce que nous avons été jusqu'ici l'un pour l'autre... Je serai pour vous la meilleure des amies... Même, puisque vous allez être tout à fait libre, nous pourrons nous voir plus souvent... Mais on vient, mon ami. A demain. Je vous expliquerai. Demain, à notre rendez-vous habituel. » Leveau, à qui tout échappe à la fois, est empli d'un besoin de se venger. Il laisse sur la table la lettre anonyme à l'adresse du marquis.

Au quatrième acte. Dans le petit appartement où Leveau et la marquise se sont aimés, Leveau tente une dernière fois d'obtenir de la marquise qu'elle consente à devenir sa femme. On frappe à la porte. Mme de Grèges cherche à fuir. Traquée !

Ici encore M. Jules Lemaître a fait preuve d'un tact bien délicat. Il y avait des chances pour que le mari si complètement trompé semblât ridicule. D'autre part, il eût été fâcheux de le faire parler en croque-mitaine de mélodrame. On a su lui trouver une attitude assez digne pour que la tentation même de sourire ne vînt à personne. « Si je suis venu, commence-t-il par déclarer à sa femme, c'est que j'ai été averti, c'est qu'on m'a ouvert les yeux. Car, je veux que vous le sachiez, j'avais en vous une entière confiance... Voici ce que j'ai décidé. Je demande le divorce. Vous ne porterez pas mon nom une heure de plus que la loi ne vous y autorise... Je donnerai demain ma démission de député, parce que je dois en partie mon élection à M. Leveau. Je lui renverrai exactement les sommes qu'il m'a fait gagner. Quitte envers lui, je lui demanderai alors la réparation qu'il me doit... » Restée seule avec Leveau, la marquise remet lentement son chapeau, et du ton d'une femme prise au piège : « Allons! je serai Mme Leveau. » C'est le mot de la fin.

Ce dénouement par sa brusquerie a quelque peu surpris. C'est qu'il dérange nos habitudes et va contre la convention qui veut qu'au théâtre le rideau ne baisse que sur une action entièrement terminée. Mais si l'on y songe, on verra que ce dénouement est le seul acceptable. Il est également conforme à la logique du théâtre et à celle de la vie : car un rustre tel qu'on nous présente Leveau peut bien se laisser jouer par une marquise, mais à la fin il se venge, fût-ce en se perdant lui-même. Il est encore d'une belle portée morale. Il nous ouvre une longue échappée sur l'avenir, et il nous laisse, en partant, songer à ce que pourra être ce couple d'époux ennemis, se punissant l'un par l'autre de leur faute commune...

On pourrait chercher à M. Lemaître au moins
des chicanes de détail. Il est regrettable par
exemple que le drame ait atteint au second
acte toute son intensité d'émotion. Il se trouve
que M⁰⁰ Leveau est celle à qui nous nous
intéressons davantage; or il ne sera plus question d'elle. Elle restera à la cantonade. —
Peut-être aussi le dernier acte est-il trop rapide.
Il semble que l'auteur ait été pressé de finir.
— Je regrette l'emploi de ce moyen si usé : la
lettre anonyme. Dans une pièce d'un tour si
neuf, cette vieillerie fait un effet plus choquant.
— M. Jules Lemaître se montre encore trop
dédaigneux de certaines parties de métier :
les entrées et les sorties de ses acteurs pourraient être mieux ménagées. — Enfin sur le
caractère du principal personnage nous aurions
voulu quelques renseignements de plus. Que
la marquise de Grèges garde en sa physionomie quelque chose d'énigmatique, cela ne
gêne aucunement. Mais nous aurions besoin
qu'on nous préparât davantage à accepter le
rôle de Leveau continûment odieux... Je n'a-
perçois guère d'autres objections.

Par contre, ce que je vois nettement, ce sont
les qualités de premier ordre dont ces quatre
actes sont remplis. J'admire cet art viril, qui
va droit devant lui et ne se préoccupe que de
serrer de tout près la réalité humaine. Je me
réjouis de trouver une œuvre pleine de pensée,
et qui prouve surabondamment que le théâtre
peut, sans tomber dans le pédantisme de la

prédication, être cependant autre chose qu'un jeu. Ai-je besoin de parler du style ?. Il faut connaître tous les secrets de l'art d'écrire pour arriver, comme le fait M. Jules Lemaître, à ne pas « écrire », et pour réaliser cette merveille de simplicité.

M. Jules Lemaître sort de cette épreuve singulièrement grandi. Il nous a révélé de nouveaux aspects de son talent. Car on savait bien qu'il avait au plus haut point l'esprit, la finesse, la grâce. Il a fait preuve cette fois de vigueur, d'énergie, de puissance... Et nous nous étions laissé prendre aux apparences de son joli scepticisme. Or, ce sceptique, qu'on dirait si bien détaché de tout, s'intéresse au spectacle de la vie. Il a pour les souffrances d'ici-bas cette ardente sympathie qui donne aux maîtres de l'art la pleine intelligence du cœur humain.

HENRI LAVEDAN

LE PRINCE D'AUREC.

La nouvelle pièce que vient de nous donner
M. Henri Lavedan est très supérieure à celle
qu'il fit représenter il y a deux ans à la Comédie-Française : *Une famille*. Elle témoigne
de plus de sûreté de main, et d'une plus grande
connaissance du métier dramatique. Elle donne
d'ailleurs à penser, à réfléchir, à discuter. *Le
Prince d'Aurec* (1) a soulevé de vives polémi-
ques, ce qui prouve à tout le moins que la
pièce n'est pas dépourvue de signification et de
portée. Une véritable question de droit littéraire se pose et s'impose à son sujet. Mais commençons par en donner l'analyse aussi précise
et serrée qu'il nous sera possible.

C'est chez le prince d'Aurec, au milieu des
préparatifs d'une grande fête, un bal costumé,
qui doit avoir lieu le soir même. La toile se

(1) Vaudeville, juin 1892.

lève sur les réclamations d'un fournisseur qui
semble tenir beaucoup à se faire payer, et
trouver surtout qu'on lui fait attendre depuis
trop longtemps son argent. Une fois encore on
l'éconduit avec de bonnes paroles; et les domestiques étant restés seuls, leurs ricanements
sonnent le glas de cette antique maison qui
craque de toutes parts. — Un bout de dialogue
entre la princesse et un reporter venu aux renseignements. — Puis c'est l'entrée du prince.
Il a la mine singulièrement longue. C'est que
la nuit a été dure. Il a perdu au jeu la baga-
telle de quatre cent mille francs. Il n'a d'ailleurs
pas le premier sou pour payer. Le crédit fait défaut sur toute la ligne. Il y a bien les expédients,
comme celui qui consisterait à vendre l'épée
du connétable d'Aurec, un meuble de famille
joliment coté chez les brocanteurs: mais cela
serait tout à fait insuffisant. Et il faudra bien
que le prince ait recours au moyen qui lui a
déjà plusieurs fois servi, et qui est de s'adresser à sa mère, la richissime duchesse de Talais.
Celle-ci, qui est née Piédoux et donc issue de
la roture la plus roturière, est d'autant plus
entichée de noblesse, et capable de tous les
sacrifices pour sauver l'honneur de la caste où
elle est entrée. Cependant les familiers de la
maison commencent à arriver. Un petit cousin
de province, le vicomte de Montrejau, venu
tout exprès pour régler un divertissement sen-
sationnel: une pavane, dont on parlera. Il est
très affairé et grandement inquiet. C'est un

type d'imbécile inoffensif, la tête cruellement vide, mais tout de même qui a bien de l'esprit quand il danse. — Un homme de lettres, Montade, romancier psychologue, ainsi que tous les hommes de lettres qui fréquentent les salons. — Un banquier juif, le baron de Horn. Avec ce dernier, la princesse a un court entretien, mais qui est plein de signification. De Horn remet à la princesse un chèque de deux cent mille francs, représentant la somme dont elle a besoin pour acquitter des dettes criardes.

Ici se place une grande scène, la conversation-conférence où l'auteur a pris soin d'exposer sa théorie et de dégager la leçon de son œuvre. Montade et de Horn, dans un tête-à-tête où les confidences appellent les confidences, s'expriment d'autant plus librement sur le compte de cette haute société où on les reçoit, qu'ils ont conscience d'y être tolérés plutôt encore que reçus. Ce qu'ils reprochent d'abord à l'aristocratie, c'est d'être une classe d'inutiles : « A quoi servent-ils à présent ? Les lettres, les arts, les sciences ne les dérangent guère ; en dehors de la race chevaline, ils n'encouragent pas ; et si on les laissait faire, ils arrêteraient tout. Inutiles, vains, frivoles et aigris, ce n'est plus qu'une classe artificielle et isolée dans la société, une classe de luxe, toute craquelée, qui se décompose brillamment sous ses harnais et qui va tomber demain en poussière. » Les gens d'honneur et de valeur s'y font de plus en plus rares. C'est l'exception. « Pour un duc brillant homme d'État, et un vicomte, somptueux penseur, passez-moi en revue tous les imbéciles titrés ! » L'antiquité de leur race, c'est tout leur mérite. Cependant les temps ont marché. L'écrivain, né peuple, issu des serfs d'autrefois, entre aujourd'hui partout tête haute, libre de dire, d'écrire, d'imprimer ce qu'il pense. Le juif, jadis objet de tous les mépris, est devenu roi du monde. « Eux, ils sont bien nommés : les descendants. A mesure que tout monte, ils dégringolent. » Encore s'ils essayaient de lutter ! Ils n'ont pas le gouvernement de leurs préférences, ils sont tenus à l'écart des affaires et des charges publiques. Et vous croyez qu'ils se révoltent ? Vous les connaissez bien mal. Ils se costument et ils se maquillent... « Ah ! je ne les aime guère », conclut de Horn, par crainte apparemment que nous ne soyons tentés de l'accuser d'extrême indulgence et d'une sympathie poussée jusqu'à l'excès.

Il reste à nous présenter la duchesse. Non contente de vivre parmi les comtes et les marquises d'aujourd'hui, la bonne dame habite en imagination les coins les plus aristocratiques de notre histoire. « Louis XIV, avoue-t-elle, c'est ma folie ! » (Louis XIV, interrompt en sourdine le doux Montrejau... Louis XIV... grand roi... Five o'clock avec Molière.) Elle cite les vieilles devises, les exploits nobles, et les vertus titrées. Elle n'admet pas qu'on plaisante devant elle sur ce qui touche à la race et au blason. Nous disons : c'est une convaincue. « C'est une emballée! dit son fils avec une trivalité vraiment princière. Elle croit que tout ça est arrivé... »

Ce premier acte est un acte d'exposition excellent. Nous y lions connaissance avec ce ménage d'une aristocratie de décadence : le prince, oisif, inutile, ayant pour tout talent son habileté à conduire, et le baccarat pour seule occupation ; la princesse, jolie poupée à qui on peut tout dire, imprudente de qui on peut tout espérer. Le sujet de l'étude est nettement indiqué : c'est la noblesse aux prises avec la question d'argent, l'aristocratie ayant perdu sa dernière fierté dans sa compromission avec la juiverie. Le dialogue, d'un grand éclat, abonde en jolis mots et en traits spirituels. On regrette seulement d'en trouver quelques-uns qui sont d'un esprit trop facile, et qui font dans ce feu d'artifice un effet de fusées mouillées. Exemple: « Vous ne croyez pas aux mots historiques, dit la duchesse. Pourtant, Henri IV... la poule au pot... » — « C'était un canard. » Et il y en a d'autres. Cela est fâcheux, n'est pas digne de Henri Lavedan, et serait si facile à effacer!

Le second acte a un défaut : c'est que, du moins dans sa première partie, il recommence le précédent. C'est encore une série de présentations, de conversations ingénieuses, de définitions malicieuses en des scènes qui ne sont pas toutes d'une utilité incontestable. A la collection déjà bien fournie de gentilshommes fin de race, il manquait une variété, celle du gentilhomme qui se sert de son nom et de son titre pour faire de petits commerces et de petites opérations financières se soldant en fin de compte par d'honnêtes bénéfices. Celui-là s'appelle le marquis de Chambersac, ou, comme on dit, par une abréviation qui équivaut à la gloire : le marquis. Ni mélomane, ni littérateur, ni acrobate, le marquis ne compose pas d'opéras pour les cercles et ne fait pas de tours dans les cirques. Mais il a d'autres talents. C'est un homme précieux et dont l'industrie ne manque pas d'occasions pour s'utiliser. Voit-on surgir entre gens qui doivent s'estimer un incident qui pourrait devenir un scandale ? le marquis a la main délicate; par ses soins l'affaire s'arrange. Une contestation s'élève-t-elle autour d'un tapis vert ? le marquis, arbitre et conciliateur désigné, n'a pas son pareil pour aplanir les difficultés de jeu. Il négocie les ruptures, reçoit les confidences, essuie de belles larmes. C'est par lui encore, et grâce à son entremise discrète, qu'on trouve acquéreur pour tel bijou de famille ou telle relique précieuse qui ne doit pas figurer dans des enchères publiques. Il donne aussi des idées aux tapissiers, patronne des tailleurs et protège des couturiers. C'est le régent de la mode. Ses décisions font loi. Et ainsi, dans un monde où il a beaucoup d'obligés, il continue de tenir son rang. Il est quelqu'un. C'est un monsieur.., et même un joli monsieur.

Cependant quelques minutes à peine nous

séparent du moment où va s'ouvrir le bal. Montrejau en profite pour faire répéter une dernière fois la pavane, cette pavane qui doit être
l'action d'éclat de sa vie et la grande pensée
de son étroite cervelle. La princesse fait son
entrée en Marion Delorme : et elle se fait à elle-
même une annonce bien galamment tournée :
« Je suis née au début du siècle, à une date que
personne n'a jamais pu dire avec précision. De
grands seigneurs, des princes, des rois m'ont
aimée. Ils m'ont aimée chacun à sa façon. Je les
ai tous aimés... de la même manière. » Tout le
couplet est délicieux, d'une coquetterie et d'une
préciosité exquises. De Horn en rajah, tout
reluisant de luxe et de mauvais goût, semble
porter devant lui les millions de sa banque. Le
prince, au prix de longs efforts et d'une fatigue
méritoire, est enfin arrivé à lacer sa cuirasse,
la cuirasse historique du connétable. Les épreuves de l'article où sont décrites par avance les
splendeurs de la fête ont été lues et corrigées.
Tout est prêt...

C'est ici qu'éclate une scène maîtresse, qui
par sa violence, sa rapidité, sa brutalité, fait
contraste avec les lenteurs de préparation où la
comédie jusque-là se complaisait en s'y attar-
dant. La duchesse vient d'apprendre par la confidence ou par la dénonciation de l'intendant
Bertin l'événement de la nuit dernière, cette
grosse perte de jeu qui, venant s'ajouter à
toutes les dettes longuement accumulées, annonce la débâcle prochaine et finale. Tout de

suite, dans la révolte de son honnêteté, avec l'impétuosité de sa nature peuple, elle est accourue et, sans tenir compte du moment, sans se soucier des convenances, sans se souvenir que l'hôtel s'emplit déjà de monde, d'un monde de curieux, d'indiscrets et d'envieux toujours prêts pour deviner un malheur et flairer un scandale, elle exige une explication immédiate. Qu'est-ce que le prince compte faire ? Quelles ressources lui restent ? A quels moyens, à quels expédients va-t-il descendre ? Où s'adressera-t-il et à qui ? Au moins la duchesse entend qu'il n'ait pas recours à elle. Assez de fois elle a payé pour ce fils incorrigible et sauvé cette maison de la ruine où elle aboutit fatalement. Assez de fois elle a cru à des serments aussitôt violés que jurés. Elle sait le fond qu'il faut faire sur la parole d'un d'Aurec. Elle ne veut plus être dupe. Elle se refuse à être encore une complice... Devant ce beau débordement de colère, le prince n'éprouve que l'ennui que lui cause une scène intempestive. Il se venge à la manière des faibles, par l'impertinence et la méchanceté. Il raille, il gouaille et il insulte. « Je vendrai, dit-il, l'épée du connétable. » Et comme à cette menace et à quelques autres encore qui sont de nature un peu plus grave, la duchesse se récrie, et rappelle le gentilhomme indigne au respect du nom qu'il porte, et de la mémoire glorieuse des ducs de Talais: « Les Talais, interrompt-il, lesquels ? Il y en a un qui a volé au jeu, un qui a voté la mort de Louis XVI, un qui a failli passer en cour d'assises. » — « Moi, dit la duchesse, je les accepte tous, en bloc! »

C'est elle, en vérité, cette fille des Piédoux, qui est la grande dame. Elle a essayé vainement de réveiller dans le cœur du prince la pudeur endormie, d'en faire jaillir quelque inspiration noble, ou d'y retrouver enfin quelque sentiment d'honnêteté! Mais il n'y a plus rien, rien qu'énervement, lassitude et veulerie. C'est pourquoi la duchesse est décidée cette fois à en finir, et à ne plus tenter même un sauvetage inutile. Elle donnera au prince un conseil judiciaire: elle lui rappelle d'ailleurs qu'aussi bien à Paris et à sa terre de Ressigny, lui et sa femme trouveront chez elle une hospitalité toute prête. Ce sera le vivre et le couvert avec l'impossibilité de nuire... Pendant que la discussion se continue et se fait plus brutale, avec plus d'emportement d'un côté, avec plus de cynisme de l'autre, on annonce : « La reine!... La reine de Sardaigne arrive! — On y va! » Et Madame de Maintenon (c'est le costume de la duchesse) tâche de reprendre un peu de calme, et le connétable d'Aurec tâche de retrouver un peu de dignité, pour faire l'accueil qui convient à une royale invitée... Toute cette scène est vigoureuse et d'un beau dessin. Et elle est encore d'une excellente invention de « théâtre », attendu qu'elle nous met sous les yeux et nous montre par une traduction sensible et visible toute cette misère mêlée à toute cette splendeur, les lugubres dessous d'une brillante réception.

Au dernier acte, nous allons voir la situation se liquider d'une façon d'ailleurs un peu imprévue. La duchesse a mis sa menace à exécution. Le prince a un conseil judiciaire. Pour payer les quatre cent mille francs de sa dette de jeu, il a dû les emprunter à de Horn. Il a quitté son hôtel. Il fait pénitence dans le château maternel, à Ressigny (Maine-et-Loire). Il boude, cela va sans dire, à la manière d'un écolier qu'on a mis au pain sec. Mais surtout il s'ennuie. Il s'ennuie comme on peut s'ennuyer dans le Maine-et-Loire. La duchesse profite de l'affaissement où elle le voit pour renouveler un assaut, maintes fois tenté, toujours repoussé. Elle voudrait que le prince sortît de son inaction, qu'il fît quelque chose. Mais quoi ? Et qu'est-ce que peut bien faire un gentilhomme à notre époque ? Fera-t-il de la politique ? Le conseil général, la députation, le ministère... pour que celle qui s'appelait la princesse d'Aurec ne soit plus que la belle madame d'Aurec de l'agriculture ou des travaux publics ! Fera-t-il de la littérature ? Cela sent toujours sa bohème. A défaut d'un poste diplomatique, briguera-t-il un fauteuil à l'Académie ? La duchesse l'y engage fort. Que le prince publie la correspondance de ses ancêtres ! La bibliothèque du château est toute pleine de papiers où nul n'a jamais mis le nez. Il n'y a qu'à copier. On ferait aisément un beau livre, plusieurs beaux livres... Mais tous ces projets ne sont du goût ni du prince ni de la princesse. Celle-ci pense qu'au lieu de prétendre à la gloire du politicien ou de disputer d'obscurs honneurs aux rats de bibliothèque, un prince a mieux à faire : c'est de pousser jusqu'aux extrêmes limites l'élégance et l'affinement de la race, et d'achever en lui un modèle d'impertinence et de hardiesse frivoles. Le prince résume ainsi la situation : « Maintenir le goût, régler la mode, lancer une nuance ou une écuyère, tels sont aujourd'hui les devoirs d'un gentilhomme. » Et il sort, afin de se remettre de la fatigue et de la gêne d'un pareil entretien.

Restée seule avec un vieux brave homme, M. Sorbier, ancien magistrat et dont elle a fait le conseil judiciaire du prince, la duchesse en songeant au passé et au présent, à la vie qu'elle pouvait avoir et à celle qu'elle a préférée, se sent des larmes qui lui montent aux yeux. Combien elle a souffert par cette aristocratie où elle est entrée, non par nécessité de naissance, mais par choix de vanité! Que d'humiliations et que de déboires! Que de tristesses et de hontes dont elle a subi l'angoisse pour d'autres qui ne les ressentaient même pas et semblaient comme étrangers à leur propre déchéance! Ah! si elle avait su! Elle n'aurait aujourd'hui ni titres ni armoiries et les domestiques ne lui diraient pas : « Madame la duchesse. » Mais elle serait Mme Sorbier, aimée de son mari, respectée d'enfants qu'elle pourrait estimer. Elle serait heureuse... Et tout cela a bien un vague air de complainte.

Mais voici que l'action se resserre et le drame se précipite. Ce n'est pas, comme bien on pense, pour le seul plaisir de venir en aide à l'aristocratie catholique, que de Horn a prêté quatre cent mille francs au mari, deux cent mille à la femme, sans préjudice de moindres sommes qui portent sa créance à un total de sept cent mille. Le moment est venu qu'il réclame sa dette, capital et intérêts, et se fasse payer en nature. Aussi bien l'annonce d'un prochain voyage lui fait comprendre qu'il doit se hâter, en même temps que certaines railleries du psychologue Montade piquent son amour-propre et fouettent son désir. C'est pourquoi il prend son parti de brusquer les choses, et déclare sa passion à la duchesse : « Je vous aime... Vous m'avez laissé espérer qu'un jour... Je souffre... Soyez bonne... » Elle se redresse dans un beau mouvement de révolte où il entre de la fierté d'une femme restée honnête et qu'on outrage, mais où peut-être y a-t-il plus encore du dédain et du dégoût que lui inspire un homme qui n'est ni de son monde ni de sa race. Ce juif en posture d'amoureux lui répugne. En quelques répliques, sifflantes et coupantes, elle le cingle de son mépris. Il s'est imaginé qu'en y mettant le nombre suffisant de billets de banque, on pouvait acheter la princesse d'Aurec ! Il s'est trompé lourdement et grossièrement. Et pour le lui prouver, elle appelle son mari. « Je vous laisse avec M. le baron de Horn, qui vient de proposer à votre femme d'être sa maîtresse ! »

De Horn commence à craindre d'avoir joué un jeu de dupe. Il avait compté sur son intimité avec une des premières familles de France pour se décrasser de sa crasse juive. Il avait espéré que le prince le ferait entrer au Jockey. Les faveurs de la princesse allaient achever de le classer. Et voici que tout lui échappe ! Il en fait la remarque, dépité, en une exclamation triviale : « Ni Jockey..., ni princesse... Rien du tout, alors ! » Pourtant il est encore le maître de la situation. Puisque le prince ne veut pas se battre avec lui, et qu'il ne daigne pas s'acquitter même par un coup d'épée, c'est donc qu'il a l'intention et le moyen de le payer. Pour lui, il ne s'en ira pas avant d'avoir touché les sept cent mille francs qui lui sont dus... Sept cent mille francs ! où le prince les prendra-t-il ? Mais, oubliez-vous la duchesse ? Il est au pouvoir de la duchesse de Talais d'épargner une humiliation à l'aristocratie tout entière, une victoire à la juiverie. Pensez-vous qu'elle y manque ? C'est à elle en effet qu'il appartient de dénouer la situation. « Monsieur, dit-elle à de Horn, j'ai donné mes instructions à mon intendant. M. Bertin va vous accompagner à Paris où il vous fera remettre immédiatement la somme qui vous est due. Vos malles sont prêtes dans votre appartement et vous attendent. Vous êtes payé. Vous n'avez plus rien à faire ici. Adieu. »... « Vous savez, dit en partant de Horn, l'épée du connétable... c'est moi qui l'ai achetée. » — Maintenant le prince remercie sa mère. Encore une fois elle a sauvé l'honneur. Pour lui, saura-t-il le garder ? Vivra-t-il comme il aurait dû faire ? Il y tâchera. En tout cas, viennent les circonstances, il se retrouverait sur le champ d'honneur et il saurait mourir en prince.

Cette pièce est donc d'un bout à l'autre un réquisitoire et une satire contre la noblesse. Elle a éveillé bien des susceptibilités. Cela était inévitable. On a prétendu qu'en mettant ainsi à la scène toute une classe, l'auteur avait outre-passé son droit. La question vaut d'être discutée.

Il est une catégorie d'ouvrages, romans à clé, comédies de personnalités, toute une littérature dénonciatrice qu'on ne saurait trop flétrir. Il n'y a pas de personnalités dans le *Prince d'Aurec*. Ou, s'il y est fait allusion à un duc brillant homme d'État, et à un vicomte somptueux penseur, cela n'est pas pour chagriner ceux que visent ces allusions et que tout le monde y a reconnus. C'est à la classe tout entière et prise dans son ensemble que s'est attaqué M. Henri Lavedan. Or c'est précisément le rôle de l'écrivain que d'observer les mœurs de son temps, d'en signaler les défaillances et d'en dévoiler les tares. Voici tantôt quarante années que les écrivains des écoles réaliste et natura-liste font le procès à la bourgeoisie. Tout ce qu'on peut leur reprocher, c'est de s'y être mal pris et d'avoir médiocrement instruit l'affaire. L'écrivain a droit sur toutes les classes de la société. Seulement il a l'obligation de voir clair et de frapper juste.

On objecte que l'aristocratie française n'est pas composée uniquement de joueurs décavés et exclusivement de femmes frivoles et légères. Et cela est tellement évident qu'il est à peine besoin de le dire. Le nombre est grand chez nous des familles qui portent dignement un nom illustre et qui appliquent en son sens le plus strict le dicton : noblesse oblige. A défaut d'autres privilèges, l'aristocratie a conservé le privilège de certaines vertus. Personne n'apporte dans l'exercice de la charité autant de dévouement, un christianisme aussi sincère que telles grandes dames. Et l'histoire de notre dernière guerre est comme éclairée par les traits de bravoure qui ont eu pour héros des gentilshommes. Pourquoi donc l'auteur du *Prince d'Aurec* ne l'a-t-il pas rappelé ? Ou pourquoi n'y a-t-il pas insisté ? — D'autre part, si nos gentilshommes vivent trop souvent en oisifs, la faute n'est-elle pas en partie au régime actuel qui les exclut soigneusement de toutes les fonctions et s'arrange pour leur fermer le plus grand nombre de carrières possible ? La responsabilité ne retombe-t-elle pas sur un gouvernement tracassier et mesquin qui gouverne avec des rancunes et avec des haines ? Et puisque cela est d'une vérité incontestable, pourquoi l'auteur du *Prince d'Aurec* ne l'a-t-il pas au moins indiqué, au lieu de reprocher à la noblesse jusqu'à des conditions de vie qu'elle n'a point faites, mais que d'autres lui imposent? Mais pourquoi n'avoir pas tout dit, et montré le bien à côté du mal, l'excuse à côté de la faute ?... Ce qui revient à demander pourquoi l'auteur, qui s'est proposé d'écrire une satire, ne s'efforce pas d'y faire preuve d'impartialité — et ce qui, donc, n'est pas sérieux.

Un auteur a le choix entre l'apologie et la satire. Que s'il s'est décidé pour la satire, il y a lieu seulement d'examiner si les traits dont il se sert sont inventés à plaisir, ou s'ils sont empruntés à la réalité et pris sur le vif. Or je n'aperçois rien dans le *Prince d'Aurec* qui ne fût de notoriété publique. Ces histoires de jeu et ces comptes rendus de fêtes remplissent les colonnes des journaux. Encore le prince d'Aurec paye-t-il ses dettes, et ses invités sont-ils costumés en seigneurs, au lieu qu'on en a vus se travestir en animaux. Autour de nous les plus graves questions s'agitent. Nos dieux s'en vont avec nos rois qu'on a chassés. Des principes sont compromis auxquels peut-être se sont consacrés et dévoués des hommes qui les tiennent, non des nécessités d'un héritage, mais de la liberté de leur choix. Ceux-là n'apprennent pas sans un peu de dépit que pendant ce temps le prince d'Aurec joue, et la princesse d'Aurec flirte.

Aussi bien le mal ne date pas d'hier, et on

n'avait pas attendu M. Henri Lavedan pour le signaler. Il y a un peu plus de trente ans qu'a été écrit le *Gendre de M. Poirier*. Si l'on veut y faire attention, la comédie de 1855 est singulièrement plus sévère que celle de 1892, L'auteur du *Prince d'Aurec* a tenu à souligner l'étroite parenté qui relie sa pièce à celle d'Émile Augier. Telle tirade fameuse de Gaston de Presles y est rappelée. Certaines scènes ne sont que transposées. Peut-être seulement pourrait-on faire remarquer ceci : c'est que quand on refait une pièce, c'est pour que la pièce nouvelle ajoute quelque chose à l'ancienne. Le défaut du *Prince d'Aurec*, et nous rentrons ainsi dans la pure critique littéraire, c'est que l'observation y reste trop à la surface, et que le crayon n'y est pas assez appuyé.

Car les seuls péchés que l'auteur reproche à ses aristocrates, ce sont en somme des péchés véniels. Le prince d'Aurec est léger, il n'est pas vicieux. La princesse est imprudente, elle est foncièrement honnête. La pièce finit bien. Le dénouement en est l'un des plus optimistes, et d'ailleurs l'un des plus factices et des moins humains qu'on pût imaginer. A la façon dont l'affaire était engagée et après le second acte, il était logique qu'elle se terminât autrement qu'en idylle bourgeoise. Mais M. Lavedan croit qu'on se débarrasse avec cette aisance d'un de Horn. Il croit à la vertu des femmes qui se font solder par l'ami de la maison les notes de leur couturière. Ce satirique est rempli d'illu-

sions. Il est naïf, je vous dis, et il est bon. Ce
sont d'aimables qualités, mais qui cette fois
n'étaient pas de mise. Et puisqu'il avait résolu
de faire une satire, il fallait la faire plus forte.

Une observation malicieuse mais qui égra-
tigne plus qu'elle ne blesse, beaucoup d'esprit
mais point de cet esprit qui emporte le morceau, une action qui ne va pas jusqu'au bout
d'elle-même, une étude qui hésite et qui s'arrête au lieu d'aller jusqu'au fond, tel est le bilan
de cette très jolie comédie de genre.

FRANÇOIS DE CUREL

I. — *L'ENVERS D'UNE SAINTE.*

L'Envers d'une sainte (1) est une œuvre tout
à fait remarquable.

La pièce est remplie de défauts ; j'entends :
quelle que soit d'ailleurs la conception qu'on a
du théâtre. Elle est faite d'une série de conversations où les personnages se racontent et s'a-
nalysent : ces conversations se répètent ; et le
tour y manque de vivacité. L'exposition est
terriblement longue. Il faut un grand effort de
patience pour supporter le premier acte. Et çà
et là ce sont des lenteurs de dialogue, des maladresses...

Toutes ces réserves faites, il reste que l'*Envers d'une sainte* se recommande par les qualités les plus rares : une conception de l'art
très élevée, une belle curiosité des secrets de
la vie intérieure, une hardiesse à mener jus-

(1) Théâtre-Libre, février 1892.

qu'au bout l'étude d'un cas de psychologie, une vigueur d'analyse poussée à fond, et enfin ce don qui consiste à souffler la vie à un être d'imagination. M. de Curel n'avait encore rien fait représenter. C'est un début qui le classe tout de suite en belle place. Ce nouveau venu n'est pas le premier venu. Il s'en faut.

La « sainte », c'est Julie Renaudin. Elle a été religieuse au Sacré-Cœur pendant dix-huit ans. Elle s'est consacrée à l'éducation des petites filles. Elle a fait des prodiges de dévouement, d'abnégation. On l'aime. On la vante pour sa simplicité et pour sa douceur... Or tous ces mérites ne sont qu'à la surface. Voici l'envers. Julie est entrée au couvent sans vocation. C'est une nature impétueuse, violente, exaltée et passionnée, capable des mouvements les meilleurs et des pires. Une terrible déception a jeté pour toujours le trouble dans cette âme peu équilibrée. Elle aimait un cousin, Henri, et en était aimée ; on devait s'épouser, on avait échangé des serments ; et cela se passait dans un coin de province. Le beau cousin s'en vient à Paris, ville de perdition. Il en revient à quelque temps de là, marié. Jalouse à la manière d'Hermione, Julie a été jusqu'au crime. Elle a essayé de tuer Jeanne, la femme de Henri. S'étant trouvée derrière celle-ci, au passage d'un ravin, sur une planche étroite, elle l'a poussée. La jeune femme était enceinte. Elle a failli mourir. Le remords a suivi aussitôt le crime. Afin de se punir, Julie s'est condamnée à la réclusion. Elle s'est enfermée au couvent. Elle y a passé de longues années, terribles années pendant lesquelles la vocation n'est pas venue. Maintenant, sur le conseil même de son confesseur et de la supérieure du couvent, Julie rentre dans le siècle. Elle y peut, semble-t-il, rentrer sans danger. Car Henri est mort. Jeanne a pardonné, voilà longtemps ; sa fille Christine est maintenant une grande fille. Et tout ce passé est si loin ! Et le calme enfin doit s'être fait dans cette âme façonnée par la discipline ecclésiastique, et dans laquelle a dû s'insinuer la paix du cloître...

Or, à peine Julie est-elle rentrée dans la maison où elle a tant souffert, elle se retrouve telle qu'elle était lorsqu'elle l'a quittée. Mêmes tortures. Même révoltes. Mêmes violences. — Ceci est un trait d'observation vraiment neuve. — On se plaît à penser que la vie du cloître vient à bout de toutes les souffrances d'âmes. Cela est la convention. Le cloître n'apaise que celles qui d'elles-mêmes allaient à l'apaisement. Il avive et il exalte les autres. « Au couvent, nos sentiments sont enfermés avec nous, et quand nous revenons après des années, ils nous étreignent encore avec la même furie... Vous dispersez vos affections, les nôtres s'exaspèrent... Ce que vous oubliez, nous l'amplifions... Vous souriez des anciennes douleurs, tandis qu'elles nous rongent. »

Elle s'est sentie isolée, au milieu de toutes ces âmes pieuses et pures, ignorantes des tempêtes de la vie. « Je n'ai pu renoncer à être femme, douloureusement femme, parmi ces anges qui ne me comprenaient pas. » Rien n'est venu la distraire de ses souvenirs. En dépit de ses efforts et quoiqu'elle ait tâché à tuer en elle la femme de chair, elle n'y est point arrivée : « Jamais je n'ai pensé à Henri qu'en priant; mais, hélas! je n'ai jamais prié sans penser à lui. » C'est pourquoi ces souvenirs ont continué de vivre en elle, toujours plus aigus et plus douloureux. Ce qu'elle a pris au couvent, c'est une habitude plus grande de la vie intérieure. Elle est revenue sans cesse sur le passé: volontairement, par scrupule et afin de se mortifier, elle s'est tenue sans cesse en présence de cet affreux passé. Par ce travail de reploiement, par cette perpétuelle et toujours plus subtile analyse de ses sentiments les moins avoués, elle n'a réussi qu'à les aviver en les précisant. Au sortir du cloître elle est, suivant une expression connue, un écorché moral.

Un espoir cependant lui était resté, et qui l'aidait à vivre. Elle croyait que Jeanne avait eu seule connaissance du crime, mais que Henri l'avait ignoré, et donc qu'il avait pu continuer d'estimer et de plaindre celle dont il avait par son abandon brisé l'existence. Jeanne a parlé. Sentant que son mari se détachait d'elle, devinant qu'entre elle et lui il y avait une image, celle de la jeune fille trahie, elle a usé de son droit, elle a révélé le secret de Julie, afin que son mari n'hésitât plus entre l'innocente et la criminelle... Par là, il semble à Julie qu'elle est délicé. A vingt ans elle s'est enterrée vive pour garder l'estime de Henri. Cette estime, on la lui a volée. Son sacrifice ne lui a servi de rien. On est quitte. Qu'est-ce donc qui empêcherait maintenant Julie de haïr ? La femme de Henri a été heureuse comme épouse. On peut la faire souffrir comme mère.

Christine, la fille du mort, s'est prise pour Julie d'une affection dont on ne nous explique pas d'abord la cause première. Elle subit d'une façon de plus en plus profonde l'ascendant de cette femme intelligente, impérieuse, et à qui son expérience d'éducatrice donne un facile empire sur une âme de jeune fille. Christine est fiancée à un digne garçon, Georges Pierrard. Ce mariage comble tous les vœux de sa mère. Peu à peu Julie va éveiller des scrupules chez la jeune fille. Elle la détache de son fiancé. Elle l'achemine vers le couvent. Est-elle entièrement consciente de l'œuvre mauvaise qu'elle accomplit ? Il est plus probable qu'elle cède à un instinctif et obscur besoin de vengeance. Ainsi du moins semble-t-il au jeune homme qui, surpris d'abord de trouver Christine si changée, comprend vite avec la divination du cœur de quel sourd travail ce changement est le résultat. « Vous avez entrepris de dessécher l'âme de cette enfant... Pourquoi ? C'est ce que je commence à comprendre... On dirait que l'épanouissement de ce jeune cœur vous porte ombrage. Vous avez hâte de le mettre de moitié dans vos désillusions... Quand vous l'aurez bien flétri, ce sera un compagnon de haineuse envie contre les heureux par l'amour... Mais n'est-ce pas plutôt que vous poursuivez contre Christine une vengeance inexplicable ? » Et il termine opposant à l'influence funeste et aux conseils dangereux de Julie l'autorité de la mère de famille irréprochable : « Celle qui me combat n'a pu s'attacher ni à Dieu ni à l'homme... Nomade entre ciel et terre, elle persécute chez les autres le repos qu'elle n'obtiendra jamais pour elle-même. » La scène est très belle.

Et il y avait une « scène à faire »; c'était celle qui allait mettre Christine entre sa mère et Julie. Elle était difficile. C'est le mérite de M. de Curel d'avoir su la mener à bien. Je suis très disposé à dire que c'est la scène maîtresse de toute l'œuvre. Des détails, qu'il serait un peu long d'indiquer, ont mis la jeune fille sur le chemin de la vérité. Peut-être aussi est-ce l'amour vivant au fond de son cœur qui se révolte et qui la rend si clairvoyante. Elle nous raconte pourquoi elle a donné d'abord et sans défiance son affection à Julie. Elle exécutait une volonté de son père. Celui-ci lui avait dit, au lit de mort : « Tu as une cousine, Julie Renaudin, qui est religieuse. Elle a eu à se plaindre de moi. Cherche les occasions de lui témoigner une grande amitié. C'est comme une espèce de réparation dont je te charge. Sois comme sa fille. » Maintenant elle comprend. Il y a un cruel passé qu'elle a fait revivre. On a voulu lui faire jouer un rôle, se servir d'elle comme d'un instrument. — Elle est sauvée.

Que deviendra Julie ? Et que lui reste-t-il à faire, sinon de rentrer au couvent ? Elle a essayé de revivre de la vie des hommes. Elle-même est effrayée de tout le mal dont elle a failli être cause. Il lui reste à se mettre hors d'état de nuire : « J'appartiens au couvent pour toujours. Pendant dix-huit ans j'ai été un instrument aveugle entre les mains des supérieures ; ma vertu, car j'avais de la vertu, était leur chef-d'œuvre. Je respirais, je parlais, je pensais avec la communauté. Je ne sais plus faire usage de ma volonté. La responsabilité m'affole. »

Tel est ce drame plein d'horreur. Dirai-je que j'y trouve trop d'horreur ? S'il ne se passe presque rien dans ces trois actes, il s'est passé d'atroces choses à la cantonade, et de celles qui relèvent de la cour d'assises. Le fait sur lequel repose toute la pièce et auquel on revient sans cesse, en sorte que nous l'avons comme présent sous les yeux, c'est cette tentative de meurtre. Tentative combinée avec trop d'art, exécutée avec trop de sang-froid. Julie n'avait rien négligé ; elle a disposé les choses afin qu'il y eût toutes les apparences d'un accident et qu'on pût s'y tromper. Même elle a poussé un petit cri, comme quand on glisse et qu'on se retient de tomber. Vraiment il y a eu crime. Les suites ont été matériellement très graves : la mère a failli mourir, et après avoir donné naissance à une fille venue avant terme et qu'on n'a élevée qu'avec d'infinies difficultés, elle a été condamnée à n'avoir jamais d'autre enfant. Celle qui a dans sa vie un tel souvenir aura beau nous parler de la trahison qui avait précédé et de l'expiation qui a suivi, nous n'arrivons ni à la plaindre, ni à sympathiser avec elle. Vous entendez bien que je ne reproche pas à Julie de ne pas être un « personnage sympathique »; je lui reproche seulement d'être le contraire.

Simplement et d'un mot, elle est odieuse. Car nous commençons à revenir de nos attendrissements sur le crime passionnel. Nous commençons à comprendre que la passion est la plus commode des excuses et par conséquent la moins recevable. Julie est sans excuse. Je m'intéresse non pas à elle, mais à son cas. Je m'y intéresse comme à une curiosité. En somme, ce qu'il y a à l'envers d'une sainte, c'est un traître de mélodrame... Mais on ne doit pas chicaner un auteur sur sa donnée. Et, d'ailleurs, le défaut des rôles de traîtres, c'est d'être conventionnels, arrêtés une fois pour toutes et figés dans une allure de croque-mitaine; ils ne vivent pas. Mais Julie est très vivante. Elle est d'une vérité exceptionnelle, mais elle est vraie.

La langue que parlent les personnages de M. de Curel est sobre et forte. Sans doute ce n'est pas la langue de la conversation courante; mais peu importe, si même il n'était pas nécessaire que le ton du dialogue fût en rapport avec une étude morale d'une telle portée. Ce drame austère, ce drame sombre, et qui ne s'adresse qu'à quelques-uns est une œuvre vraiment de large allure.

II. — *LES FOSSILES.*

Les *Fossiles* (1) sont tout à fait dignes de
l'auteur de l'*Envers d'une sainte*. Du rapprochement des deux œuvres ressort avec netteté
la nature d'esprit de M. de Curel, une des plus
intéressantes et des plus rares qu'il y ait parmi
les écrivains qui se sont révélés dans ces derniers temps. Je crois bien que j'avais reproché
à M. de Curel son goût pour les situations et
les sentiments d'exception. Je m'en accuse.
Il ne faut jamais reprocher aux écrivains d'être
eux-mêmes. Mais ce qu'ils nous doivent, au contraire, c'est de développer dans leur entier les
qualités qui leur sont personnelles, et de pousser à bout leur originalité. M. de Curel n'est
point organisé pour observer le détail de nos
mœurs et pour reproduire en des tableaux réa-
listes le spectacle de la banalité courante. Il a
besoin de s'échapper hors du cadre de nos
mesquineries quotidiennes. Il est attiré vers
tout ce qui s'élève au-dessus du niveau moyen.
Les personnages ne l'intéressent qu'autant que
la vie intérieure atteint chez eux un maximum
d'intensité. Les sentiments ne lui semblent

(1) Théâtre-Libre, décembre 1892.

mériter l'étude qu'autant qu'ils sont montés jusqu'à leur paroxysme. L'humanité lui apparaît dans une sorte de grandissement. Il a son idéal et il a son rêve. La pensée de cet homme jovial est naturellement grave, austère et simple.

C'est pourquoi il ne faudrait pas appliquer à l'étude des *Fossiles* la mesure qui convient pour la plupart des pièces du répertoire d'aujourd'hui. Cela ne ressemble en rien aux petites drôleries où nos dramatistes ont coutume de passer en revue les aspects variés de l'adultère bourgeois. Les personnages de M. de Curel ne sont pas bâtis à notre taille, et leurs sentiments excèdent la mesure commune. C'est pourquoi ils peuvent surprendre à la première vue, et pourquoi il nous faut faire un effort pour nous hausser d'abord jusqu'à eux.

Les fossiles, ce sont des aristocrates chez qui le sentiment de leur aristocratie s'est comme concrété, solidifié et ossifié. L'être factice a remplacé chez eux l'être de nature. L'orgueil de la race est le seul mobile et l'unique ressort de leur conduite. Et il va être, dans le drame qui suivra, le véritable acteur, le personnage abstrait dont tous les autres, les êtres de chair et de sang, ne seront que les porte-paroles. Y a-t-il aujourd'hui, et trouverait-on dans quelque château ignoré, des gentilshommes chez qui la foi nobiliaire ait conservé une aussi extraordinaire énergie? Je ne le pense pas. Même, suivant toutes les probabilités, à aucune époque n'a-t-on rencontré chez des hommes vivants le prototype du duc de Chantemelle. C'est qu'en effet ce qu'on a voulu nous montrer chez eux, c'est la personnification d'une idée; c'est l'idée elle-même à l'état pur et sous sa forme absolue. Bien sûr, ces personnages à l'âme simplifiée ne pensent pas comme nous. Héros et martyrs de l'orgueil aristocratique, ils sont des « monstres » à la façon dont les personnages de Corneille, héros de la volonté et martyrs du devoir, sont eux aussi des monstres. Les actes dont nous les voyons capables sont atroces. Le langage qu'on leur prête est plus éloigné du ton de la conversation qu'il n'est voisin du style d'une poésie hautaine. On a parlé, à propos de l'inspiration des *Fossiles*, de lyrisme et d'épopée. On en a parlé justement. Ce n'est ici ni une comédie ni un drame. C'est proprement une tragédie.

Le duc de Chantemelle vit avec sa femme, sa fille Claire et son fils Robert, dans son château des Ardennes. Il s'est imposé à lui-même et il a imposé aux siens cette rude vie d'isolement au milieu des grands bois. Il y trouve du moins cet avantage d'échapper à ce qui partout ailleurs lui rappellerait et traduirait en traits sensibles la déchéance de sa maison. A Paris, un gentilhomme ruiné fait piètre figure. A Chantemelle, dans les vastes salles du château qui fut une forteresse, dans les bois qu'il parcourt avec ses meutes, au milieu des serviteurs nés sur le sol, le duc peut se faire encore l'illusion qu'il est, comme les ancêtres de jadis, le seigneur et le maître. Il entend d'ailleurs son autorité à la façon des anciens chefs de famille. Il n'admet ni qu'on la combatte ni qu'on la discute. N'est-ce pas comme l'autorité impersonnelle de la race tout entière dont il a reçu seulement le dépôt, et qu'il a le devoir de faire respecter? Il a le parler bref et sans réplique. Il est dur aux autres et dur à lui-même, impérieux et violent, farouche et hérissé à la manière des sangliers de ses bois... Un souci contribue encore à assombrir ce sombre visage. Il prévoit que sa race va s'éteindre, et que le nom des Chantemelle, ce nom inscrit depuis des siècles à toutes les pages glorieuses de l'histoire de France, ne sera bientôt plus qu'un souvenir. Car son fils Robert est atteint de la poitrine, et il est, pour autant dire, condamné par les médecins.

La première scène à laquelle nous assistons est en effet un entretien qu'a Robert avec sa mère après le départ des médecins venus en consultation. On l'envoie dans le Midi; il ira, mais sans s'abuser sur le sort qui l'attend, et bien convaincu qu'il ne reviendra pas. C'est pourquoi il a voulu d'abord faire un aveu à sa mère. Il a une maîtresse, qu'il a connue et aimée dans le château même : c'est l'institutrice et la compagne de sa sœur, Mlle Hélène Vatrin. Il en a un fils. — La duchesse accueille cette confidence avec surprise, mais sans colère. Bien plus elle en reçoit une sorte de soulagement. Car elle avait craint jadis qu'il n'y eût des rapports entre le duc et M°° Vatrin. Il lui avait semblé même qu'une pensée analogue avait dû traverser l'esprit de Claire. C'est pour cela qu'elle avait prié la jeune fille de quitter le château... Robert demande à revoir celle qu'il aime et à laquelle il doit des années de bonheur. D'ailleurs il ne demande pas davantage, il ne songe pas à l'épouser ; il est trop respectueux de l'honneur de la maison pour souhaiter une mésalliance.

Or le duc rentre de la chasse. Il donne à l'un de ses gardes certains ordres confidentiels. La femme de celui-ci devra prendre en nourrice et élever secrètement un enfant naturel du duc. La mère de cet enfant est M°° Vatrin ; et l'enfant dont le duc se croit le père, est donc le fils de Robert... Aussi aux premiers mots par lesquels la duchesse lui transmet la confidence de Robert, le duc entre d'abord dans une violente colère, et éclate en invectives contre Hélène Vatrin, cette drôlesse et cette gueuse. Puis subitement, et changeant de langage plutôt encore que de ton, il déclare que Robert, puisqu'il a un fils, doit épouser la mère. L'enfant d'un Chantemelle doit être un Chantemelle. Par lui du moins, la race se continuera. Et à la surprise douloureuse de la duchesse, aux scrupules et aux répugnances qu'elle exprime, le duc ne répond qu'en formulant l'ordre de son absolue volonté : « Robert épousera Hélène. Il l'épousera par mon ordre. L'enfant est de notre sang. Je n'en demande pas plus. »

En ce premier acte et tout de suite se trouve donc indiqué très nettement et posé très catégoriquement ce qui va faire le sujet du drame. Une jeune fille a été la maîtresse du père et du fils. On devine ce qu'une pareille situation eût fourni dans un drame consacré, suivant la pratique ordinaire de notre théâtre, à débattre les conséquences de l'adultère. On indiquerait aisément à quels développements sentimentaux pouvait prêter cette rivalité domestique et cette manière d'inceste. De ces développements et de ces effets, il n'y a ici pas même trace, et ce n'en était pas le lieu. Un enfant est né. Est-il du duc ou de Robert? Cela même n'est pas bien éclairci. C'est un point que le duc laisse volontairement dans l'ombre. Aussi bien, il n'importe pas. Ce qui importe, c'est qu'il y ait un héritier du nom. Pour des raisons supérieures, il faut que Robert épouse Hélène. Il faut pour cela qu'il ignore les rapports qu'a eus Hélène avec le duc. C'est à lui cacher la vérité que le duc va mettre tous ses efforts..

De cet acte nous sommes sortis intéressés, secoués, inquiétés, plutôt encore que vraiment émus. Je crois bien que l'effort qu'on nous y a demandé est tout de même par trop considérable. M. de Curel ne ménage pas son public, il ne s'inquiète pas s'il étonne les habitudes d'esprit et s'il choque les habitudes de sensibilité de ses spectateurs. Il va devant lui, grand train, sans crier gare et sans se retourner. Il faut qu'on le suive... C'est ainsi qu'il n'a rien fait pour atténuer l'étrangeté ou la brutalité de son sujet. Il ne s'est pas davantage soucié de nous faire entrer dans les sentiments, peu ordinaires pourtant, de ses personnages. Il ne nous les a pas présentés. Il a espéré qu'ils se présenteraient assez d'eux-mêmes, qu'on les connaîtrait à leurs actes et à leurs paroles, pourvu que ces actes fussent assez significatifs et que ces paroles fussent assez appropriées. Il a voulu se passer complètement du fameux art des préparations. Il y a réussi en partie, mais en partie seulement. Et je tiens qu'il eût été bon de nous donner, dès l'abord, sur le caractère du duc de Chantemelle et sur ses maximes de vie les renseignements qui ne se dégagent que peu à peu et de la suite de l'œuvre. On nous eût épargné ainsi des passages de surprise, des heurts toujours inutiles quand ils ne vont pas jusqu'à être nuisibles. — Mais peut-être cet acte n'est-il qu'un acte d'exposition, une « préparation » à ce second acte qui est d'un bout à l'autre et de tous points admirable.

Robert s'est aisément laissé convaincre. Puisqu'il aime Hélène, et puisque d'ailleurs il est, pour ainsi dire, couvert par l'autorité du duc, il a vite accepté l'idée d'épouser sa maîtresse. Les obstacles au mariage viendront d'autres côtés. Ils viendront d'abord du côté de Claire. Celle-ci a essayé de faire entendre raison à son frère : elle lui a montré toute l'indignité d'une pareille union. La jeunesse est, comme on sait, plus « entière » dans ses opi-

nions que l'âge mûr; et les femmes sont, de
coutume, plus intransigeantes que les hommes.
Encore ces considérations ne suffiraient-elles
pas pour expliquer l'âpreté de ton que Claire
apporte dans la discussion. Nous devinons bien
qu'elle sait quelque chose qu'elle ne veut pas
dire, que peut-être à la fin et à bout d'arguments elle voudra dire. Et le duc aussi le devine, en entendant de quelle façon elle s'écrie :
« Ce mariage ne se fera pas. Ou du moins il ne
se fera pas sous mes yeux. Je quitterai cette
maison. J'irai par les routes. Je mendierai ! » —
Résistance encore du côté d'Hélène Vatrin.
Celle-ci n'est ni une aventurière ni une dépra-
vée. Elle est seulement une créature passive,
de celles qui ne savent pas vouloir mais qui
subissent les circonstances et supportent jusqu'en ses plus affreuses conséquences une situation qu'elles n'ont point faite. Elle est arrivée à Chantemelle toute jeune et ignorante
de la vie. Elle est tombée, par surprise, dans
les bras du duc. Puis elle a aimé Robert, elle n'a
pas su se défendre de cet amour, elle n'a pas
osé avouer; elle a pensé qu'elle pourrait garder
son secret et être seule à en souffrir. Mais
maintenant, et alors qu'il s'agit de devenir
l'épouse légitime, elle se révolte en songeant
au prix de quelle déloyauté ou de quelle infamie elle prendrait sa place au foyer familial...
Une scène met en présence les deux femmes.
Tandis que Claire proteste qu'elle ne laissera
pas Robert épouser celle dont elle a surpris

l'intimité avec son père, Hélène déclare qu'un tel mariage serait pour elle le plus intolérable des supplices... C'est cette révolte des deux femmes que le duc va être obligé de dompter. Il y arrivera à force de brutale énergie. Si Hélène a été sa maîtresse, si elle l'a trompé, s'il y a eu des années d'une sorte d'épouvantable partage, il n'en sait plus rien : il l'oublie parce qu'il veut l'oublier. Et les autres feront de même. Et tout disparaîtra devant le respect dû à une future duchesse de Chantemelle... Pour ce qui est de Claire, afin de la résoudre, il s'adresse à l'intransigeance même de ses préjugés nobiliaires. Il lui apprend que Robert a un enfant de Mme Vatrin. Elle est persuadée qu'une race se résume dans chaque dernier héritier; ne veut-elle donc pas que le vieil arbre des Chantemelle refleurisse dans l'enfant de Robert ?... Et à son tour Claire s'incline. Elle fait à la famille, aux intérêts généalogiques, le rude sacrifice des plus naturelles et des plus légitimes répugnances.

Tout cet acte est d'une fière venue, d'une carrure solide ; il laisse une belle impression de plénitude. C'est la meilleure partie de l'ouvrage. M. de Curel s'y montre non pas seulement comme ailleurs écrivain et poète, mais homme de théâtre. Ce à quoi nous assistons dans cette série de scènes fortement enchaînées, c'est à une sorte de discussion passionnée. Or, par delà toutes les théories d'école, et dans sa conception la plus élevée, le théâtre est cela même : le choc des intérêts, la lutte des passions, la bataille des volontés. Ce n'est pas sans raison qu'on a maintes fois comparé les répliques du dialogue de théâtre aux attaques et aux ripostes des épées dans un duel. La victoire reste au duc ; et c'est ainsi qu'il en devait être, parce que c'est lui qui est doué de la volonté la plus forte. Il est de ceux qui n'ont qu'une idée, y rapportent et y subordonnent tout le reste : ce sont dans une discussion les plus redoutables des adversaires comme ce sont dans la vie les guides les plus dangereux. —Le théâtre qui est fait de discussion est fait encore de logique ; et c'est par là, si vous voulez, qu'il se distingue de la vie. Or chacun des personnages parle ici justement comme il doit faire d'après son caractère, et d'après la situation où il se trouve. Étant donné le point de départ de leurs raisonnements, et maintenant que nous savons dans quelle atmosphère spéciale ils se meuvent, il n'est rien dans leur conduite et dans leurs discours qui ne soit logique, vraisemblable, et voire naturel, si on entend par ce mot la conformité à la nature et à l'éducation.

A partir de ce moment d'ailleurs nous n'aurons plus cette impression de plénitude que donnait ce second acte. Les deux derniers actes sont faits de parties brillantes, non point fondues mais heurtées, avec des crudités de ton, des violences et des disparates.

Troisième acte. Le mariage a eu lieu. Toute la famille — une assez étrange famille, je l'accorde — est réunie dans une villa à Nice. Le climat méditerranéen, et peut-être aussi le bonheur, ont fait à Robert le plus grand bien. Il semble renaître à la vie. Sa pensée en même temps prend un caractère nouveau d'apaisement et de sérénité. Elle se fait plus large, plus ouverte, plus accueillante, plus humaine. Tout en conservant intacte sa foi nobiliaire, il en vient à comprendre que la conception aristocratique de la société, quelques grands dominant et protégeant les petits, n'est pas seule fondée en raison et en droit ; mais qu'on peut concevoir aussi un état social reposant sur le principe de l'égalité. Il a recours pour exprimer ces deux formes de l'état social à une double comparaison. La société aristocratique et féodale, c'est la forêt où quelques grands chênes dressent leur tête et étendent leurs bras sur un peuple d'arbustes et de broussailles. La société égalitaire, c'est l'Océan dont les vagues s'élèvent à peine sur la masse profonde et lourde des eaux. Le jeune homme développe à loisir cette comparaison.

Le morceau a paru long et il le devait paraître. Au théâtre tout ce qui n'est pas le dialogue coupé fait longueur. Mais il arrive que ces longueurs soient les parties les plus intéressantes et les plus significatives, où réside l'âme même d'une pièce. Le monologue de Figaro et les tirades des raisonneurs de Dumas fils sont des longueurs : on voit assez ce qu'on perdrait en les supprimant. Ici de

même. Il est impossible, au moment où on entend le morceau que débite Robert, de ne pas
trouver que l'auteur s'y complaît et qu'il s'y at-
tarde même jusqu'à oublier le drame dont la
marche est pour un temps interrompue. Mais
ce morceau est en situation. Il est en accord
avec ce que nous savons du tour d'esprit et des
habitudes de pensée de Robert. Celui-ci est un
rêveur et un mystique. Il est de ceux qui
aiment à découvrir de secrètes affinités entre
les choses de notre humanité et les spectacles
de la nature. Il est de ceux encore qui prennent
plus nettement conscience de leurs idées quand
elles leur apparaissent sous une forme sensible. Il pense en images ; et peut-être même
chez lui l'idée naît-elle de l'image. Il a eu sous
les yeux toujours le spectacle des grands bois
où s'est passée sa jeunesse. Il leur a emprunté
un argument en faveur de ses convictions d'a-
ristocratie. Une image nouvelle, ce spectacle
de la mer qu'il contemple maintenant en de
longues heures méditatives, fait entrer en lui
des idées nouvelles. On sait bien au surplus
qu'une comparaison n'a jamais rien prouvé :
les hommes sont des hommes ; ils ne sont ni
des chênes ni des vagues. Mais cette mise en
œuvre des analogies naturelles, cet emploi de
comparaisons très simples tirées de spectacles
très ordinaires, c'est justement une des pra-
tiques coutumières de l'épopée. Par là s'accuse le véritable caractère de l'œuvre de M. de
Curel. On s'exposerait à ne rien comprendre à

cette œuvre si on n'y cherchait qu'un drame plus ou moins bien fait. Cette tirade, placée au cœur même de la pièce, nous avertit qu'elle procède d'une poétique spéciale.

Après cette pause, pendant laquelle il s'est arrêté, ou peut-être recueilli, le drame repart. Dans une famille formée à la manière dont nous voyons que vient d'être formée la famille des Chantemelle, la tranquillité ne peut être de longue durée. Toute construction factice et qui a un mensonge à sa base doit s'écrouler promptement. Ainsi va-t-il arriver. Une indiscrétion de la nourrice — cette femme du garde dont il a été parlé au premier acte — va tout révéler à celui qui devrait tout ignorer. Il paraît que cette femme a une conduite scandaleuse. Robert se charge de la congédier, et il quitte la scène à cet effet... Le moyen employé ici par M. de Curel est d'une telle maladresse qu'on se demande si l'auteur n'aurait pas fait exprès. Ce n'est guère la coutume, en effet, qu'un maître de maison se charge de régler le compte de la nourrice : il semble que ces choses soient plutôt du département des femmes. Mais, en outre, Hélène sait que la nourrice possède le secret de la famille, et que cette femme est violente, et que dans un accès de colère elle peut tout dire ; elle doit donc faire tout au monde pour empêcher que Robert ne s'entretienne avec elle. C'est là un des procédés habituels de M. de Curel, et dont je n'ai guère envie de le louer. Il ne s'occupe pas de la valeur des moyens

par lesquels il amène les scènes les plus importantes et les situations capitales. Il use des
ficelles les plus apparentes. Ce sont minuties
dont il lui semble qu'un auteur ne doit pas
s'embarrasser ; comme s'il n'était pas dangereux toujours d'éveiller un scrupule dans l'esprit du spectateur et de détruire chez lui, même
pour un instant, l'illusion.

Les deux scènes qui suivent, obtenues par
ce moyen grossier, sont d'ailleurs d'un bel
effet. Le duc, la duchesse, Hélène sont réunis.
L'absence de Robert se prolonge. On commence à s'inquiéter. Il est malade et il est
faible ; une discussion violente pourrait être
pour lui dangereuse. Il faudrait que quelqu'un
allât auprès de lui, afin de savoir ce qui se
passe et, au besoin, de venir à son aide. Mais
on empêche la duchesse de se rendre auprès
de son fils ; d'autre part, Hélène refuse d'y
aller ; le duc ne s'en soucie pas davantage. A mesure qu'elle remarque l'attitude embarrassée
de tous, la duchesse, qui a jusque-là ignoré la
vérité, s'inquiète. Elle sent qu'on lui cache
quelque chose et qu'il y a là un mystère. Et
ses soupçons d'autrefois lui revenant à l'esprit,
elle a la brusque intuition de l'infamie à côté
de laquelle elle a vécu.

Maintenant c'est Robert qui revient. Il est
très pâle. On devine bien qu'il sait tout. Mais
il ne va faire aucune allusion à ce qu'il vient
d'apprendre. Il n'a pas un cri, pas un reproche,
pas une plainte. Il est de ces émotions trop

fortes qui anéantissent la sensibilité, en sorte qu'on ne souffre même plus. Robert est un homme sur qui rien de ce qui fait crier les hommes n'a plus même de prise. Une situation violente l'a comme placé en dehors des conditions de l'humanité. Seulement il lui reste un devoir à accomplir. La vie ne peut continuer entre les membres d'une famille séparés par une si horrible action. D'autre part, il ne doit pas y avoir séparation ni scandale. Mais il faut que quelqu'un disparaisse. Robert va repartir pour le château de Chantemelle. Dans l'état de santé où il est, et à cette époque de l'année, c'est la mort certaine. Cette mort, qui est la seule solution possible, il veut la recevoir dans la maison habitée par le souvenir des aïeux; il a le droit de venir à son tour se coucher à côté des ancêtres, ayant fait comme eux vaillamment et noblement sa lourde tâche.

Le dernier acte est rempli presque tout entier par la lecture du testament de Robert. Robert est devenu le véritable chef de la famille depuis que le duc a été comme dessaisi par son indignité. Il a donc le droit de régler toutes choses suivant qu'elles lui semblent justes. Il veut que son fils soit élevé dans un domaine de province par Hélène et par Claire. Cette éducation sera celle qui convient à l'héritier d'un grand nom chargé de grands devoirs. Car les descendants des vieilles familles peuvent encore jouer un rôle dans la société moderne, mais c'est à condition qu'ils entrent hardiment dans cette société, et qu'ils ne se condamnent pas eux-mêmes à l'impuissance. Dans ce testament Robert a mis toute sa pensée, élargie par les enseignements de la souffrance, épurée par le souffle prochain de la mort.

Et c'est bien ainsi que le drame devait se terminer, sur cette note grave et calme.

III. — *L'INVITÉE.*

Après *l'Envers d'une sainte* et *les Fossiles*, nous n'avions aucun doute sur l'originalité et sur la vigueur d'esprit de M. François de Curel. Il restait à savoir comment un public plus nombreux et autrement composé que celui du Théâtre-Libre accueillerait un art si personnel et en contradiction avec beaucoup des usages encore aujourd'hui reçus au théâtre. L'épreuve est faite. *L'Invitée* (1) a été acclamée au Vaudeville. L'auteur peut désormais compter sur le grand public, comme celui-ci comptera sur lui.

M. de Curel a mis dans sa nouvelle comédie toutes les qualités que nous lui connaissions. Il y en a mis d'autres aussi, que nous ne lui soupçonnions pas, qui donnent à son talent plus de largeur et de souplesse. Cette fois encore, l'héroïne qu'il nous présente est vraiment une héroïne : j'entends que chez elle les sentiments dépassent par leur intensité la mesure commune, qu'elle est incapable des compromis auxquels se prêtent les natures médiocres, et qu'étant entrée dans la vie avec un idéal, elle peut bien le voir briser, mais

<hr>

(1) Vaudeville, janvier 1893.

elle n'admet point qu'il plie, qu'il cède et qu'il s'abaisse aux platitudes de la réalité. L'art de M. de Curel reste donc, par essence, un art idéaliste. Mais cette fois, sans qu'on ait cherché à faire des concessions et seulement par un progrès naturel, cet art se rapproche de nous. La situation est moins violemment exceptionnelle; l'âme du principal personnage nous est moins difficilement accessible que celle de la « sainte » ou que celle des « aristocrates » des deux pièces précédentes. Une fois la situation établie et les personnages posés, M. de Curel est admirable pour déduire les conséquences et pousser l'analyse jusqu'au bout. Ici encore, sa logique est restée aussi sûre d'elle-même. Mais, en outre, son dialogue s'est fait spirituel et délicat. La sensibilité s'y traduit par instants en notes d'une mélancolie pénétrante. Et nous avons salué au passage des réflexions profondes, graves, saisissantes, qui sont à la fois d'un moraliste et d'un poète, d'un homme qui sait le monde, qui connaît le cœur humain, et dont la sagesse accroîtra ce trésor de pensées que les hommes se repassent sur cette chose douloureuse qui est la vie.

L'Invitée n'est en réalité qu'une étude d'âme. Et donc, pour rendre compte de la pièce de M. de Curel, ce que nous avons à faire, c'est de montrer quelle est la nature de femme qu'il a voulu nous présenter, quelle résistance elle a opposée à de terribles épreuves, et quel est maintenant, au soir de la vie, l'état de ce cœur qui a trop souffert et de cet esprit qui a trop pensé. Anna de Grécourt aimait son mari comme on aime : elle l'estimait, elle avait confiance en lui, elle s'était donnée tout entière, sans réserve, dans un complet abandon d'elle-même ; il n'y avait pas un battement de son cœur qui ne fût pour celui en qui elle s'était transformée ; et sa vie ne reposait que sur cet amour. Sans doute Anna de Grécourt avait tort. On ne doit point faire tant de fond sur la créature humaine qui est fragile. On ne doit point mettre dans une affection terrestre la ferveur d'un culte. On ne doit point s'abdiquer soi-même et faire dépendre toute sa vie d'une autre vie. La religion le défend. La morale le défend. La prudence le défend. Cela est vrai, et tous ces raisonnements sont excellents ; mais on sait ce que valent les raisonnements contre la passion. Et, dans l'espèce, cette passion était l'amour légitime d'une femme pour son mari. Au bout de quelques années, Anna de Grécourt a appris que son mari la trompait. Elle s'est sauvée.

En se sauvant, elle a mal fait. Car elle abandonnait ses deux filles : elle les laissait à un homme qu'elle ne pouvait plus estimer et dont nous verrons en effet qu'il a été un médiocre éducateur. Elle sacrifiait un devoir qui prime tous les autres. Ce jour-là elle a été gravement coupable. Mais aussi bien n'a-t-on pas songé à prétendre qu'elle fût sans reproches et on n'a pas voulu nous la proposer pour modèle.

On a étudié une créature vivante et non forgé un exemple. Anna de Grécourt était femme plus qu'elle n'était mère. Le jour où cet amour en qui elle s'était mise tout entière lui a manqué, tout lui a manqué. Elle n'a plus été que la femme trahie.

Jeune, séduisante, menant l'état commode de femme séparée, dépourvue de toutes les protections que donnent les affections de famille et le souci des convenances et l'intérêt d'une situation à garder, Anna pouvait être tentée de chercher, comme on dit, des consolations et une vengeance. Elle n'y a point songé. Elle a été protégée par son orgueil. D'ailleurs, que pouvait-elle attendre de l'amour? Pourquoi lui demander des déceptions nouvelles? Qu'a-t-elle à faire maintenant que de se replier sur elle-même? Elle a peur de toutes les formes de la tendresse, puisqu'elle sait bien que c'est par elles qu'on souffre et qu'il n'en est aucune qui n'apporte sa souffrance. Elle se réfugie dans l'égoïsme. Elle travaille à se dessécher le cœur. Hélas! elle y arrive. Fêtée dans la haute société viennoise, elle a joué d'abord son rôle de femme insoucieuse, audacieuse et philosophe. Peu à peu cette attitude lui est devenue naturelle. La paix s'est faite dans son âme, mais à mesure que s'y faisait le vide... Cependant, M. de Grécourt, pour expliquer le départ de sa femme, a répandu le bruit qu'elle était folle. Il est persuadé au surplus qu'elle le trompe. Il profite, pour sa part, de sa liberté en installant presque chez lui, auprès de ses filles, sa maîtresse M™° de Raon. Et c'est ainsi que va ce triste intérieur, sans épouse et sans mère, au moment où il prend fantaisie à M. de Grécourt de prier sa femme de revenir pour quelques heures dans cette maison qui fut jadis la sienne.

C'est ici que, pour rester fidèle à la logique du personnage tel qu'il l'a posé, M. de Curel va rompre résolument avec la « logique de théâtre » et avec des conventions littéraires qu'on nous a présentées tant de fois pour des lois communes de la sensibilité naturelle. Il est convenu qu'une femme rentrant dans l'intérieur d'où elle s'est sauvée, doit sentir, au moment qu'elle en franchit le seuil, se réveiller en elle des douleurs seulement endormies. Par un geste instinctif, il faut qu'elle porte la main à son cœur, comme pour comprimer ce cœur trop gros de souffrance. Anna revient chez elle véritablement en invitée. Dans ces murs qui l'ont oubliée, elle ne retrouve point de traces d'un passé aboli. — Il est convenu qu'une femme, en se retrouvant en face du mari qui l'a trahie, doit sentir à nouveau l'outrage qui lui a été fait, et laisser percer dans son langage la rancune amassée, la colère et la haine toujours vivantes. Mais Anna, vraiment, a cessé de souffrir. Elle revoit son mari sans colère et sans trouble. Et peut-être qu'en le revoyant, si elle songe au passé, les souvenirs de ce passé ne lui causent que de l'étonnement. Les années sont

venues ; Grécourt est aujourd'hui un bourgeois
tout à fait dépourvu d'élégance. Il pêche à la ligne. L'entrée qu'il fait dans le salon, en costume
de coutil et tenant à la main le produit de sa
pêche, cette entrée est une dérision. Les idées,
les sentiments, tout le caractère du bonhomme
est à l'avenant. Eh quoi! songe Mme de Grécourt, est-ce vraiment là celui qui a pu tenir
une telle place dans ma vie, bouleverser cette
vie et faire de moi la femme que je suis, placée
en dehors de toutes les lois de la nature et de
la société? Elle cause avec lui posément. Et elle
n'a pas besoin de se contraindre et de faire
effort. Car elle n'a rien de particulier à lui dire
et pas plus de pardon à lui demander que de
reproches à lui faire. L'un pour l'autre ils ne
sont plus rien. — Il est convenu qu'une femme
mise en présence de la maîtresse de son mari
doit l'accabler des expressions de son mépris
et de son dégoût. Combien citerait-on dans
notre comédie moderne de scènes, saississantes
d'ailleurs, éloquentes et vraies, faites du dialogue de l'épouse avec sa rivale, de la femme
légitime avec la créature qui lui a volé son
mari! Anna, en rencontrant Mme de Raon, n'é-
prouve aucun embarras. Elle sait que celle-ci
est un peu sotte, et elle la persifle joliment.
Elle lui abandonne aisément sa conquête, et n'a
pour ces médiocres amants qu'un peu de pitié
qui se traduit par beaucoup d'ironie.

Il reste qu'Anna va revoir ses filles. Celles-ci
sont la chair de sa chair. Elles sont inno-

contes du malheur de sa vie : et c'est elle bien plutôt qui a été à leur égard singulièrement coupable. Il est de règle d'ailleurs qu'une mère qui retrouve sa fille lui ouvre ses bras et que la fille s'y jette en sanglotant. L'écho venu de tous les coins du mélodrame répète ces mots : « Ma mère !... ma fille !... » C'est la voix du sang. Mais dans l'amour maternel lui-même on peut se demander s'il y a plus de l'instinct, ou plus de l'habitude de la vie commune et des liens que forment avec les inquiétudes de chaque jour les soins continus de la tendresse et d'une protection de toutes les heures. Mme de Grécourt a vécu loin de ses filles. Elle retrouve toutes formées celles qu'elle a laissées enfants ; dans l'âme que la vie leur a faite elle n'a rien mis d'elle-même. Elles sont pour elle des étrangères. Et de même l'affection que nous ressentons pour nos parents vient de ce que nous avons toujours été tout près d'eux, que notre vie n'a cessé d'être mêlée à la leur et que, si loin que nous remontions dans notre souvenir, nous nous y rencontrons toujours et continûment avec leur image. Mais justement ces jeunes filles ne retrouvent nulle part dans leur souvenir cette mère dont on leur a dit qu'elle était folle et dont on ne parle jamais. En apprenant la vérité, elles songent d'abord que cela est avantageux pour elles, et que puisque leur mère n'est point folle, elles auront donc moins de peine à se marier. Pour Mme de Grécourt, en allant vers ses filles, elle ne croit céder qu'à

un attrait de curiosité!... Et pourtant telle est
la complication de la nature humaine, et dans
les replis de notre cœur tant de sentiments se
cachent que nous ignorons ! Lorsqu'une de ses
filles l'a appelée : « Maman ! » Anna a-t-elle été
plus émue qu'elle ne l'a laissé paraître et
qu'elle-même ne l'a cru ? Toujours est-il que la
« visite » qu'a faite cette invitée n'aura pas été
sans résultat. Mme de Grécourt emmène ses
filles avec elle. Et qui sait ? Qui oserait affir-
mer que dans ce cœur qui se croyait fané, la
tendresse ne pourra pas refleurir ?

Pour ce qui est de la conclusion de l'œuvre,
elle est contenue dans une phrase de Mme de
Grécourt à son mari. Comparant leurs destinées, elle constate qu'elles ont été différem-
ment mais également manquées. « Vous vous
êtes abandonné à vos passions, et en les satis-
sant vous n'avez pas trouvé le bonheur. J'ai
essayé de m'amputer le cœur, et la sécheresse
où j'ai vécu ne m'a pas rendue heureuse. » Et
trouvant à son désenchantement une expression
admirable, elle laisse tomber ce soupir: « Il
pleut du ciel des croix qui ne choisissent pas
les épaules !... »

L'impression a été très grande. Cette pièce est
l'une de celles qui contribueront le plus fortement à séparer le public d'habitudes littéraires
qui ont fait leur temps. On sait, de reste, que
M. de Curel a trente ans. Après trois pièces
représentées en moins de dix-huit mois, il nous
en annonce une nouvelle. Il est d'une fécondité

que je ne songe pas à lui reprocher, quoique quelques-uns pensent que la stérilité est la marque où se reconnaît le vrai talent. Et c'est pourquoi il me semble que ceux-là vont un peu trop vite en besogne qui, depuis quelques années, nous répètent que le théâtre est mort et se mettent en devoir d'en prononcer l'oraison funèbre.

JEAN AICARD

LE PÈRE LEBONNARD (1).

Issu d'une philosophie très généreuse, le drame de M. Aicard est pénétré d'un bout à l'autre par un large souffle d'humanité. On pourrait déjà se contenter d'en juger d'après la règle qu'indiquait La Bruyère: « Quand une lecture vous élève l'esprit et qu'elle vous inspire des sentiments nobles et courageux, ne cherchez pas une autre règle pour juger de l'ouvrage; il est bon et fait de main d'ouvrier. » Mais, en outre, l'ouvrier de théâtre qu'est M. Aicard peut bien manquer de toutes les petites habiletés : il a cette habileté qui consiste à disposer les choses de telle sorte que, le drame étant parvenu à son point culminant, on condense en un moment toute la somme de pathétique que le sujet comportait. Et il a su enfin poser son personnage principal en pleine

---

(1) Théâtre-Libre, octobre 1889.

lumière et lui donner ce relief qui grave une fois pour toutes en nos mémoires ces êtres, nés d'un rêve d'art, et qui s'en vont vivre d'une vie plus solide et plus vraie que les êtres réels.

M. Lebonnard est un horloger inventeur, qui a fait fortune. Très doux, très faible, le bonhomme se laisse dominer par sa femme, matrone acariâtre, entichée de noblesse, et qui d'ailleurs a jadis été belle et courtisée. Il supporte avec non moins de longanimité les railleries du jeune Robert Lebonnard, un petit monsieur très moderne, encouragé par sa mère dans son impertinence. Il lui suffit de se savoir aimé par sa fille Jeanne, dont les caresses presque maternelles le consolent et le réconfortent. C'est le ménage de Chrysale; rien n'y manque, non pas même Martine, ses bonnes sauces et son mauvais français. Martine s'appelle ici Marthe, la fidèle nourrice, qui a prouvé deux fois son dévouement, en soignant les enfants et en supportant les bourrasques de l'humeur de sa maîtresse. — Robert est à la veille d'épouser la fille du marquis d'Estrey, Blanche d'Estrey. Jeanne aussi aime et se sait aimée. Elle a été touchée du dévouement d'un jeune médecin, le docteur André, qui l'a sauvée d'une grave maladie : il y a de l'admiration dans l'affection qu'elle ressent pour lui. Elle serait fière de devenir sa femme. Ce projet de mariage est approuvé par le père, désapprouvé par la mère. Mais M. Lebonnard a promis à sa fille de la défendre, de se mon-

trer énergique pour une fois, et d'imposer sa
volonté. Il luttera pour le bonheur de son enfant. Telle est la situation qu'expose le premier acte. Et ce premier acte semble bien un
peu languissant, lorsque brusquement, à la dernière scène, il se relève pour marcher d'une
allure imprévue. La vieille Marthe, qui vient
d'être renvoyée, prend congé de son maître et
s'excuse avant de partir de n'avoir peut-être
pas toujours fait son devoir. « Ah! si vous
saviez tout! » Mais Lebonnard : « Je sais tout...
oui, tout... Je sais de quelle faute vous avez
accepté d'être la complice... Je sais l'infidélité
de ma femme... Je sais que Robert n'est pas mon
fils... Et c'est pour cela que vous ne partirez
pas... Vous n'êtes pas quitte envers moi... Vous
me devez une expiation... D'ailleurs, hors d'ici,
vos regrets, vos remords vous trahiraient... Et
je ne veux pas que les autres sachent ce que je
sais. » Du coup, le bonhomme est transfiguré.
Nous devinons tout un passé de souffrance,
de résignation, de vertu. Nous devinons chez
ce faible une extraordinaire force d'âme.

Au second acte, les hostilités sont engagées.
Lebonnard entre assez bien dans son nouveau
personnage :

> La lutte, ça m'excite.
> C'est ta mère, il est vrai ; c'est ma femme, vois-tu!
> Pour la première fois je me suis bien battu,
> Et je deviens méchant, avec entrain, ma fille!
> C'est mon quatre-vingt-neuf, et j'ai pris ma Bastille.
> Demain quatre-vingt-treize! Ah! tiens, je suis surpris.
> Je comprends les excès.

Cet acte contient deux scènes fort bien venues. Il se trouve qu'André est un enfant naturel, et que sa naissance a été l'occasion d'un procès scandaleux. A cette découverte, M™ Lebonnard, en un grand accès de pudibonderie, jure qu'elle n'aura pas pour gendre un homme de naissance irrégulière. Robert vient à la rescousse et déclare à son père qu'il se fera au besoin le gardien de l'honneur du nom, et ne permettra pas que le scandale entre dans la famille avec le mariage de sa sœur. Lebonnard qui n'est pas maître d'abord d'un mouvement de révolte, le réprime aussitôt et, pour toute réponse, impose silence au jeune homme avec ces mots, pleins d'un douloureux sous-entendu: « Ah!... tais-toi... mon pauvre enfant. » L'autre scène met en présence Robert et André. Afin d'écarter le prétendant de sa sœur, Robert s'efforce de lui parler de haut et de se faire insultant. Mais André ne relève pas le défi du jeune homme. Il pardonne à son âge une impertinence qui est faite d'ignorance, et il lui tient un discours qui signifie à peu près ceci : « Vous ne savez ce que vous dites... vous êtes un enfant... vous n'êtes ni de taille ni d'âge à insulter un homme qui a vécu et qui a souffert. » Et toutes ses paroles veulent dire que la vie est une chose grave, et qu'on n'acquiert pas, sans l'avoir payé cher, le droit d'en juger.

Le drame se resserre et s'achemine vers la crise finale. Le moment est venu des résolutions dernières. Habituée à voir céder son mari, Mᵐᵉ Lebonnard s'étonne de cette obstination si nouvelle chez lui et lui en demande la raison. L'inévitable scène d'explication a lieu; c'est au tour de l'épouse coupable de baisser la tête, de s'humilier et de demander grâce. Au bruit de la querelle Robert est accouru; il croit que sa mère a été maltraitée; se tournant vers Lebonnard il lui reproche violemment son attitude, mêlée de faiblesse et d'entêtement, et sans plus écouter que sa colère, il raille, il injurie, il outrage. Le vieillard, affaissé, tâche à se contenir : ses mains tremblent; tout son corps tressaille dans l'effort de la lutte qui se livre en lui; mais enfin, vaincu, mordu par l'outrage, à bout de forces et n'en pouvant plus, il se redresse: « Tais-toi, bâtard!... »

Ce cri a fait passer un frisson dans la salle. Il est superbe: c'est une trouvaille. Il est humain d'abord: car il est clair qu'un jour devait venir où chez le vieillard la révolte intérieure serait plus forte que le travail de la volonté, et que ce jour-là, son secret lui échappant, une minute déferait l'œuvre de toute une vie. Mais il y a plus. Un mot, si humain et si vrai qu'il soit, peut passer au théâtre sans faire aucun effet. Il faut qu'il soit en outre dramatique et scénique. Il faut qu'il sorte des entrailles mêmes de la situation et qu'il résume en lui, dans une rapide et lumineuse éclaircie, toute la signification du drame. Or il en est ainsi du cri de Lebonnard. Tout ce qui l'avait précédé nous y avait préparés. Tout le drame tendait vers ce mot. Et pendant que Robert, lui indigne, élevait la voix, nous lui avions répondu déjà; en même temps que Lebonnard, avant lui, nous avions crié à cet étrange défenseur d'un nom qui n'est pas le sien et à ce bâtard : « Tais-toi! »

Ce qui suit n'est ni moins vrai, ni d'un mouvement de scène moins juste. Il était inévitable qu'une fois le mot lâché, tout le reste allait suivre. Lebonnard est lancé: il ne s'arrêtera pas avant d'avoir mis dans le flot des reproches qui se pressent sur ses lèvres tout l'arriéré de sa souffrance. Il va donc, impitoyable, écrasant le malheureux sous le poids de cette faute qui n'est pas la sienne:

LEBONNARD.

     Ce fut faiblesse et lâcheté,
Je le vois, j'en conviens, de t'avoir adopté!
Faiblesse et lâcheté de subir, sans rien dire,
Ta raillerie à tout propos, ton mauvais rire,
Quand je pouvais si bien t'écraser d'un regard,
Fils du comte d'Aubly, dit Robert Lebonnard,
Par la grâce du vieil idiot, faible et lâche!

ROBERT.

Oh! que m'arrive-t-il? Je n'y vois plus!

LEBONNARD.

        Je tâche
De comprendre pourquoi tu me hais!... je vois bien:
Ton sang a deviné la roture du mien...
C'est cela! L'ouvrier, en moi, te déshonore!
Tu t'en moques! Eh bien, j'aurais souffert encore,

Et toujours, les gaîtés d'enfant un peu méchant,
Par pitié pour toi; mais de quel droit, fier, tranchant,
Viens-tu, toi! t'opposer au bonheur de ma fille?
Dis, de quel droit, gardien d'honneur de la famille,
Repousses-tu celui qu'elle aime, et dis, pourquoi?
Parce qu'il est un fils naturel?... comme toi!
Et de quel droit viens-tu faire à l'expérience,
Au dévoûment, à mon âge, à ma patience,
Une leçon de fils insoumis?... C'est assez!
Je n'ai qu'un seul enfant : ma fille!... obéissez!

L'acte tout entier serait donc excellent s'il se terminait sur ces mots. Par malheur, M. Aicard en a maladroitement atténué l'effet. Le rideau devrait se baisser aussitôt. Mais non. Sur la scène, un instant laissée vide, entrent Jeanne et la nourrice ; et celle-ci met la jeune fille au courant de la situation. C'est un spectacle pénible, et qu'il était si facile de nous éviter !

Il restait à finir, et il faut avouer que ce n'était pas la partie la plus facile de la tâche de M. Aicard. Le quatrième acte est un peu vide. Les passages charmants n'y manquent pas. Lebonnard, revenu à sa véritable nature, a peine à comprendre cet emportement auquel il s'est laissé entraîner ; il regrette le mal qu'il a fait et il explique quelle sorte d'attachement l'unit à Robert, et par quelle parenté douloureuse cet enfant d'un autre est devenu son enfant.

Ah! mon cœur fut mordu comme avec des tenailles
Quand, jaloux, stupéfait, furieux, incertain,
J'appris par une lettre égarée, un matin,
Que ce fils n'était pas mon fils...
Mais l'enfant me riait. Il appelait sa sœur.

Que m'avait-il fait, lui? L'aimais-je pas la veille?...
Il tendait vers ma bouche une bouche vermeille,
Et quand il attachait son bras faible à mon cou,
Comment le dénouer rudement, tout d'un coup?...
... J'ai voulu guérir; j'ai bien tâché!
Mais c'est par ma douleur que je suis attaché.
En l'éloignant de moi, je saigne trop... Je l'aime
Ayant trouvé plus doux de le chérir quand même!
Eh! mon Dieu! Ce qui rend à la femme si cher
Son enfant, c'est qu'il l'a fait souffrir dans sa chair?
Eh bien, cet enfant-là — vous comprenez, j'espère —
Par de grandes douleurs je suis resté son père.

On ne saurait penser avec plus de délicatesse. Seulement, tout ça n'avance à rien. La pièce reste stationnaire. Aussi bien la situation est insoluble : car ce n'est pas une solution que celle où M. Aicard s'est arrêté, faute d'en trouver une plus satisfaisante. Jeanne épouse André. Robert, dont le vrai père, aujourd'hui mort, avait été l'intime ami du marquis d'Estrey, épouse Blanche d'Estrey. Il s'est d'ailleurs, ému et confus, jeté dans les bras de l'homme dont il n'avait pu jusque-là soupçonner même la grandeur d'âme. Quant à Mme Lebonnard, son mari continuera de la garder auprès de lui. Même il promet de redevenir faible et vieux plus que jamais; et naïvement il demande: « Qu'y a-t-il de changé »?

On sent combien ce dénouement est invraisemblable. Je crois pourtant qu'il était le seul possible, parce qu'il est lui seul dans la note générale de l'œuvre et dans la logique de la pièce. M. Aicard pense que la douceur est une force, la plus grande de toutes, que l'avenir lui appartient, que les doux vaincront... Comme si ce n'était pas leur condition d'être les éternels vaincus! Les pères Lebonnard dans la vie réelle sont des victimes désignées, et désignées par leur excessive bonté. L'habitude qu'ils ont prise de s'effacer et de se soumettre, est de celles dont on ne se déprend guère. L'autorité domestique qu'ils ont abdiquée n'est pas plus que l'autre facile à ressaisir. Ils s'en aperçoivent bien, lorsque vient le moment pour lequel ils se sont réservés et où ils se sont promis de faire un effort. Ils constatent trop tard qu'ils n'en sont plus capables et que le ressort trop souvent plié ne peut plus se redresser. C'est une science de vouloir; il y faut de l'exercice et de la pratique. Alors, sans doute, on crie, on s'emporte, on menace. Mais un mouton enragé, ce n'est rien de bien redoutable, puisque, après tout, ce n'est qu'un mouton. Je plaindrais la jeune fille qui n'aurait d'autre défenseur qu'un tel père. Je serais étonné que la grande bonté de M. Lebonnard ne menât pas quelque jour à de grands malheurs et qu'elle n'aboutît pas tôt ou tard à la ruine de toute la famille, à un effondrement dont elle aurait été une des causes les plus actives.

C'est à faire du père Lebonnard un être vivant, peint en pleine pâte et modelé en pleine chair, qu'est allé tout l'effort du poète. Les autres personnages n'existent pas, et ils ne viennent ici que pour donner prétexte à Lebonnard de développer son caractère. C'est le procédé de la haute comédie. Ainsi, dans le *Maître Guérin* d'Augier, il n'y avait que maître Guérin. Cette fois, il s'agissait d'incarner une idée dans un homme ; et, voulant donner à la Bonté le premier rôle dans sa pièce, M. Aicard devait travailler à nous présenter non pas une abstraction, mais une créature de chair et de sang. Il y a réussi, et on voit bien comment : c'est en faisant de Lebonnard non pas un être purement et uniquement sublime, mais un homme quasiment ridicule, et qui mérite après tout, par les insuffisances de son caractère, une partie du dédain qu'on affecte à son égard. Il a tous les défauts de ses qualités. En un certain moment, il dit à Mme Lebonnard que, s'il s'est réduit dans sa maison à un rôle effacé, presque subalterne, ç'a été volontairement, afin d'éviter un scandale, et de sauver, au prix de sa propre abnégation, l'honneur de la famille. Or ici il se vante tout de même un peu. Car on ne voit pas en quoi cette attitude humiliée pouvait être utile, ni pourquoi, gardant à son foyer l'épouse infidèle, Lebonnard éprouvait en outre le besoin de lui laisser la place d'honneur, ni pourquoi enfin, ayant accepté chez lui l'enfant d'un autre, il croyait en outre en devoir accepter les impertinences. Eh non ! En tout cela Lebonnard n'a fait que suivre son penchant naturel. Il est de ceux qui sont nés pour obéir. Il est timide, il est inhabile à l'action. Et maintenant encore, tout décidé qu'il est par l'intérêt de sa fille à résister à sa femme, il essaye encore de ne pas la heurter de front, et pour ainsi dire de ne pas résister en face. Il biaise, il agit de manière un peu louche. C'est vraiment un bonhomme, demi-imbécile, parent des Chrysale et des Géronte de notre vieux théâtre.

Sous cette enveloppe qui prête à rire, M. Aicard a mis une âme héroïque : il a prêté à ce faible une exceptionnelle force d'âme. Ce n'est pas, soyez-en sûr, par un jeu de puérile antithèse. Mais le psychologue sait combien est vaste le champ de la bonté, et qu'elle confine d'une part à la complaisance des Gérontes pour toucher de l'autre à la résignation des apôtres et des saints. Il y a chez Lebonnard de ces deux espèces de bonté.

Si l'on voulait creuser encore, je crois bien qu'on trouverait dans son cas un peu de mysticisme. Sa femme, qui, suivant la coutume des gens vulgaires, s'arrête aux apparences, lui reproche d'être « un vantard de bonté ». Elle ne se trompe pas entièrement. Lebonnard a pleine conscience de sa valeur morale, il mesure toute l'étendue de son sacrifice; et je le soupçonne, dans l'ardeur qu'il met à embrasser une vertu surhumaine, d'avoir été séduit justement par ce qu'elle a de rare et d'exceptionnel. Sous les duretés de celle à qui il a tant pardonné, sous les railleries de celui à qui il a fait tant de bien, il a dû goûter plus d'une fois je ne sais quelle jouissance amère. Il est de ceux

qui trouvent un plaisir de philosophe à savou-
rer l'ironie des choses. On nous le donne en
effet pour un spéculatif. C'est un inventeur,
dont l'esprit habite parmi les combinaisons
abstraites. C'est un rêveur ; il est entêté de
science, lui qui est presque ignorant, et de
christianisme, lui qui est presque libre penseur.
Il croit au progrès de la morale comme à tous
les autres ; il aspire à un élargissement des
sentiments humains. On nous dit qu'il a lu
Saint-Simon, Fourier, les philanthropes et les
humanitaires. Dans la liste de ses livres préfé-
rés, on en oublie. Car, sans doute il est encore
un lecteur de ces écrivains russes, si goûtés à
l'heure actuelle ; et leur prédication évangélique a pénétré au plus profond de son âme. Il
a accepté toutes leurs théories de fatalisme résigné, de douceur indulgente et de pitié. Et il
fait mieux que de les professer, puisqu'il les
pratique... C'est par là que l'œuvre de M. Aicard, qui ne mérite peut-être pas l'épithète d'audacieuse que lui décerne son auteur, est pourtant très moderne. Elle est pleinement dans le
courant qui entraîne la littérature d'aujourd'hui,
loin des affectations de dureté de l'époque
précédente, vers un idéal presque religieux de
tendresse et de sympathie.

GEORGES ANCEY

I. — *LES INSÉPARABLES* (1).

Il a suffi d'un petit acte : *Monsieur Lamblin.*
Du soir au lendemain, M. Georges Ancey était
devenu quasiment célèbre. Cette notoriété est
entièrement méritée. Car M. Ancey a inventé
quelque chose : il a trouvé une manière qui
est bien à lui, à la fois très personnelle et tout
à fait dans le sens des tendances actuelles Ce
qui caractérise cette manière, c'est l'emploi de
l'ironie continue, de la fumisterie sans répit,
de la blague à froid. M. Ancey a beaucoup
d'esprit, mais d'un esprit de pince-sans-rire.
Ses pièces, très gaies dans la forme, très
tristes au fond, semblent les divertissements
d'un rapin spleenétique qui aurait été dans le
monde. C'est d'une bouffonnerie lugubre, et
d'une gaieté féroce. Les personnages y sont de
simples fantoches : c'est même ce qui m'inquiète

(1) Théâtre-Libre, mai 1889.

et me ferait craindre que M. Ancey n'eût plus
d'esprit encore et plus le sens de l'observation
que le sens du théâtre. Ils ne s'abandonnent
pas un seul instant; mais ils semblent constamment préoccupés de se montrer sous leur
aspect le plus laid; ils semblent se tourner
vers nous pour nous dire : « Hein! sommes-
nous ridicules ! sommes-nous grotesques !
sommes-nous odieux ! Non, mais le sommes-
nous assez, odieux et grotesques ? » Ils se
moquent d'eux-mêmes et ils se moquent de
nous; l'auteur se moque de ses personnages,
du public et de lui-même. — Cela produit un
effet bizarre. On s'amuse et on est mal à l'aise.
On est secoué d'un petit rire sec, saccadé,
nerveux. Cette sorte de plaisir tendu fatigue-
rait et deviendrait pénible à la longue. Mais
les pièces de M. Ancey sont très courtes.

C'est l'amitié qui fait le sujet des *Inséparables*, l'amitié telle que la comprennent les
pessimistes. Gaston, fiancé à Mlle Juliette Leroy-
Granger, a fait inviter chez ses futurs beaux-
parents son inséparable Paul de Courtial. Depuis qu'il est installé dans la maison, Paul ne
cesse de desservir son ami. Est-ce de sa part
calcul d'intrigant et méchanceté pure ? ou bien
y a-t-il dans son cas une sorte d'inconscience ?
On ne le voit pas clairement et c'est un point
qui reste insuffisamment expliqué. Gaston s'est
aperçu de ce manège et il est bien résolu à
congédier son ami : mais chaque fois qu'il va
parler et parler ferme, le courage lui manque;

il hésite, il balbutie et s'en tire en offrant un cigare à Paul imperturbablement calme. Autant Gaston est timide et gauche, autant Paul est entreprenant, aimable et joli cœur. Peu à peu il a séduit tous les Leroy-Granger, s'est fait aimer de la fille ; et c'est Gaston qui reçoit son congé. Voici tout au moins le dessin de la scène entre Leroy-Granger et Gaston. « LEROY-GRANGER. Mon cher Gaston, j'ai voulu avoir avec vous un entretien sérieux. Vous vous êtes aperçu sans doute que ma fille a peu de goût pour vous : elle ne vous aime pas. Mais nous sommes gens d'honneur. Une parole est une parole, et je ne m'en dédis pas. Voyez vous-même ce que vous avez à faire. Si vous persistez dans votre résolution d'épouser ma fille, parlez : Juliette est à vous. — GASTON. Je n'hésite pas. J'aime Mlle Juliette. Je l'épouserai. — LEROY-GRANGER. Comment !... Alors... Mais alors vous refusez de me rendre ma parole !... Votre conduite, monsieur, est indigne, inqualifiable. (*A part.*) Quel goujat ! » — Et c'est toujours ainsi : la même brusquerie, la même absence de préparations et de transitions : le dialogue par soubresauts, par contradictions subites, par contrastes violents.

Paul est maintenant le fiancé de Juliette. Mais on apprend qu'il a des dettes : on lui propose donc le régime dotal. « Ah ! mais non ! s'écrie le brave Paul : et savez-vous dans ces conditions ce que vous avez de mieux à faire? Rappelez Gaston. » Et Gaston revient. Il y a bien un petit moment de gêne; mais M. Leroy-Granger le rompt par cette exclamation à l'adresse de Gaston : « Il a grandi ! » Et Gaston se jette dans les bras de son ami : « Quel service tu m'as rendu ! Et comme je t'avais méconnu ! » Plus que jamais ils seront inséparables.

Leroy-Granger donnant, reprenant sa parole, appelant, écartant, rappelant avec le même cynisme son futur gendre; Paul supplantant son ami ; Juliette ne renonçant à épouser Paul, pour qui elle a une sorte de penchant, que parce qu'elle songe qu'on se reverra et que l'ami de Gaston sera intime dans la maison ; Gaston enfin berné et reconnaissant ! En vérité, il est curieux ce vaudeville écrit par un pessimiste et bourré de traits mordants. Quel effet aurait-il produit dans un cadre autre que celui du Théâtre-Libre ? Mais sans doute nous aurons à applaudir M. Ancey sur un véritable théâtre. C'est un des jeunes gens sur qui on peut compter.

II. — *LA DUPE.*

Les dons d'observation les plus rares, le sentiment du réel, une grande habileté scénique, de l'esprit à pleines mains — et des partis pris qui ont tout gâté : voilà ce qu'il y a dans *la Dupe* (1). En nous contant une histoire profondément vraie, prise sur le vif de la réalité, M. Ancey nous a donné sans cesse l'impression du faux. En étalant devant nous les détails les plus navrants de la misère humaine, il a fait rire. Comment se fait-il que le résultat obtenu ait été justement contraire à celui que l'auteur voulait produire ? C'est ce que j'essaierai de montrer. M. Ancey n'est pas de ceux dont on peut condamner l'œuvre sans la discuter. Mais, d'autre part, on a le devoir de l'avertir du tort qu'il se fait volontairement. C'est une belle chose que l'esprit de système ; mais de lui sacrifier le meilleur de son talent et les plus sûres promesses d'avenir, ce serait trop. Les théories où s'entête M. Ancey — et où il est probable d'ailleurs qu'il s'entêtera d'autant plus qu'on les lui reprochera davantage — lui ont déjà coûté cher. Elles ont fait

(1) Théâtre-Libre, décembre 1891.

qu'ayant entre les mains tous les éléments d'une étude large et solide, il ne nous a donné qu'une œuvre irritante.

Voici l'histoire que nous conte M. Ancey. — — Mlle Adèle Viot marche sur ses vingt-trois ans. L'heure a bien sonné qu'elle se marie. Et si elle n'y songe pas, aimant sa paisible existence et la chambrette où toutes choses sont arrangées à son goût, d'autres y songent pour elle. Sa mère commence à s'ennuyer de cette grande fille qu'il faut promener par les bals, et de ces chuchotements qu'elle devine autour d'elle : « Savez-vous pourquoi Mlle Viot ne se marie pas ? » Au surplus, elle est à fin de bail : l'appartement où elle va entrer dans quelques semaines ne comporte pas de chambre pour Adèle. En vérité, il n'est que temps qu'Adèle se marie. Pour les jeunes filles aussi un moment vient où il faut faire une fin. — Justement, on a parlé à Mme Viot d'un jeune homme, ou, ce qui revient au même, d'un homme jeune encore. M. Albert Bonnet est d'une famille honorable. Il a une jolie position. Il est administrateur d'une compagnie d'assurances, à quinze mille francs d'appointements. Sans doute, il a eu quelques aventures ; mais depuis quand exige-t-on pour un mari un passé de demoiselle ? Albert se tient bien ; il se présente tout à fait en homme du monde. Il vient faire une visite. Sa conversation est obligeante et banale. Il fait à la jeune fille les compliments de rigueur. Il s'extasie devant des assiettes de porcelaine qu'elle a peintes. Il s'embrouille dans la description de la toilette qu'elle portait à la dernière sauterie où il l'a rencontrée. Et quand, après avoir enfilé encore quelques-unes des phrases consacrées, il se décide à prendre congé : « Eh bien, fillette, comment le trouves-tu?... — Moi? Mais je le trouve laid, nul, et déplaisant... — Tu n'es qu'une sotte. M. Bonnet est très bien. Il a un oncle qui est magistrat et un cousin rentier. Il veut bien nous débarrasser de toi. Tu l'épouses dans trois semaines... » C'est ainsi que Mlle Adèle Viot devient Mme Albert Bonnet.

Et voici que l'amour se met de la partie. Il n'avait pas été question de lui avant le mariage. On ne l'avait pas convié à la cérémonie. Il en a été quitte pour venir après. Ces choses-là se voient. Albert est bon garçon : il semble doux, affectueux. Adèle, qui n'avait pas été gâtée, et pas habituée à se montrer difficile, se trouve très heureuse. Elle aime son mari. Elle compte les moments où elle est séparée de lui. Elle voudrait l'avoir toujours auprès d'elle. Elle en veut à ce maudit bureau qui le tient éloigné pendant des journées entières et quelquefois même le soir. Car il arrive qu'Albert sorte le soir. Mais puisque c'est pour ses affaires et qu'il va à son bureau, pas ailleurs, on ne peut vraiment lui en vouloir, et ce serait folie de le quereller, de le soupçonner. Adèle est une épouse confiante... Or ce soir-là, assise auprès d'elle, et tout en poussant l'aiguille de sa tapisserie, la sœur aînée d'Adèle jette dans la causerie des propos vagues. Elle croit de son devoir de faire allusion à certains cancans, des médisances sans doute et dont on ne doit pas s'alarmer. Mais enfin elle a entendu parler, à mots couverts et sans que cela tire à conséquence, d'une liaison qu'aurait conservée Albert : une certaine Caroline, une ancienne maîtresse, chez qui il serait retourné, qu'il aurait même installée tout près de chez lui... Adèle se souvient, en effet, qu'elle a trouvé récemment une lettre signée de ce nom, et que les explications que son mari lui a données étaient très embarrassées. Avec la rapidité de son imagination de femme, elle comprend tout et devine le reste. Quant Albert revient : « Ah! ne me mens pas, lui crie-t-elle, tu as une maîtresse!... »

Et puis Adèle pardonne. Elle sait bien qu'elle a une rivale. Mais elle sait aussi que les hommes sont tous les mêmes, et qu'il faut passer sur bien des choses. La paix du ménage est à ce prix. Et vraiment la vie du ménage telle qu'elle est arrangée maintenant est très supportable. On jouit de ce bien, le plus précieux de tous : l'entente en famille. Mme Viot et la sœur mariée viennent régulièrement passer la soirée chez les Bonnet. Albert est d'humeur très accommodante. Il fait la partie de sa belle-mère : il laisse celle-ci gagner plus souvent qu'à son tour, ayant remarqué que pour la bonne dame il n'y a pas de petits profits... C'est dans une de ces paisibles réunions de famille que tombe, comme la foudre, une dépêche annonçant à Albert que le lendemain les membres du comité de surveillance viendront visiter sa caisse. Or il manque dans la caisse deux cent mille francs, que l'amant de Caroline y a... empruntés. C'est le déshonneur, c'est le scandale, à moins qu'on ne lui vienne en aide. Mais ces deux cent mille francs, Mme Viot les a, qui dorment dans son portefeuille en bonnes valeurs facilement négociables. Elle ne refusera pas de venir au secours de son gendre... Elle refuse, au contraire. Et ce n'est qu'après une scène des plus violentes, et vaincue par les supplications de sa fille, qu'elle consent à se défaire de ses chères obligations du chemin de fer de l'Est.

Albert a promis de rembourser très prochainement. Déjà des semaines et des semaines se sont passées, sans qu'il ait rendu encore le premier de ces deux cents billets de mille francs. Poussée par les réclamations de Mme Viot, Adèle se décide à en toucher quelques mots à son mari. Mais elle a mal choisi son moment. Albert est soucieux ; Caroline lui donne beaucoup d'inquiétudes. Aux premières paroles de sa femme il s'emporte, l'accable de reproches, se répand en injures contre elle, contre sa sœur, une sournoise, contre sa mère, une avare... Et comme Adèle fait mine de répondre et d'insinuer qu'on n'a pas le droit de le prendre de si haut quand on est un voleur...

son mari, à bout d'arguments et à court d'injures, lui administre une volée de coups.

Il a fallu s'y résigner. Adèle n'a pas voulu du divorce, car elle a des principes religieux. Mais on a demandé pour elle et obtenu la séparation. A l'avenir elle vivra seule, dans un appartement de veuve, du produit d'une petite rente que sa mère lui servira d'une main parcimonieuse. Car Mme Viot n'a pas voulu la reprendre chez elle et lui rendre sa chambre de jeune fille. Non, en vérité! Elle a trop souffert par cette enfant-là. C'est Adèle qui a introduit le déshonneur dans une famille jusque-là irréprochable. Elle a trop à se faire pardonner... Adèle se soumet, s'incline, honteuse. Elle est tout près d'avouer qu'en effet elle est bien coupable... Sur ces entrefaites Albert revient, en fort triste équipage. Ses affaires ont été de mal en pis. Il a commis un nouveau détournement. On s'en est aperçu. On l'a chassé. Caroline maintenant est pour lui sans pitié. Il est très malheureux. Il a absolument besoin de trois cents francs tout de suite. Alors il a pensé... Et Adèle lui donne ces trois cents francs, tout un mois de sa pension. Même, quand il s'approche pour l'embrasser, elle ne le repousse pas. Elle l'aime encore.

Une femme douée de peu de caractère, il est vrai, et sans volonté, mais foncièrement bonne et aimante, a aimé ses parents, sans chicaner et sans chercher si leur affection aurait pu être plus tendre et surtout plus prévoyante, mais parce qu'ils étaient ses parents. Elle aime son mari, sans que celui-ci se soit rendu digne de son amour, et sans autre raison sinon qu'il est son mari. Cela n'est pas faux, et cela même n'est pas exceptionnel. Adèle s'est mariée presque contre son gré avec un homme qu'on lui a choisi et qu'on lui a imposé. Le mariage ayant mal tourné, elle a donc été la victime de l'imprudence ou de l'égoïsme d'autrui. C'est elle maintenant qu'on accuse d'une erreur qui n'est pas la sienne : et, pour se dégager de toute responsabilité, on a trouvé cet ingénieux moyen qui est de la lui faire porter. Elle m'en paraît, si vous voulez que je vous le dise, tout à fait intéressante. — Un mari qui trompe sa femme avec une ancienne maîtresse, et qui vole sa femme pour entretenir sa maîtresse, il y en a, dit-on, ailleurs même qu'au Théâtre-Libre. Il bat sa femme, ce mari ! Mais le cas n'est pas même imprévu. Le législateur y a songé. Il a, le sage législateur, tout exprès introduit un article dans le code concernant les « coups, sévices, et injures graves ». *La Dupe*, ce n'est donc qu'un chapitre d'une histoire dont nous avons pour le moins tous entendu parler : c'est l'histoire de la femme mal mariée. Les détails en sont d'une observation cruelle, mais pour la plupart pris sur le vif. Comment se fait-il donc qu'en entendant cette pièce nous ayons été gênés, choqués, pris d'une envie de crier à l'auteur : « Mais non ! Cela ne se passe pas ainsi... ; » à ses personnages : « Vous n'êtes

que des caricatures, ou même des fantoches
inventés pour nous faire peur ! »

C'est d'abord qu'à force de ne vouloir rien
expliquer, M. Ancey réussit à tout rendre inintelligible. Voici, par exemple, le personnage
du mari. On nous le présente au premier acte
comme un monsieur quelconque, d'allures cor-
rectes, muni de belles références, et dont on
peut dire tout au plus qu'il n'est ni bon ni mauvais. Nous voyons en lui un individu à la dou-
zaine, pris au hasard, dans la moyenne de
l'humanité courante. Dès le second acte, ce
monsieur, que nous avons des raisons de
croire semblable à beaucoup d'entre nous, se
conduit comme un pleutre. Au troisième, il agit
comme un bandit... Que voulez-vous que nous
fassions, sinon de réclamer et de protester que
nous ne sommes pas ainsi faits ? et puisqu'on
allait nous mettre en présence d'un drôle, au
moins eût-il été de bon goût de nous en avertir.

Ensuite, c'est une règle que, lorsqu'un sujet
est dans son fond brutal et répugnant, au
moins doit-on se contenter des violences qui
sont inhérentes à la donnée même, sans en
ajouter d'autres, gratuitement et par plaisir.
De ces violences inutiles, la pièce de M. Ancey
est tout émaillée. Avec un soin jaloux, avec
des raffinements de dilettante, il pique l'épithète grossière, le mot brutal, le détail révol-
tant. M. Bonnet ne se contentera pas d'avoir
une maîtresse, il en parlera à sa femme, avec
complaisance. Il entretiendra sa femme des

exigences, et des infidélités, et des retours de tendresse de Caroline. Or, vous le savez mieux que moi, ce sont là de ces choses qu'on ne dit pas. M. Bonnet ne se contentera pas de laisser sa femme évanouie, il ajoutera : « Possible ! mais moi je suis éreinté, je vais me coucher. » Au même Bonnet il ne suffira pas d'une gifle sonore appliquée sur la joue d'Adèle. Il s'acharnera sur la malheureuse et l'enverra rouler sur le parquet...

Je comprends bien que ces partis pris d'analyse sommaire et d'expression violente, c'est justement ce dont les amis de M. Ancey le félicitent comme du signe même de la force de son talent et de la vigueur de son art. « Surtout, ne faites pas de concessions !... » Et il faut lui rendre cette justice qu'il ne fait pas de concessions. — Mais nous lui dirons au contraire : « Laissez à d'autres ces puérilités qui ne sont pas dignes de vous. Le temps est passé pour vous des coups de pistolet et des succès de scandale. Vous avez trop de talent pour le sacrifier aux excentricités de quelques maniaques. Le Théâtre-Libre mène à tout, mais à condition qu'on en sorte. Travaillez pour le grand public, seul juge en matière de théâtre, et de qui les plus dédaigneux ont beaucoup à apprendre. Ayez le courage de dépouiller la défroque de l'école. Et donnez-nous enfin l'œuvre forte, robuste, saine, que nous attendons de vous... »

JEAN JULLIEN

LE MAITRE.

La pièce que M. Jean Jullien intitule *Étude
de paysans*, en trois tableaux, est une des tentatives les plus intéressantes que nous ait présentées le Théâtre-Libre. Elle contient des
qualités de premier ordre : la justesse de
l'observation, la sobriété et la mesure du trait,
et tout ce qui dénote enfin un esprit sérieux et
maître de lui.

C'est une « étude », en effet, que *le Maître* (1),
une étude où l'on s'est efforcé de trouver et de
traduire la vérité, en se tenant à égale distance des fadeurs de la paysannerie genre
George Sand, et des grossièretés de l'idylle
naturaliste. — L'unique décor représente un
intérieur de ferme, la salle commune, salle qui
serait nue sans quelques meubles solides, des
cuivres qui reluisent, des pièces de vaisselle

---

(1) Théâtre-Libre, mars 1890.

très nettes; c'est la demeure de paysans qui se
savent du bien au soleil, et n'en continuent pas
moins de mener la même existence rude, à la
fois patrons et valets de la ferme. Le père, le
vieux Jean Fleutiaut, a pincé une fluxion de
poitrine. Il tousse, et crache ses poumons. Bien
sûr c'est la fin, pensent auprès de lui sa
femme et son fils Gervais. Inutile d'aller chercher le médecin; il n'y ferait rien avec ses dro-
gues, et ce serait une pièce de trois francs en
pure perte. Et déjà ils prennent leurs arrangements en vue du prochain décès; courbés jusqu'ici comme des domestiques sous la volonté
du maître, ils songent avec convoitise que le
« bien » va être à eux, et qu'ils vont pouvoir
en jouir; et ils avisent avec un agent d'affaires
de bas étage, Gagneux, aux moyens de tourner
la loi, de ne pas payer les frais de succession,
et d'éviter la nécessité d'un partage. — On
cogne à la porte. C'est un loqueteux qui vient
demander l'hospitalité pour une nuit. Gervais
s'empresse de chasser le chemineau, le besa-
cier, le vagabond; mais le père a entendu la
querelle; se croyant près de mourir, il veut
mériter son coin de paradis, et donc il ordonne
que l'hôte, envoyé par Dieu, couchera dans la
salle auprès du feu. Le nouveau venu, de son
nom Pierre Roulas, est un brave garçon, tombé
passagèrement dans la misère. En entendant
tousser le père Fleutiaut, il se souvient qu'il a
eu lui aussi la même maladie, et qu'il garde au
fond de son sac un morceau d'un emplâtre qui

l'a guéri; il l'applique au vieux, qui accepte, puisque ça ne coûte rien.

Au second tableau, Fleutiaut, complètement guéri, témoigne vis-à-vis de son sauveur, de la plus expansive reconnaissance. Il débouche, pour trinquer avec lui, des bouteilles du meilleur; il n'admet pas que Pierre quitte la ferme; il prend conseil de lui pour toutes choses; et comme il s'aperçoit que sa fille Françoise n'est pas éloignée d'avoir du goût pour le gaillard, eh bien! il fiance les deux jeunes gens. Oui, mais que voulez-vous que la mère Fleutiaut et Gervais pensent de l'intrusion d'un étranger dans la famille? D'autant que depuis que le père est remis sur pied et qu'il recommence à aller à l'étable et aux champs, il s'aperçoit qu'on a profité de sa maladie pour vendre des vaches et couper du bois contre sa volonté. Tout ça, c'est la faute de Pierre : il faudra bien qu'on se débarrasse de lui. Gervais serait partisan d'un bon coup de fusil; mais la mère est pour la douceur. — Au troisième acte, on nous montre le succès dés manœuvres combinées de la mère et de Gervais. Comme beaucoup d'autoritaires, le vieux Fleutiaut est un esprit faible. On l'a convaincu, sans trop de peine, que Pierre n'a été pour rien dans sa guérison. Quoi! la maladie s'était lassée, elle touchait à sa fin quand Pierre est arrivé : voilà tout. Ça n'est pas un méchant bout d'emplâtre qui vous sauve un homme de la taille de Fleutiaut, c'est la solidité du coffre. Cependant

Pierre se goberge dans la ferme ; il trouve à redire à tout, et, en fait, depuis son arrivée tout va de mal en pis. La meilleure vache de l'étable, la Rougeotte se meurt ; et c'est, bien sûr, encore le résultat d'une des belles inventions de Pierre... Fleutiaut, qui, peu à peu se sent gagné par le soupçon, et qui, à son tour, se méfie de l'étranger, entre en fureur à la pensée que Pierre peut être responsable de la mort de la Rougeotte. Il le chasse brutalement. Que Françoise le suive, si elle veut ; on n'a besoin à la ferme ni d'un fainéant, ni d'une dévergondée.

Songez à ce qu'aurait pu faire sur ce sujet un dramaturge qui se serait contenté d'étudier les mœurs de la campagne dans le roman de M. Zola : *la Terre*. Au premier acte, la mère Fleutiaut aurait donné au vieux une drogue afin d'aider au travail de la maladie ; au second acte, Gervais aurait flambé sa propre mère ; au troisième, un valet de ferme, amant de Françoise, et de concert avec celle-ci, aurait saigné Gervais d'un coup de couteau, à moins qu'il ne lui eût ouvert le ventre d'un coup de fourche. — Mais on s'est ici tenu aussi près que possible de l'exacte réalité. Avec cette sorte de dureté que la vie de la campagne met au cœur des paysans, comme elle leur met des calus aux mains, la mère et le fils voyaient mourir l'ancien sans en éprouver de chagrin, et sans se soucier même d'aller chercher des secours. L'ancien remis sur pied et redevenu le maître, ils courbent à nouveau la tête, et reprennent tout naturellement leur attitude d'animaux soumis et peureux. S'ils essaient de l'influencer, c'est sournoisement et en dessous, par un système d'insinuations et de calomnies. Ni véritable respect, ni affection, ni rébellion, mais de l'habitude et de la crainte.

Très fouillé, le caractère du vieux Fleutiaut a presque la valeur d'un type. C'est le paysan âpre au gain, rusé, madré et processif, et qui, ajoutant un lopin de terre à un autre et une pièce de luzerne à un champ de blé, est arrivé à devenir le plus gros propriétaire de l'endroit. Jaloux de son autorité, il est chez lui « le maître » plus encore qu'il n'est le père. C'est une caboche solide, et c'est aussi un cerveau étroit, accessible à peu d'idées, mais où germe comme sur son terrain naturel ce sentiment habituel aux gens de la campagne : la méfiance. — Et peut-être n'est-ce pas la première fois qu'on représente le paysan sous ces traits, et toutes ces remarques ne sont-elles pas très neuves; qu'importe, si elles sont justes, et si le personnage qu'on nous montre à l'aide de ces procédés est bien vivant!

Un point encore est très digne d'être remarqué. Vous savez que, d'après la poétique moderne, on ne doit plus mettre d'action dans les pièces de théâtre. M. Jullien s'est conformé à cette règle nouvelle, aussi absolue que put être jadis la règle des trois unités. Il n'y a dans le *Maître* que des croquis de mœurs; ce n'est qu'une étude de paysans. L'auteur peut affronter sans rougir le jugement des plus intransigeants parmi ses amis. — Mais si vous voulez y regarder d'un peu plus près, vous verrez qu'à défaut d'une intrigue savamment ménagée, nouée, embrouillée et dénouée enfin, il y a du moins dans le *Maître* ce qui est essentiel et ce que nous réclamons comme une condition nécessaire de l'art, c'est un lien moral, c'est l'unité provenant du développement d'un caractère qui se crée à lui-même son milieu et engendre les faits. Le père Fleutiaut pense qu'il s'en va mourir; et alors voici que la pitié, pour la première fois sans doute, entre dans son cœur; il s'adoucit, et, lui qui a la haine du vagabond, il accueille un passant sous son toit. Convalescent, tout à la joie de revivre et d'être encore le maître de son domaine, mais encore remué par la secousse de la maladie récente, il s'attendrit, il est bonhomme, facile à vivre, reconnaissant, et il veut que tout le monde autour de lui soit heureux. Enfin quand il a entièrement recouvré la santé, et qu'il se sent hors des atteintes du mal, il revient tout à fait à sa vraie nature; le voici de nouveau égoïste, avare, brutal, et il jette à la porte l'étranger, qui aussi bien, n'étant ni de la famille ni du pays, ne peut, à quelque titre qu'on l'ait accueilli, être qu'un intrus. — Ne trouvez-vous pas qu'il y a dans tout cela bien de la suite, et une logique bien serrée ?

HENRY CÉARD

LES RÉSIGNÉS (1).

Il y a dans la pièce de M. Henry Céard une étude de mœurs d'une justesse de ton et d'une finesse de nuances tout à fait rares. Il y a une analyse de sentiments à la fois très délicats et très simples. Il y a encore, se dégageant des faits, une philosophie douloureuse et qui s'interdit tout de même les déclamations et les éclats de voix. C'est ce qui fait de cette comédie une œuvre si attachante. Les gens de métier y pourront sans doute signaler des défauts de construction. J'en aime les allures monotones et lentes et la marche assourdie. Et je goûte fort cet art avec lequel l'écrivain a choisi des teintes de grisaille pour rendre la grisaille d'existences modestes, de sentiments discrets, et de drames communs.

Un familier de Balzac pouvait seul nous in-

(1) Théâtre-Libre, janvier 1889.

troduire dans cette maison des environs de Paris où Mme Harquenier et sa nièce Henriette vivent dans une demi-retraite et dans un effacement qui n'est pas tout à fait volontaire. Henriette est restée orpheline et sans fortune. Sa tante qui l'a élevée a pour tout bien une rente viagère. Les années viennent. Henriette a vingt-cinq ans. Mme Harquenier est déjà une vieille femme. Elle songe au temps où elle va laisser l'orpheline bien seule cette fois et dénuée de toutes ressources. Et donc on devine quelle est sa constante préoccupation, et vers quel but vont tous ses rêves. Elle voudrait marier Henriette. Elle a trouvé un parti pour celle-ci. M. Piétrequin, libraire, homme sérieux et qui prend la vie par son côté pratique, a demandé la main de la jeune fille. Il est d'avis que dans les affaires il faut être marié et que la situation commerciale en devient plus solide. Il pense d'ailleurs que, pour une femme de commerçant, la dot de Marianne vaut mieux que quelques billets de mille francs avec des goûts de dépense et des habitudes de frivolité. Sans doute Henriette n'a pour Piétrequin qu'une médiocre inclination. Mais ce n'est pas d'amour qu'il s'agit, c'est de mariage. Ou plutôt une jeune fille pauvre se doit d'aimer le mari qui la prend sans dot. La scène où Mme Harquenier fait entendre à sa nièce ces dures vérités; celle où Henriette, ayant fait prendre à son cœur le deuil d'un amour impossible, promet à Piétrequin d'être pour lui une épouse loyale et sur qui il pourra compter pour marcher bravement dans la vie; ces deux scènes sont vraiment belles par la gravité du ton et par la sincérité de l'accent. Ici toutes les paroles portent et sont pleines de sens. Ce sont celles qui s'échangent entre honnêtes gens à la veille de conclure cette affaire si raisonnable et si folle : un mariage de convenance.

Or deux jeunes gens sont reçus familièrement dans la maison : Charmeretz, écrivain de talent qui a de la réputation et gagne même de l'argent, et Bernaud, employé de ministère, aux appointements annuels de deux mille cent francs. On devine sans trop de peine ce qui les attire chez les dames Harquenier. La vie de célibataire a ses heures mélancoliques : on est lassé par cette solitude de toujours; on se souvient de la vie de famille, de ses réunions et de ses causeries; on retrouve dans une maison étrangère un peu de cette intimité dont on a comme le regret et le besoin nostalgique. Chaque soir vous ramène dans la même maison. Vous entrez. Les mains se tendent; la conversation commence dans le demi-jour de la lampe; vous êtes chez vous. — Mais, en outre, Henriette est intelligente et elle est sérieuse. La conversation avec elle ne se traîne pas dans les banalités et les frivolités mondaines. Les deux jeunes gens l'initient à bien des idées. Ils ont plaisir à retrouver ensuite ces idées, mais un peu modifiées, avec ce qu'y ajoute ou qu'en atténue la délicatesse de la nature féminine. Dans ses goûts, dans ses façons de voir et de juger, ils retrouvent les traces de leur influence. Il leur semble que la séduction de la jeune fille est un peu leur œuvre. Ce sont peu à peu des liens qui se forment, très subtils et très doux.

De quelle nature d'ailleurs sont ces liens? Cette intimité n'est-elle pas un peu trop tendre?, Et n'y a-t-il pas lieu de craindre que, par une pente insensible, cette intimité ne mène à l'amour? — Mme Harquenier connaît trop la vie pour ne pas apercevoir ce danger. Pourquoi donc a-t-elle laissé ces jeunes gens prendre dans la maison une place qui maintenant est trop grande? C'est d'abord qu'elle n'avait pas beaucoup le choix et que les deux femmes étaient reconnaissantes de cette sympathie qui venait à elles. Mais voici en outre ce qui rend la conduite de la vie si difficile et fait la vie du cœur si pleine de surprises. Les commencements des choses nous échappent. Nos sentiments ne nous apparaissent que lorsqu'ils sont formés. Mais alors il est trop tard. Nous ne sommes plus libres. Nous sommes déterminés par ce travail qui s'est fait en nous, sans nous et à notre insu. Nous sommes liés par des engagements que nous avons pris sans vouloir les prendre.

Le fait est que Bernaud aime Henriette et qu'il en est aimé. C'est pourquoi celle-ci, loyale et franche, et qui, à la manière des femmes, ne comprend guère les compromis, demande à Bernaud comment il se fait qu'il laisse s'accomplir un mariage qui devrait lui sembler odieux. La réponse n'est que trop aisée. Quand on a deux mille francs pour vivre, on peut bien aimer, mais on n'a pas le droit d'épouser celle qu'on aime et qui vous réserve peut-être une nombreuse lignée d'enfants. Au cours de l'entretien, Bernaud est amené à avouer qu'il a une maîtresse. C'est une toute petite maîtresse, pas encombrante et pas exigeante, et dont une fiancée ne doit guère prendre d'ombrage. Et Bernaud trouve pour expliquer cette faiblesse où son cœur a si peu de part un peu mieux qu'une excuse. C'est par mesure de prudence qu'il a pris cette maîtresse, et pour se mettre en garde contre lui-même. « Je ne voulais plus vous parler, de peur de vous parler autrement que je n'aurais dû. Mais nous avons tous au fond du cœur je ne sais quoi de tendre que, bon gré, mal gré, il nous faut exprimer, n'importe à qui... » Mais, excuse ou prétexte, ce sont raisonnements qu'une jeune fille ne peut et qu'elle ne doit pas comprendre. Elle ne sait pas combien de choses si différentes on désigne sous ce même nom d'amour. Et quand elle apprend que Bernaud aime ailleurs elle sent se faire en elle un écroulement.

Le mariage avec Piétrequin a manqué. Car il se trouve que le Piétrequin n'est pas l'honnête homme et le commerçant solide qu'on croyait. Il a fait une faillite qui le déshonore... Congédié par Henriette, Bernaud a été très malade. Il revient, ou Henriette le rappelle. Elle l'épousera. Mais, tout de même, dans leur intérieur il ne fera ni très chaud ni très gai. Elle a failli avoir un autre homme pour mari. Lui, a été l'amant d'une autre femme. Tout ce passé restera entre eux et continuera de les séparer. Et voici que, avec autant de tristesse à peu près qu'elle acceptait un mari qu'elle n'aimait pas, elle se résigne à épouser l'homme qu'elle aime.

Tel est ici-bas l'incomplet et l'inachevé de toutes choses. « Puisque toutes les circonstances de la vie nous enlèvent toujours un peu de l'estime que nous avions pour nous, un peu de la confiance que nous avions dans les autres, résignez-vous ! » Ailleurs Mme Harquenier, qui connaît la vie, en dégage ainsi la leçon : « Ce que tu dois subir aujourd'hui, je l'ai subi jadis ; et d'autres avant nous, et qui nous valaient bien l'ont supporté sans se plaindre. Tiens, quand tu ouvres cet album de photographies, tu ne t'es donc jamais demandé pourquoi tous les portraits de famille avaient une telle expression de tristesse ? C'est que ceux-là dont ils donnent l'image ont tout souffert et d'eux-mêmes et des autres sans jamais rien laisser paraître des blessures de leur vanité ni des angoisses de leur cœur, et, désespérant du mieux, se sont définitivement résignés à accepter l'existence telle qu'ils la rencontraient ». C'est ainsi. On a commencé par les espérances et par les illusions. On a continué par les révoltes et par les colères. On finit par tout prendre en patience. On aspirait au bonheur, car cela est d'instinct,

et la nature a déposé en nous ce désir du bonheur. On s'est élancé vers lui de toutes les
forces de son être. On a souffert de ne pas y
atteindre. Mais la souffrance naît d'une disproportion entre ce qu'on souhaite et ce qu'on a.
Un jour vient où l'on cesse de souhaiter ce
dont on désespère. Ce jour-là on ne souffre
plus. Et c'est la seule forme sous laquelle il
soit donné aux hommes de connaître le bonheur...

A. GUINON ET M. DENIER

LES JOBARDS (1).

MM. Guinon et Denier appartiennent, s'il en faut juger par le ton général de leur comédie, à l'école qui procède de M. Becque et dont Georges Ancey est le représentant le plus distingué. Sans doute ils n'ont pas le mordant, l'âpreté de ce dernier; mais en revanche ils ont toute la sensibilité qui lui manque. Il y a dans leur comédie des coins de tendresse et des trouvailles de sentiment d'une délicatesse exquise. C'est par là vraiment qu'elle est originale.

Mme Aline Gallois, fille d'un riche courtier d'assurances, est à la veille de se marier et tout à la joie de ce prochain événement. Elle consiste surtout, cette joie, à essayer des toilettes nouvelles et à songer que bientôt on sera libre, maîtresse de ses dépenses et qu'on pourra cau-

1) Vaudeville, janvier 1893.

ser un peu de dépit à ses amies intimes. Aline s'entretient de ces choses, naïvement, avec sa cousine Noémie. Celle-ci est une parente pauvre, recueillie dans la maison. Elle a dû se marier, elle aussi ; mais son père, au dernier moment, s'est avisé de faire faillite ; aussi n'a-t-on pas eu besoin de rendre au fiancé sa parole, l'aimable jeune homme l'ayant de lui-même reprise, sans autres explications et sans retard. Orpheline maintenant et quasiment veuve, Noémie a trouvé chez M. Gallois une hospitalité qu'elle paye un peu cher. Elle surveille la maison, compte avec les domestiques, s'occupe des basses besognes : elle est la Cendrillon, une Cendrillon résignée, car elle sait que son oncle aurait pu la laisser dehors, et que sa cousine pourrait être beaucoup plus arrogante.

Le futur époux d'Aline est un grand garçon de vingt-huit ans, Henri Bonnardel, amoureux et naïf, élevé auprès de sa mère et par elle, dans une campagne tout près de Paris et très loin de la civilisation nouvelle. Il reste à arrêter définitivement les termes du contrat. C'est afin de régler cette formalité que M. Gallois a donné rendez-vous à Henri et à sa mère. On nous fait assister à cette entrevue qui va tout de suite nous renseigner sur le caractère des personnages mis en présence. Henri apporte huit cent mille francs en terres et en bonnes valeurs représentant tout l'avoir de la famille Bonnardel : la mère se dessaisit de tout ce qu'elle possède en faveur du jeune ménage : ni l'un ni l'autre d'ailleurs, ne songent à prendre nulle sûreté : ils sont tous deux également jobards. Gallois profite d'une si adorable candeur pour les rouler, gentiment d'ailleurs et avec bonhomie.

Il donne à sa fille une dot superbe : il est vrai que cette dot est représentée en partie par une maison de campagne d'un entretien coûteux et où le beau-père se réserve un appartement : pour le reste, il retient le capital, étant beaucoup plus à même que son gendre de le faire fructifier. Les Bonnardel trouvent ces arrangements très acceptables, et même tout à fait à leur avantage. « Voilà donc une affaire entendue, conclut Gallois ; seulement, mon cher Henri, laissez-moi vous donner un conseil. Vous n'aurez pas toujours affaire à de braves gens comme vous êtes et comme je suis. Soyez défiant, mon cher enfant, et croyez-en l'expérience d'un honnête homme. Le monde se divise en deux catégories : les canailles et leurs dupes. Hélas ! oui, mes bons amis. Aussi, quand vous aurez une décision à prendre, venez me demander conseil... »

Or voici qu'un coup de tonnerre éclate dans ce ciel sans nuages. Henri, pour complaire à sa fiancée, a voulu faire partie d'un cercle à la mode. Son camarade Fourrichon s'est chargé de le présenter. Fourrichon revient avec des explications embarrassées. Enfin, pressé par les questions de Henri, il lui apprend que les membres du cercle ont refusé de l'admettre parce qu'une grave accusation pèse sur la mémoire de Bonnardel le père. Celui-ci aurait joué à la Bourse, par l'entremise d'un certain Fauchart, perdu, refusé de payer, et, bénéficiant de je ne sais quelle exception de la loi, gagné le procès que lui avait intenté Fauchart et à la suite duquel ce dernier s'est trouvé totalement ruiné.

Inutile de dire que Henri ignorait cette histoire et que l'excellente Mme Bonnardel n'avait jamais soupçonné même que son mari spéculât. Leur parti est aussitôt pris : c'est de s'éclairer sur l'affaire, et de réparer, si cela est possible, et s'il y a lieu, le dommage causé. Ils font donc venir l'avoué qui avait été chargé jadis des intérêts de Fauchart. Cet homme de loi fournit, dossier en main, toutes les explications nécessaires. Les considérants du jugement ont été accablants pour Bonnardel. La bonne foi de Fauchart était indiscutable. Ce qui le prouverait, au surplus, c'est sa ruine. Il est mort en Suisse, où il s'était réfugié. Il laissait des enfants : une fille qui s'est mariée à un employé, un fils qui est entré au régiment, un autre qui est entré dans le commerce. Au reste, qu'Henri et sa mère soient sans inquiétude. Outre qu'ils n'ont rien à craindre des héritiers Fauchart tout à fait ignorants de l'aventure, ils sont à l'abri de toutes revendications. Les choses sont en règle, et absolument légales... Mais Henri : « — Vous ne comprenez pas, monsieur. Ce que nous voulons, ma mère et moi, c'est restituer une fortune que nous ne saurions garder sans devenir les complices d'une indélicatesse. A combien se monte la somme dont mon père serait aujourd'hui redevable? — A sept ou huit cent mille francs environ. — Nous vous prions donc, monsieur, de faire prévenir les héritiers Fauchart que cette somme leur sera restituée intégralement. Nous paierons jusqu'au dernier sou. — Comme il vous plaira. » En sortant, l'homme de loi ne peut réprimer un : « Ma parole! ils sont fous. » C'est sur ce mot que se termine une scène excellente, menée avec une sûreté, dessinée avec un relief et une précision des plus remarquables.

Vainement M. Gallois, qui connaissait de longue date l'histoire du procès, s'efforce à ramener les Bonnardel à une plus juste appréciation des choses. Vainement il essaie de faire taire les scrupules de leur conscience, en leur donnant pour garantie l'autorité de sa propre conscience à lui, Gallois. Vainement il supplie et il s'emporte, représentant à Henri, que dans ces conditions, le mariage ne saurait plus tenir, et que, par ce bel élan de niaiserie chevaleresque, c'est donc son bonheur et celui d'Aline qu'il sacrifie. Henri ne veut rien entendre : il ne sait rien que son devoir, si nettement écrit... Mais voici Aline elle-même. Elle a été informée du sacrifice de Henri : elle l'en approuve, et elle l'en admire. — « Ah! mon Aline chérie, je savais bien! — Pouviez-vous douter de moi un seul instant? Nous ferons des économies, voilà tout. Ce sera même très amusant. Vous verrez.

Au lieu de deux dîners par semaine, nous n'en donnerons qu'un. Je connais une couturière qui, pour trois cents francs, tout au plus, fait des robes très convenables, une modiste qui donne à quatre-vingts francs des chapeaux très suffisants. Nous nous contenterons d'une voiture au mois... — Mais, mademoiselle, vous n'avez pas compris. Ce dont vous me parlez, c'est l'aisance. Ce que je vous apporte, c'est la misère. Je suis ruiné. Votre père refuse de vous donner aucune dot. Nous n'avons rien! » L'effet est immédiat. C'est une douche d'eau froide sur les velléités de sacrifice d'Aline. « Ah! dit-elle en partant, s'il vous était resté vingt mille livres de rente! »

Et il se pourrait que cette dernière scène fût la plus mal venue de tout l'ouvrage. Les auteurs l'ont développée avec une insistance, traitée avec une lourdeur pour le moins inutile et qui surprend.

Que si *les Jobards* étaient terminés ici, vous voyez bien ce que serait cette comédie : une comédie non sans valeur, exécutée suivant la formule du moderne théâtre réaliste, une variation suffisamment ingénieuse sur le thème de l'égoïsme et de la lâche férocité du monde. Le procédé y est visible, et cela diminue d'autant la portée de l'œuvre. Les personnages y sont vrais, mais d'une vérité trop complète et trop continue, trop tranchée aussi et sans nuances. D'un côté les habiles, c'est-à-dire les coquins : Gallois, manière de forban cynique et inconscient, type de corsaire onctueux ; Fourrichon, type du garçon très fort, qui fait ses affaires en sous-main et s'en va, du naufrage de son ami, tirer pour lui un mariage riche. De l'autre côté les honnêtes gens, c'est-à-dire les jobards : d'un coup, sans hésitations, sans défaillances, sans regrets, les Bonnardel touchent au sommet du sublime. Peut-être, et réserve faite d'une scène déplaisante, le caractère le mieux tracé, le plus justement tenu dans la moyenne de l'humanité courante, est-il celui d'Aline : point méchante cette Aline et point incapable même d'un petit mouvement d'exaltation romanesque, elle n'a qu'un défaut, c'est de n'avoir pas été bâtie en héroïne de Corneille. — Mais c'est grâce au dernier acte, d'une si jolie note émue, que la pièce de MM. Guinon et Denier a tout son prix.

Au lever du rideau, répétition de la scène du premier acte. Aline, en conversant avec Noémie, essaie sa couronne d'oranger. Elle s'appellera Mme Fourrichon, au lieu de s'appeler Mme Bonnardel. Ce n'est pas une affaire. Ou plutôt c'est une meilleure affaire. Car il est très malin, Fourrichon. Il l'a prouvé lorsqu'il s'est agi de discuter les clauses du contrat (autre scène faisant parallèle avec une scène du premier acte). Il a complètement roulé Gallois. Et Gallois, toute réflexion faite, est enchanté. Il ne manquerait plus rien à son bonheur s'il parvenait à se débarrasser de Noémie en la mariant. Mais à qui ?... Sur ces entrefaites, on annonce Henri Bonnardel et sa mère. Il faut, pour qu'ils se soient décidés à une si pénible démarche, que leur situation soit tout à fait désespérée. Les dernières ressources sont parties. Henri cherche un emploi sans en trouver. « J'en aurais bien un à vous proposer; mais voilà, on veut un homme marié. Vous devriez vous marier. Je sais bien que, dans votre position, ce n'est pas commode. Mais vous pourriez trouver une enfant sans fortune, sans famille, qui serait encore très heureuse... Tenez, par exemple, Noémie... Croyez-moi, réfléchissez-y. Mais je vous laisse. Allons! madame, faites entendre raison à ce grand maladroit. » — Et en effet Mᵐᵉ Bonnardel fait comprendre que le salut est là, qu'il faut se résigner : « Vois-tu, mon enfant, nous n'avons plus le droit d'être fiers. » — Maintenant les deux jeunes gens, Henri, Noémie, sont en présence. Ils ne se jettent pas dans les bras l'un de l'autre, on le devine, et ne parlent pas de l'amour coup de foudre. Mais ils se tendent loyalement la main. Ils iront bravement dans la vie. Et qui sait ce qui peut advenir de la rencontre et de l'union de ces deux infortunes ? Peut-être qu'un jour ils s'aimeront. Et peut-être que déjà... — J'abîmerais ces deux scènes en les contant tout au long. C'est aussi bien le cas de toutes les choses qui sont à la fois très délicates par le sentiment, très justes par l'expression. Elles n'admettent pas de traduction.

MAURICE DENIER

GENS DE BIEN.

C'est par sa variété que le mouvement théâtral d'aujourd'hui est si intéressant, parce qu'on cherche dans tous les sens et qu'on essaye plusieurs voies. Dans ce mouvement, les auteurs des *Jobards* et celui de *Gens de bien* (1) se sont fait une place à part. Ils sont en train de nous rendre un genre de comédie dont on a beaucoup parlé chez nous, et qui est en effet d'allure bien française, mais dont nous ne possédons tout de même que peu de spécimens authentiques et qui a dévié presque chaque fois qu'on a voulu le réaliser. C'est cette comédie bourgeoise, qui inspirait à Diderot de si belles théories et de si méchantes pièces, et dont Sedaine a écrit l'unique chef-d'œuvre. Par la nature des personnages, par la qualité des sentiments, par le ton du dialogue, cette comédie

<hr>

(1) Vaudeville, janvier 1893.

mérite d'être appelée la comédie moyenne. Les aventures qu'on y expose ne sont pas extraordinaires et les cas qu'on y étudie ne sont pas exceptionnels. Des conditions les plus fréquentes de la vie on dégage certains problèmes, de ceux qui se posent à beaucoup d'hommes, que quelques-uns agitent douloureusement, et que la plupart résolvent sans angoisse et sans hésitation, attendu qu'ils se contentent de suivre les indications toujours claires de l'égoïsme et de l'intérêt. L'honnête, l'honnête ! réclamait et déclamait Diderot. Et il est en effet de l'essence de ce genre de comédie d'être honnête et vertueuse. Si on n'y prêche point la morale, du moins le souci de la morale n'en est jamais absent. Les solutions auxquelles on s'arrête ne sont d'ailleurs ni romanesques, ni hardies, ni violentes. On n'y éprouve pas le besoin d'inventer chaque fois une morale nouvelle ; car, au surplus, on n'invente pas la morale : elle est une, toujours la même et la même pour tous ; on n'invente que les formes de l'immoralité, variables celles-là jusqu'à l'infini. Dans ce genre de comédie, il n'y a de place ni pour les héros du devoir ni pour ceux de la passion ; il n'y a ni éclats de voix ni grands mouvements ; il n'y a que sérieux, tristesse, attendrissement ; or, c'est de quoi est faite la vie pour qui sait la prendre comme il faut.

Un cas de conscience débattu entre honnêtes gens ; la question de savoir si un jeune homme de bonne famille qui a séduit une fille du peuple

et qui on a eu un enfant doit l'épouser, résolue
de la façon la plus — convenable; c'est toute
la pièce de M. Denier.

M. et Mᵐᵉ Dubreuil sont vraiment des gens
de bien : ils le sont entièrement et de la seule
façon qui compte, avec simplicité. Mais voyez
quelle est la force des courants établis et la
tyrannie de la mode! Au théâtre la mode est
encore au pessimisme, les modes du théâtre
retardant toujours de quelques années sur les
autres. Les jeunes dramatistes ne nous mon-
trent guère de l'humanité que les laideurs, et
si parmi tant de vices ils mettent parfois à la
scène une vertu, c'est pour nous faire apercevoir aussitôt que cette vertu n'est qu'hypocrisie.
C'est pourquoi ceux qui connaissent un peu le
théâtre d'aujourd'hui n'avaient pas douté que
ce titre : *Gens de bien*, n'enfermât une ironie.
Pendant les premières scènes, où on nous fait
pénétrer dans l'intérieur des Dubreuil, nous
attendions le moment où il nous apparaîtrait
quel état nous devons faire de la vertu de ces
gens vertueux : vertu tout en surface, ou peut-
être vertu étroite, tracassière et chagrine, déso-
bligeante et inhospitalière, une sorte de vertu
méchante. Ce moment n'est pas venu. Dans la
pièce de M. Denier, il n'y a pas de sous-enten-
dus. Le procédé est très franc. Les personnages
y sont ce qu'ils paraissent; ils ne font pas mentir
leur réputation. M. et Mᵐᵉ Dubreuil sont dans
toute la force du terme un honnête homme et
une honnête femme, de ceux dont la vie a été

sans défaillance, qui n'ont rien à se reprocher et rien à oublier. Une intimité, produit de la confiance et de l'estime, leur a apporté le bonheur. Et de ce bonheur ils ne jouissent pas en égoïstes. Mais ils ont voulu en faire part à d'autres et le faire rayonner au dehors. Ou, si vous voulez, ils ont compris que le bonheur est une de ces choses qu'il faut se faire pardonner. Cette rançon du bonheur, c'est la charité. Les Dubreuil ont pitié des déshérités de ce monde, à qui la vie n'est point clémente et pour qui l'accomplissement du devoir est difficile. Ils se sont mis à la tête d'une œuvre dont le nom fait sourire notre scepticisme. Trouver aux filles-mères des maris complaisants, disposés à prendre pour leur compte la faute d'autrui; c'est le but de l'œuvre des « Unions réparatrices ». L'œuvre prospère. Elle fait de bons mariages, j'entends des mariages qui en valent d'autres. C'est par là que les Dubreuil payent leur dette, et de cette large façon qu'ils remplissent leur devoir d'humanité.

Ils ont donné à leur fils Adrien une éducation qui est un modèle d'éducation attentive et pieuse. Ils ne lui ont mis sous les yeux que les meilleurs et les plus encourageants des exemples. Ils ont écarté de sa jeunesse tout ce qui leur semblait un danger. Ils l'ont gardé à la maison, près d'eux, tout près d'eux. Ils ont tâché de lui rendre la maison agréable. Ils ont confiance qu'ils y sont arrivés à force d'ingénieuse tendresse. Maintenant qu'Adrien a l'âge d'homme ils lui amènent une compagne qui sera digne de lui, Suzanne Herbelot. Il passera ainsi de la maison de famille au foyer où la tendresse de l'épouse, après celle de la mère, sera pour lui une protection. Il aura traversé la vie sans être souillé par elle. C'est le rêve que les Dubreuil ont fait pour leur enfant : c'est le rêve de beaucoup de parents: c'est un beau rêve...

Entre les choses douloureuses dont est faite la vie, il y a celle-ci : c'est que la plupart du temps les meilleures de nos actions se retournent contre nous; nous souffrons par ce qu'il y a de noble et de généreux en nous. Les Dubreuil sont victimes de leur honnêteté. C'est le malheur des très honnêtes gens qu'ils ne soupçonnent pas le mal. Ces parents ont eu confiance dans leur enfant. D'où lui serait venue la pensée de mal faire? Et n'était-il pas tout à fait heureux? Et pourquoi cette existence si douce et si simple qu'on lui a faite ne lui aurait-elle pas suffi? Aussi lorsqu'ils apprennent qu'Adrien a une maîtresse, et de cette maîtresse un enfant, cette découverte leur cause moins encore d'indignation peut-être que de surprise. Eh quoi! ce fils, leur fils, qu'ils croyaient si pur! Et la chose s'est passée à côté d'eux : la maîtresse d'Adrien est une ouvrière à la journée qu'ils employaient: Léontine Surot. Qu'un tel malheur pût les frapper, eux qui chaque jour s'occupent pour le compte d'autrui de réparer des malheurs analogues, ils ne l'avaient pas prévu et ils ont peine à le comprendre. Pour un peu ils diraient comme ces honnêtes femmes devant qui on raconte des histoires d'amours coupables : « Est-que ça arrive, ces choses-là ? » Quand elles sont arrivées et après qu'on n'a pas su les empêcher, comment peut-on en atténuer du moins les conséquences ? Ils n'en savent rien. Mais laissez-les agir. Ils auront tôt fait d'aggraver encore la situation et de tout mettre au pis. — Lui, de son côté, Adrien est en quelque manière victime de tant de tendresse qu'on a eue pour lui. C'est le défaut de certaines éducations trop parfaites qu'elles énervent. Elles enveloppent l'enfant et ne le laissent jamais sans secours. A chaque instant, une volonté se substitue à la sienne. Il ne prend pas l'habitude de la volonté; or la volonté est une habitude. Parmi tant de choses qu'on lui enseigne, il en est une qu'on oublie ou qu'on craint de lui apprendre : il ne saura jamais vouloir. Le jour venu, il ne saura pas résister. Et on sait aussi bien à quoi se réduit dans la plupart des cas le rôle d'un séducteur : c'est à n'avoir pas su se défendre. Adrien est un faible. Il est sans initiative et sans avis propre. Dans cette discussion qui va suivre et où c'est son avenir et c'est sa vie qui est en jeu, il sera indécis, hésitant, prêt à se soumettre alors même qu'il désapprouve. Il y assistera en témoin plus encore qu'en intéressé. Il s'y montrera une fois de plus ce qu'il est : une créature passive.

Pris au dépourvu par la nouvelle de la paternité d'Adrien, M. Dubreuil va, pour ainsi dire, résoudre la question dans l'abstrait, sous sa forme générale et absolue. Que doit faire l'homme qui a séduit une jeune fille et en a eu un enfant ? Il doit épouser la mère et légitimer l'enfant. Cela est clair. Cela est simple. Cela est précis. C'est le devoir, et quand le devoir est aussi nettement écrit, il n'y a pas lieu d'hésiter. C'est pourquoi M. Dubreuil dit à la fin du premier acte : « Je vais chez les Surot demander à ces braves gens la main de leur fille pour notre fils. » Adrien épousera Léontine.

Que si en effet la situation était aussi simple qu'elle le paraît à M. Dubreuil, et s'il en allait toujours ainsi dans la vie nous n'aurions pas trop à nous plaindre, et de cruels embarras nous seraient épargnés. Nous saurions toujours nettement quel est notre devoir, et alors ce serait affaire à nous. Il y aurait d'un côté ceux qui font leur devoir, d'autre côté ceux qui ne le font pas. On saurait à quoi s'en tenir, et rien ne vaut les situations bien établies et tranchées catégoriquement. Mais ce qui arrive, c'est que de telles situations sont infiniment rares. Dans la vie presque rien n'est simple. Il y a conflit entre des devoirs opposés; pour lequel faut-il prendre parti et lequel faut-il sacrifier ? Nous ne sommes point seuls dans ce monde et l'existence de chacun de nous soutient des rapports avec beaucoup d'autres. Ce qui est le devoir vis-à-vis de l'un, peut être vis-à-vis d'un autre le contraire du devoir.

Comment concilier ces obligations contradictoires? Nous vivons dans une société organisée; et qu'elle soit bien ou mal organisée ce n'est pas la question; nous ne pouvons la refaire chaque fois qu'une difficulté se présente, ni surtout la refaire au gré de nos intérêts particuliers; il ne s'agit pas de démolir la maison, mais d'y habiter. A côté du devoir pris au sens purement moral du mot, il y a le devoir social. Chacun de nos actes va très loin, engage beaucoup de personnes, se continue et se propage comme les flots de la mer en des ondulations qui vont à l'infini et ne meurent jamais tout à fait. C'est pourquoi dans chacune de nos décisions, toutes sortes de considérations doivent entrer. Les esprits qu'on appelle irrésolus ne sont souvent que des esprits clairvoyants et scrupuleux qui, à chaque moment de leur vie, aperçoivent toutes les conséquences probables de chacun de leurs actes. On comprend que ceux-là soient dans un tremblement perpétuel et que la vie ne soit pour eux qu'une sorte de martyre sans cesse renouvelé. Ceux qu'on appelle des esprits décidés et à qui on fait honneur de la fermeté de leur caractère, ne sont souvent que des esprits un peu obtus, n'apercevant de toute question qu'un seul côté. C'est parmi eux que se recrutent les hommes d'action. Ne réfléchissons pas, dit le proverbe, sans quoi nous ne ferions jamais rien. C'est parce que M. Dubreuil réfléchit, ou parce qu'on réfléchit autour de lui, que le ma-

riage d'Adrien ne se fera pas. C'est précisément chez les intéressés qu'il va rencontrer
une résistance inattendue. Il croyait, en con-
sentant à ce mariage, être seul à s'imposer un
sacrifice. Il va s'apercevoir que le sacrifice
s'étendrait à tout le monde, et qu'en fait ce
mariage serait, au point de vue social, une
monstruosité.

Adrien d'abord. — Il se laissera marier, si on
l'y force, si son père dit : Je veux. Car il n'est
pas désobéissant. Mais il comprend à merveille
qu'épouser Léontine ce serait, pour lui, signer
un contrat avec le malheur. Il n'aime pas
Léontine ; ou du moins il ne l'aime pas comme
on aime sa femme. Il a trouvé en elle une
maîtresse gentille et douce ; mais quelle compagne pour une vie tout entière ! Elle est sans
éducation et sans esprit. Il n'a pas avec elle
une idée en commun. Leurs origines, le milieu
où ils ont été élevés, tout les sépare à jamais.
Ils sont des étrangers et ils deviendront des
ennemis. Il n'est pas un détail de la vie à deux
qui ne doive faire éclater cette mésintelligence
nécessaire. De là l'aigreur, l'hostilité, la haine.
Or, ainsi que le dit très justement un personnage de la pièce, un mariage n'est pas une
solution, c'est un commencement. Dans l'espèce, ce sera le commencement pour deux
êtres d'un supplice que chaque jour rendra
plus intolérable. — Ajoutez qu'il faut en ce
monde avoir une position. Cela encore est un
devoir. Chacun de nous ne se doit pas seule-

ment à lui-même, mais doit aux autres d'apporter dans l'activité générale sa part d'activité, et de jouer son rôle dans l'ensemble. Nous devons développer l'énergie que nous avons reçue de la nature et les talents que nous avons reçus de l'éducation, en vue de l'utilité de tous, et afin que nulle force ne soit perdue. Adrien est entré dans la carrière du barreau. On ne réussit, là comme ailleurs, que par les relations. Quelles seront les relations du mari de Léontine ? Un sot mariage est l'écueil où se sont brisées tant de carrières brillamment commencées. En vérité, si Adrien épouse Léontine, il n'a qu'un parti à prendre : c'est de se retirer dans quelque province ou dans quelque campagne, et d'y cacher la détresse de sa vie brisée. Ce sera une manière de suicide. Mais on n'a pas encore établi le droit au suicide.

La mère, Mme Dubreuil. — Après tant de rêves qu'elle a faits, peut-elle se résigner à une si cruelle déception ? Elle ne trouvait qu'aucune jeune fille fût trop pieuse, trop chaste, trop intelligente, trop distinguée. Quoi qu'elle fasse elle ne verra jamais en Léontine la femme de son fils, mais seulement la maîtresse installée au foyer. Ira-t-elle chez Léontine et la recevra-t-elle ? Acceptera-t-elle de traiter comme une égale son ancienne domestique et que celle-ci ait une place avant la sienne dans le cœur de ses petits-enfants? Peut-être accomplira-t-elle ce miracle d'abnégation, étant chrétienne et étant mère. Mais a-t-on le droit de lui imposer cette humiliation?

La fiancée, Suzanne Herbelot. — Celle-là encore mérite qu'on s'occupe d'elle. Elle aime. Naïvement elle a donné toute son âme. En pensée elle appartient déjà à celui à qui elle s'est promise. Brusquement, sans que son cœur ait changé, sans qu'elle ait aucun reproche à se faire, elle devra renoncer au bonheur qu'elle espérait. On lui dira qu'une promesse se retire, qu'une parole se reprend, qu'après avoir arrangé en imagination son avenir on le dérange, qu'un mari en vaut un autre, que c'est une affaire de nom, et qu'on en est quitte pour faire démarquer le trousseau. — D'ailleurs, le mariage de Suzanne est annoncé, les bans sont publiés, les invitations sont faites. Un mariage manqué est toujours pour une jeune fille une affaire fâcheuse et qui compromet par avance le succès des autres. C'est une diminution de valeur. A-t-on le droit d'imposer à Suzanne cette épreuve et de lui faire ce tort?

Et enfin cette union que recommande une idée abstraite, si personne ne la réclamait, si personne ne la désirait? Léontine n'a jamais songé qu'Adrien l'épouserait. Elle se rend très bien compte qu'elle n'est pas la femme qu'il lui faut. En se donnant à lui, elle n'a guère pensé à l'avenir. Ou si elle y a pensé, vaguement, elle se disait que cette séparation qui, un jour ou l'autre devrait arriver, peut-être n'arriverait pas trop tôt, ni de façon trop brutale, et qu'on s'arrangerait pour adoucir et pour amortir le coup qu'elle en recevrait. — Pour ce qui est des parents, toute leur ambition ne va qu'à trouver pour gendre un brave garçon, un ouvrier comme eux, qui acceptera la situation, d'autant qu'elle n'est pas rare dans le peuple, élèvera le marmot avec ceux qui viendront par la suite, et ne fera bientôt plus la distinction entre celui d'avant et ceux d'après.

A mesure que s'éclairent ces aspects nouveaux de la question, M. Dubreuil sent sa résolution fléchir. Il se brise cet héroïque élan de tout à l'heure. Il se brise contre le sentiment de la réalité dont c'est le propre en effet, que contre elle l'élan se brise et l'héroïsme s'émiette... Adrien n'épousera pas Léontine. Il épousera sa fiancée Suzanne Herbelot. On laisse à Mme Herbelot le soin d'arranger l'affaire. Celle-ci est, comme on dit, une femme de tête. Elle a très vite compris, par des confidences partielles et des aveux indirects, de quoi il s'agissait. Elle a d'ailleurs assez aisément jugé M. Dubreuil et son fils. Il y a besoin d'un homme ici. Bien sûr elle aurait préféré pour Suzanne une autre entrée en ménage. Mais enfin quand le mal est fait, rien ne sert de récriminer, et il n'est que de s'arranger en sorte que le passé compromette le moins possible l'avenir. Adrien peut encore être pour Suzanne un bon mari, à condition qu'on le tienne un peu en tutelle, ou pourvu au contraire qu'on sache peu à peu l'émanciper. On donnera à Léontine une somme convenable qui l'aidera à se marier. Pour ce qui est de l'éducation de l'enfant, on avisera. D'ailleurs les Surot n'ont aucun moyen de faire du chantage. Et la vie continuera. Elle continue, cette vie, en dépit des épreuves et des fautes, en dépit des espérances trompées, des illusions mortes et des délicatesses abolies...

Maintenant M. et Mme Dubreuil se regardent. Ils ne sont pas très fiers. Eux, les gens de bien, ils ont donc fait comme les autres. Ils avaient cru que ces hontes, dont ils avaient eu tant de fois le spectacle chez des étrangers, s'arrêteraient au seuil de leur maison. Et voilà que leur maison, pas plus que d'autres, n'a été 'indemne. Ils avaient espéré qu'entre la conception qu'ils se faisaient du bien et la conduite qu'ils tiendraient il n'y aurait jamais désaccord. Et voilà qu'il a fallu fléchir ! Ils viennent de donner un démenti à tout un passé de loyauté. Et ils se le demandent avec inquiétude : Hélas ! sont-ils encore des gens de bien ?

On voit assez, par ce qui précède, que la pièce de M. Denier est le contraire d'une pièce à thèse, et par exemple que sa conception du drame est précisément le contraire de la conception que s'en fait M. Alexandre Dumas. Celui-ci a soutenu maintes fois qu'on doit épouser la fille-mère. Pour le prouver il a dû, dans chacun de ses drames, arranger les choses en vue de sa démonstration, choisir un

cas et grouper des personnages d'exception.
Qu'elle s'appelle Clara Vignot, Jeannine ou
Denise ou Mme de Montaiglin, la fille-mère,
telle qu'il nous la montre, est toujours une
créature d'élite, dont la candeur a été surprise
et dont la fierté s'est révoltée. Et il n'est pas
tout à fait impossible en effet que le cas se présente. Pour le séducteur, M. Dumas en fait
toujours et tout uniment un drôle. Et je ne
songe pas à le lui reprocher. Mais s'il y a très
peu d'honnêtes gens dont l'honnêteté soit sans
mélange, il est vrai aussi que les canailles parfaites et qui remplissent entièrement leur définition, sont une minorité. Et enfin les pères
qui, semblables à Brissot, sont prêts à étran-
gler leur fille quand ils apprennent qu'elle a eu
un amant, ces pères-là se comptent, et ils ne se
comptent pas par centaines. « J'aimerais mieux
la voir morte que déshonorée », est une phrase
qu'on prononce souvent, mais aussi qu'on a
coutume de mettre au conditionnel. Le plus
souvent, la fille séduite n'a pas le droit de faire
sonner très haut ses réclamations. Le plus
souvent, le séducteur est un faible plutôt
qu'un méchant, non pas moins coupable, mais
moins odieux. Le plus souvent, les pères par-
donnent ou ils font semblant; ils se résignent,
faute de pouvoir faire autrement. — Dans les
pièces à thèse, on impose une solution différente
de celle qui est le plus généralement acceptée.
Dans les pièces d'observation, telle qu'est celle-
-ci, on se contente de constater en expliquant.

Faut-il dire, d'ailleurs, que l'auteur de *Gens de bien* prend parti pour la morale mondaine contre la morale universelle, et qu'il se range du côté des Pharisiens? Je ne le pense pas. Il ne conclut pas; c'est son droit. Que s'il fallait à toute force tirer une conclusion, voici à peu près celle qui se dégage des faits qu'on a mis sous nos yeux.

L'idée du devoir est absolue : elle ne souffre pas de diminution d'elle-même; elle ne se prête à aucun compromis. Mais la vie n'admet rien d'absolu. De deux choses l'une. Ou bien on s'attache à l'idée du devoir avec l'intransigeance du stoïcien de jadis : et par là on se place en dehors des conditions de la vie. Ou bien on pense qu'avant tout il faut vivre : et on se résigne à faire des concessions. C'est bien pour cela que l'expérience de la vie est foncièrement immorale et pour cela que la vie est mauvaise.

LES MARIONNETTES

MAURICE BOUCHOR

I. — *TOBIE* (1).

Les marionnettes, dans toute une catégorie
de spectacles, sont les seuls acteurs possibles.
C'est toutes les fois que la scène est quelque
part où il vous plaira, dans le bleu, quand l'auteur a fait œuvre de poète et que le poète a
quitté terre. Incarnées par des acteurs vivants,
en chair et en os, ces visions prendraient une
forme trop précise et ces conceptions légères
une enveloppe trop matérielle. Les marionnettes, justement par ce qu'elles ont de sommaire,
offrent le très grand avantage qu'elles n'arrêtent
pas et n'emprisonnent pas l'imagination du
spectateur. Elles fournissent la première indication scénique nécessaire, et nous laissent libres
d'apercevoir au delà toutes sortes de choses,

(1) Petit-Théâtre, novembre 1889.

toutes celles qu'y a mises le poète, et celles aussi que nous y ajoutons, en collaborateurs complaisants. C'est ainsi que les marionnettes ont interprété ces deux chefs-d'œuvre de fantaisie aérienne : les *Oiseaux* d'Aristophane et la *Tempête* de Shakespeare. Elles ont joué aussi un des pieux drames de Hrosvitha, l'abbesse de Gandersheim, et elles étaient les interprètes désignées pour cet art enfantin.

Le succès venant, les marionnettes ont commencé à se montrer exigeantes. Il ne leur a plus suffi qu'on leur apportât des traductions et des adaptations. Elles ont voulu des pièces originales, composées exprès pour elles. Elles se sont donc adressées à un poète dont le talent leur avait toujours inspiré une réelle sympathie, M. Maurice Bouchor. Et pour être plus sûres que la pièce serait à leur goût, elles lui ont indiqué un sujet, en y joignant encore les conseils les plus délicats sur la meilleure façon de le traiter. Elles l'ont engagé à feuilleter ce vaste répertoire dramatique du moyen âge qui est intitulé le *Mystère du Vieil Testament*. Ce qui les séduisait c'était le grand air de naïveté qui est empreint dans ces vieux drames, et c'était encore ce mélange de passages sérieux et de passages burlesques, les scènes pieuses alternant avec les familières et même les triviales. Il leur semblait qu'un écrivain qui aurait quelque fantaisie et quelque souplesse pourrait, en s'inspirant de cet art primitif, faire une œuvre de haut goût et qui serait en même temps d'un cachet bien moderne. Elles arrêtèrent leur choix sur le drame de *Tobie*, l'un de ceux qui sont compris dans le Mystère. Et donc elles dirent à M. Bouchor : « Il ne tient qu'à toi de forcer l'attention et de commander le respect. Montre-toi si plein de ce qu'il y a de noble et de touchant dans la vieille histoire, que l'on ne songe point à en rire ; fais alterner le plaisant et le sérieux de telle sorte que l'un n'empiète pas trop sur l'autre ; déride souvent les spectateurs, mais qu'ils ne s'en aillent point sans un peu d'émotion et de recueillement. Si tu n'étais pas un esprit vulgaire et grossier, cette histoire t'inspirerait des scènes d'une naïveté charmante. Tu ne seras pas irrespectueux envers la Bible, si tu mets en scène une de ces querelles de ménage dont le narrateur sacré nous a fait une esquisse. Enfin tu peux réserver ta fantaisie la plus bizarre pour

Le Poisson qui rouvrit l'œil mort du vieux Tobie,

et pour le méchant diable Asmodée. »

Et quand M. Bouchor porta son œuvre aux Marionnettes assemblées en comité de lecture, il y eut parmi elles un frémissement de plaisir. Car le poète avait de tous points suivi le programme qu'elles lui avaient tracé. Il s'était montré tour à tour tendre ou plaisant : l'ensemble était tout de même harmonieux, et grâce à la versification très facile et doucement coulante, l'œuvre laissait une impression aimable, toute de grâce et de fraîcheur.

Le drame de M. Bouchor est divisé en cinq tableaux. — La maison de Tobie. Le vieux Tobie est assis dans son fauteuil. Il nous conte son histoire, comment il a été privé de la vue et comment il est très pauvre. C'est un doux vieillard, résigné et confiant, et qui ne cesse point d'espérer dans le secours du Seigneur. Il sait que l'épreuve coutumière à laquelle le Très-Haut a mis de tout temps la patience du sage, c'est la compagnie d'une femme acariâtre. C'est pourquoi il souffre sans se plaindre l'aigre conversation d'Anna, ménagère avare et querelleuse. Sa meilleure consolation, c'est la jeunesse exemplaire de son fils, le petit Tobie, qui croît chaque jour en vertu et en piété. Mais justement il va falloir éloigner l'enfant. Le petit Tobie ira chez les Mèdes réclamer à Gabaël une somme de dix talents dont il est débiteur. Nous assistons à son départ. Un voyageur inconnu, Azarias, s'est proposé pour accompagner l'enfant et le protéger dans les difficultés de la route.

Au bord du Tigre. — Dans les eaux du fleuve ensoleillé un poisson s'ébat. A voir ses dimensions énormes et surtout à entendre les propos qu'il tient, nous devinons aussitôt qu'il ne s'agit pas d'un poisson ordinaire. En effet c'est un démon qui se cache sous cette enveloppe écailleuse ; un démon facétieux et plein de concupiscence, Asmodée. Il est l'ennemi du vieux Tobie, « un homme juste, ineptement austère » ; et il en veut également au petit Tobie,

qu'il exècre pour « ses yeux de vierge et sa face
ébaubie » :

> Je souperais fort bien de ce petit Tobie.
> Il viendra, je le flaire ! et d'ailleurs le brochet
> De service a crié qu'un blanc-bec approchait.
> Un homme est avec lui. Quel homme ? Je l'ignore.
> Allons fendre gaîment l'onde fraîche et sonore !
> Sans doute pour mieux voir le Tigre aux vastes eaux
> Rouler en paix le long des fleurs et des roseaux,
> Nos voyageurs viendront s'asseoir dans l'herbe verte,
> Et je m'avancerai vers eux, la gueule ouverte...
> Quand j'ouvre cette gueule horrible aux dents de fer,
> On croirait voir le puits ténébreux de l'enfer.
> Tenez, mesdames... Hein ? n'est-ce pas effroyable ?...
> Mais je suis bien bavard pour un poisson. Que diable !
> Il faut être concis. Jeune homme, je t'attends.

Seulement il avait compté sans Raphaël-
Azarias qui l'occit d'un coup de sa lance. Mort
en tant que poisson, Asmodée émigre vers la
Médie, où il va tendre de nouveaux pièges au
petit Tobie.

Le jardin de Ragouël. — Il faut dire qu'Asmodée est amoureux de Sara, fille de Ragouël
et cousine de Tobie. Sept fois Sara a été mariée, et sept fois, le soir même des noces, Asmodée s'est jeté sur l'époux et l'a mis à mort.
Ce qui fait que maintenant Sara est beaucoup
moins demandée. Néanmoins Tobie tentera
l'épreuve et grâce, aux conseils d'Azarias, il
en sortira vainqueur. Il faut que pendant la
nuit qui précédera les fiançailles il reste en
prière avec Sara. Mais qu'il évite surtout de
s'approcher de la jeune fille ; qu'il résiste à la

tentation et qu'il prouve par là qu'il comprend la sainteté du mariage.

Si l'Éternel a mis
Dans l'âme et dans le corps des vierges tant de grâce,
Ce n'est pas seulement pour un plaisir qui passe.
Vous devez — et l'amour rend bien doux ce devoir —
Perpétuer la race élue, afin de voir
Vos filles et vos fils conçus parmi la joie
Grandir pour le Seigneur et marcher dans sa voie.
Il faut que sur la bouche en fleur des épousés
La prière du soir chante avant les baisers.
Enfant, le mariage est une sainte chose.
Afin que le regard de l'Éternel se pose
Avec tranquillité sur l'épouse et l'époux,
Gardez bien la pudeur comme un voile entre vous.

Le quatrième tableau nous montre cette veillée des fiançailles. Placé entre les jeunes gens, et invisible pour eux, Asmodée essaie pour les tenter de tous les moyens : musique enivrante, parfums suaves qui emplissent l'air, éclairages mystiques. Mais Raphaël détruit à mesure l'effet des charmes infernaux. — Et nous pouvons voir au dernier tableau Tobie et Sara, revenant chez le vieux Tobie qui va les unir et les bénir. Puis c'est le vieillard qui recouvre la vue. Et sur le seuil de la maison que le Seigneur a regardée, paraît Azarias transfiguré. Tous se prosternent, ou pour mieux dire, ils se prosterneraient s'ils n'étaient pas en bois, et ils entonnent un hymne en l'honneur du Tout-Puissant.

La partie burlesque est de beaucoup la mieux venue dans le drame de M. Bouchor. Je pour-

rais néanmoins vous citer des strophes lyri-
ques qui ne manquent pas d'éclat. L'œuvre est,
en somme, très curieuse, en sa naïveté cher-
chée. C'est l'œuvre d'un lettré, qui a peut-être
pratiqué Banville plus que la Bible, mais qui
est capable pourtant de comprendre le charme
poétique qui se dégage des livres saints. C'est
par là que le *Tobie* de M. Bouchor est bien
dans le courant de la littérature la plus actuelle.
Il y a aujourd'hui un retour très marqué vers
l'inspiration idéaliste et mystique; et à défaut
de la piété et de la foi, dont il ne saurait ici
être question, l'âme moderne se colore au
moins des teintes vagues et douces d'une reli-
giosité renaissante.

II. — *NOEL* (1).

Il est bien vrai que dans ce goût qui porte aujourd'hui beaucoup de lettrés vers les sujets religieux, il m'avait semblé d'abord qu'il entrât plus de mode littéraire que de piété véritable. Mais l'auteur de *Tobie* me reprocha qu'à son égard du moins je m'étais trompé et que j'avais méconnu la sincérité de son inspiration. J'avais tort, en effet, et je confesse mon erreur pour qu'elle me soit pardonnée. M. Maurice Bouchor n'est pas un dilettante épris de mysticisme. C'est un croyant. Il a la foi véritable, celle qui agit. Ce qui le prouve bien, c'est la lettre qu'il adresse à son filleul, Jacques Richepin, le fils du poète, en lui dédiant *Noël*. Il l'avertit que, s'il a accepté d'être son parrain, c'est avec la ferme intention de n'être pas un parrain pour rire. Il s'occupera de l'instruction religieuse de son filleul : c'est un droit auquel il ne renoncera pas, un devoir auquel il ne faillira pas. Cette déclaration me tranquillise sur l'avenir du jeune Richepin; et en me tranquillisant elle m'inquiète tout de même un peu. Car un jour viendra inévitablement où le jeune homme devra choisir entre les convictions de son père et les croyances de son parrain. Ira-t-il vers le farouche auteur des *Blasphèmes* ou vers le tendre poète de *Noël* et de *Tobie* ? Je prévois des déchirements. Mais ce ne sont pas mes affaires.

— Ce qui nous importe seulement, c'est que la nouvelle œuvre de M. Maurice Bouchor est d'un sentiment très pur, qu'elle nous a charmés tous, et que nous l'avons écoutée justement dans les dispositions que le poète souhaitait.

> ... Soyez sincères, je vous prie.
> N'êtes-vous pas émus jusqu'aux larmes parfois
> Quand votre dernier-né, croisant ses petits doigts,
> Hésitant, mais soufflé par un ange invisible,
> Dit sa prière, avant de s'endormir paisible ?
> Rappelez-vous un temps d'innocentes gaîtés,
> Où la foi fleurissait dans vos âmes ; jetez
> Mélancoliquement un regard en arrière ;
> Et, fussiez-vous brouillés avec toute prière,
> Vous n'écouterez pas dans un profane esprit
> Ce mystère qui fut pieusement écrit.

Les incrédules, eux-mêmes, — en admettant qu'il y en eût dans la salle — ont été touchés.

Au premier tableau, l'étable de Bethléem. L'archange Gabriel est entre l'âne et le bœuf. Après avoir recommandé à la bienveillance du public la pièce de M. Bouchor, il délie la langue du bœuf, et la langue de l'âne pareillement. Les deux compagnons d'étable se mettent à parler ; et ils parlent longuement, comme il convient à des bêtes qui ont derrière elles tout un passé de silence. Survient le maître de l'âne et du bœuf. Il a bu un peu plus que de raison, et il tient des propos incohérents. Ce qu'on distingue pourtant dans ce bavardage d'ivrogne, c'est que notre homme est sans religion et qu'il est dur aux pauvres gens. Va-t-il donc repousser cet étranger qui lui demande pour sa femme et pour lui-même l'asile d'une nuit ? Mais à ce moment il est touché de la grâce : son cœur se fond, et il accueille les hôtes que Dieu lui a envoyés.

Au deuxième tableau « Les bergers aux champs » de jolies scènes rustiques. Farigoul, le vieux pastour, qui entend ce que disent les oiseaux en leur jargon, annonce à Myrtil et à Marjolaine que l'enfant divin va naître, et que le même jour, en signe de réjouissance, ils seront fiancés. De ces deux nouvelles, Marjolaine et Myrtil ne savent laquelle leur cause plus de joie.

MYRTIL.

J'adore mon amie ; elle m'est bien plus douce
Qu'à l'oiseau nouveau-né son nid d'herbe et de mousse,
Au jeune agneau son lait, ou l'ombre au moissonneur,
Mais je rêve à l'enfant qu'un Dieu bon nous envoie,
Et le bonheur de tous me donne plus de joie
    Que mon propre bonheur.

MARJOLAINE.

Va, je suis bien heureuse ; et je perdrai la tête
Lorsque les violons, jouant des airs de fête,
Viendront me réveiller à l'aube du grand jour ;
Mais je rêve à Jésus qui près d'ici repose,
Et tout au fond de moi je ressens quelque chose
    De plus doux que l'amour.

Les bergers s'en vont adorer l'enfant divin, non sans avoir préparé pour le retour un copieux réveillon. Les détails sur la mangeaille forment la partie comique du Mystère.

Jusqu'ici nous n'avons guère vu que des tableaux d'idylle charmants par la simplicité et la familiarité. Mais il faut que nous partions sur une forte impression religieuse et tout pénétrés de la grandeur de cette vérité que le Sauveur est venu apporter au monde. C'est pourquoi dans la dernière partie de *Noël* le sentiment s'élève, la poésie prend plus haut son vol, le vers devient plus éclatant et plus vigoureux. Au troisième tableau, on nous montre les rois mages anxieux parce que l'étoile qui jusqu'ici les guidait a disparu. Mais quoi !

> Celui qui, de ses mains, dès le commencement,
> Enchâssa dans le pur cristal du firmament
> Aldébaran et Bételgeuse,
> Lui par qui votre Étoile éblouissante a lui
> N'avait-il pas le droit de rappeler à lui
> Cette immortelle voyageuse ?

C'est à coup sûr une épreuve à laquelle Dieu a voulu les soumettre. Et parce qu'ils n'ont pas douté, ils sont récompensés. Car l'étoile, la vivante étoile luit de nouveau sur le lac bleu du ciel. — Au dernier tableau, l'Adoration. La crèche apparaît toute resplendissante de lumière. La Sainte Vierge est assise serrant dans ses bras Jésus endormi. Saint Joseph, debout auprès d'elle, tient un lis à la main. Les bergers et les mages, agenouillés, offrent leurs présents. Et tous ils ont la funèbre vision de l'avenir : auprès de Jésus naissant, ils songent à Jésus crucifié. — Afin de rendre plus poétiques encore les gracieux rêves qui prenaient forme devant nous, M. Bouchor a voulu joindre au charme des vers celui de la musique. On chante beaucoup dans le *Mystère de la Nativité*. On chante de doux airs très simples : un Noël à la fin du second tableau, au dernier tableau une berceuse qui accompagne en les rythmant toutes les paroles de la Vierge. On a beaucoup goûté les mélodies d'un tour archaïque de M. Paul Vidal. Même, dans la salle, il est arrivé qu'on les reprit en chœur. Et c'est là ce résultat que j'admire : avoir réussi à assembler l'élite du Tout-Paris blagueur pour lui montrer le petit Jésus et pour lui faire chanter des cantiques, comme en chantent les enfants dans les catéchismes...

LA PANTOMIME

M. MICHEL CARRÉ : *L'ENFANT PRODIGUE* (1).

Depuis deux ans que quelques curieux se sont avisés de ressusciter l'art de Debureau, la pantomime retrouve auprès de nos Parisiens de la décadence une faveur très vive. Chez plusieurs, comme cela est naturel, ce goût n'est pas très raisonné, et il vient plus de l'entraînement de la mode que d'un attrait véritable. Et voici donc quelques remarques explicatives à l'usage de ceux qui, prenant au spectacle de la pantomime infiniment de plaisir, ne seraient pas fâchés tout de même de savoir pourquoi ils s'y plaisent.

La pantomime est un art de blasés. Elle ne s'adresse vraiment qu'à ceux qui sont parvenus à un degré de culture littéraire tout à fait aigu. Ceux-là connaissent, mieux qu'Hamlet, l'absolue vanité des mots, de ces mots qui ne rendent jamais la somme exacte d'idée ou de sentiment qu'on leur a confiée.

> Je suis las des mots, je suis las d'entendre
> Ce qui peut mentir.

(1) 1890.

Et les mots mentent toujours. Ils sont en deçà ou au delà; ils ne font que nous trahir de façons différentes. Le langage est un instrument grossier et qui ne peut fixer les états les plus délicats de notre âme qu'en les faussant. Tous les poètes n'ont-ils pas avoué que les meilleurs de leurs vers étaient ceux qu'ils n'avaient pas écrits? De là le principal mérite de la pantomime. Elle se passe des mots. Les idées, les sentiments nous arrivent à l'état pur.

Ceci encore est tout à fait agréable. Un écrivain a sa rhétorique, sa façon d'agencer les mots et de lier les idées, qui n'est pas entièrement la nôtre. Aussi nous avons beau être en sympathie avec lui, il n'y a jamais communion intime, absorption complète. Dans la pantomime ce dualisme du spectateur et de l'auteur disparaît presque complètement. L'auteur s'efface : il se borne à nous donner des indications très générales, des cadres, pour ainsi dire, que nous remplissons ensuite à notre guise. Il y a une jouissance rare et délicate à se rendre compte qu'on est soi-même l'artisan des émotions qu'on éprouve, que c'est en nous qu'elles s'éveillent, et qu'elles montent de notre cœur avec la nuance exacte de sensibilité qui est la nôtre.

Mais, encore une fois, pour goûter ces sortes de jouissances, il faut être arrivé aux extrêmes confins du raffinement littéraire. Or, si beaucoup prétendent au titre de blasé, très peu y ont droit. Songez en effet aux conditions qu'il faut réunir pour tenir dignement cet emploi. Car il n'y suffit ni d'une intelligence très exercée, ni d'une lecture considérable ; il y faut joindre encore une extraordinaire fatuité. Cela n'est pas à la portée de tout le monde. — Mais ceux mêmes qui ne seraient pas dans les dispositions voulues pour trouver aux représentations funambulesques l'espèce de plaisir que j'ai essayé de définir, ont encore une ressource. Ils peuvent se dire que le plaisir de la pantomime sera toujours un plaisir très distingué et goûté de peu de personnes. J'en sais à qui cette considération semblera suffisante.

Il est temps d'arriver à l'*Enfant prodigue*. Sachez donc que la famille Pierrot est réunie et qu'elle est à table. Il y a là Pierrot père, Mme Pierrot et le jeune Pierrot, un grand garçon d'une vingtaine d'années. Le père mange copieusement et boit à longs traits, et il est facile de voir qu'il trouve de la satisfaction dans « le boire et le manger », comme d'ailleurs c'est la coutume de ceux qui ont l'âme droite et une grande honnêteté de conscience. Devant ce vaste appétit du père, Pierrot reste silencieux et rêveur. Il touche à peine aux mets qu'on lui présente, et les prévenances dont on l'accable ne font que l'irriter. Qu'est-ce donc que peut avoir l'enfant? se demandent les parents restés tête à tête. Ils se confondent en suppositions et en hypothèses afin de découvrir ce qui peut bien tourmenter la cervelle d'un garçon de vingt ans. Serait-ce qu'il aime quelqu'un? Mais il ne vient personne ici. C'est toi, ma bonne, qui

prends soin du ménage. Il est mathématique-
ment impossible que le gamin soit amoureux.
Donc il ne l'est pas. Et, s'étant enfoncé son
bonnet, comme un bonnet de docteur, Pierrot
père s'en va retourner le cas dans sa tête.

Or c'est le jour de la blanchisseuse. Cette
blanchisseuse est une petite blanchisseuse. Elle
se nomme Phrynette. Pierrot fils l'aperçoit ;
sitôt qu'il l'aperçoit, sans l'avoir encore vue, il
la reconnaît. C'est elle qu'il attendait, elle qu'il
désirait, et d'elle qu'il rêvait, tout à l'heure, ac-
coudé à la fenêtre mélancoliquement. Pour lui
faire sa déclaration, comme il est un peu timide,
il lui écrit une lettre. La lettre est gentiment
tournée pour un débutant. C'est l'avis de Phrynette ; mais Phrynette trouve aussi qu'il manque
à cette lettre un post-scriptum ; et vous savez
bien que de tout temps le post-scriptum a été,
dans une lettre, la partie importante. C'est là
qu'on traite la question financière. Et pour
s'aimer Phrynette pense qu'il faut de l'argent,
et qu'il en faut beaucoup si on veut beaucoup
s'aimer. Pierrot est averti : qu'il s'arrange ! Vous
allez voir de quel arrangement il s'avisera, et
tout de suite, sans avoir eu besoin de réfléchir
et sans avoir pris la peine d'hésiter.

Le soir est venu. Autour de la lampe Mme Pierrot travaille et M. Pierrot lit. Il lit le *Temps*. Le
charme opère. Le bonhomme s'endort. Telle
est même l'atmosphère ensommeillée qui s'est
répandue dans toute la chambre, qu'elle aussi,
Mme Pierrot s'assoupit. C'est alors que leur digne

fils ouvre doucement la porte, traverse la chambre à pas étouffés et se dirige vers le secrétaire. Pas de clé! Il retourne donc en arrière, rejoint la poche paternelle, y introduit délicatement la main, en extrait le trousseau de clés, revient au secrétaire, et ayant trouvé le tiroir aux économies, s'emplit les poches de pièces d'or et de billets de banque. Cependant, au tintement de l'or, les dormeurs se sont éveillés. Ils aperçoivent quel est le voleur. Ils pourraient se lever aussitôt et le saisir à la gorge brusquement. A quoi bon? il aurait fallu que l'enfant ne conçût même pas la pensée de la vilaine action. Maintenant qu'il l'a commencée, à quoi bon l'arrêter? Et ils feignent de se rendormir. Au moins n'auront-ils pas cette torture de croiser, en un pareil moment, leurs yeux avec les yeux de leur enfant. — Cette scène est très belle, d'une grande puissance d'émotion, tragique en sa simplicité.

Au second acte, nous sommes chez Phrynette. Son amant l'a très coquettement installée, avec du satin et des dorures partout. Au fond, par les rideaux entr'ouverts, on aperçoit le sommeil de l'aimable personne : et comme une mouche en bourdonnant risque de troubler ce sommeil, Pierrot lui donne la chasse, court, bat des mains, et protège si bruyamment sa maîtresse endormie qu'enfin elle s'éveille. Or, pendant ces quelques instants, nous avons vu un domestique entrer plusieurs fois. Chaque fois il apportait un papier dans lequel Pierrot reconnaissait la note de quelque fournisseur. Et chacune de ces notes était plus longue que la précédente. Et Pierrot désespérément frappait sur sa poche, et sa poche ne sonnait que le vide.

Il montre à Phrynette ces papiers inquiétants et tâche de lui faire comprendre la gravité de la situation. Phrynette, d'ailleurs, s'en rend un compte très exact. Pour le prouver, elle montre à Pierrot le côté de la porte : « Si tu n'as plus d'argent, tu sais, mon petit, tu peux t'en aller. » Pierrot prend un grand parti. Il s'arme d'un paquet de cartes, il s'en va jouer. — On pourrait très facilement montrer que cette scène enferme un grand sens, et qu'elle nous renseigne à merveille sur la façon dont toutes les Phrynettes de tous les temps ont compris l'amour.

A peine Phrynette est restée seule, on lui apporte un superbe collier de perles. Jointe au collier, il y a une carte. Et suivant la carte il y a un monsieur simplement désigné : le baron. La scène est encore d'une absolue clarté. Phrynette présente au baron la note à payer. Le baron la trouve un peu forte. Mais, câline, Phrynette lui prend la tête dans ses deux bras, et, affolé par ce baiser, le baron tire de sa poche des liasses de billets de banque, et les jette aux pieds de Phrynette, qui consent à les ramasser... Quand Pierrot revient, ayant gagné au jeu, il trouve la maison vide. Il n'en veut pas croire ses yeux, il cherche de tous les côtés et fouille dans tous les coins. Partie, Phrynette !

Et comme Pierrot est tout jeune encore, il s'étonne, il s'afflige, il se désespère, et tombe étouffé par les sanglots.

Au troisième acte, l'intérieur de la famille Pierrot, un intérieur désolé depuis que l'enfant n'est plus là. Le père a perdu son bel appétit d'autrefois, et les deux vieux échangent des regards tout pleins de pensée. Il y a ici encore, il y a partout, du reste, de charmants détails. C'est un portrait que retrouve la maman Pierrot, un portrait, vous savez de qui. Elle le regarde longuement avec une tristesse où se mêle de l'indulgence, un désir de pardonner. Mais le père ne veut pas même le voir. Et ainsi se trouvent nuancées très délicatement ces deux douleurs, égales, mais différentes.

Restée seule, la mère affligée est tombée à genoux en prière, devant une statue de la Vierge. Elle demande le retour de l'enfant prodigue. Et le voici, en effet, qui entr'ouvre la porte timidement. Il revient, en quel état! Il est déguenillé, il a faim, il a soif. Sa mère le pousse dans une pièce voisine, entendant le père qui revient... Elle va préparer ce père irrité. Elle tâche de l'adoucir. Elle l'implore. L'enfant prodigue et repenti est maintenant à genoux devant lui. Mais lui, encore inflexible, refuse de le regarder... A ce moment, on entend une musique lointaine. On distingue déjà le son des tambours et des trompettes. C'est le régiment qui passe. Et le régiment, c'est le moyen de salut, c'est l'espérance du pardon. Pierrot s'est relevé, il va partir pour être militaire. Ce qu'il demande, c'est la bénédiction paternelle. Et cette bénédiction ne lui est pas refusée.

De l'esprit et de l'émotion, de la force dramatique et de la grâce, une étonnante variété de ton, voilà ce qui fait le grand et le rare mérite de l'*Enfant prodigue*. C'est, à vrai dire, la pantomime-type. On ne fera pas mieux, parce qu'on ne trouvera pas un autre sujet, plus clair, plus facile à comprendre, et qui s'adresse à des sentiments plus généraux. Or, c'est là, indépendamment de l'habileté de l'auteur, la condition même d'une bonne pantomime.

IBSEN

—

I. — *LE CANARD SAUVAGE.*

Le dramatiste norvégien Ibsen (1), dont le
om est populaire dans tous les pays du Nord,
commence à n'être plus un inconnu pour nous.
Dans ces derniers temps, la critique s'est
beaucoup occupée de lui. Il y a un an à
peu près, on mettait pour la première fois
à la scène une traduction française des *Reve-*
nants, ce drame atroce et qu'il me semble impossible d'entendre sans souffrir d'une sorte
d'épouvante et d'horreur physiques. La pièce
qu'on nous a donnée cette fois, le *Canard sau-*
vage (2), est l'une des plus caractéristiques dans
l'œuvre d'Ibsen. C'est dire qu'elle est aussi l'une
des plus déconcertantes pour un public français. Il nous faut faire un violent effort sur nous-

(1) Les œuvres d'Ibsen, traduites par M. le comte Prozor, sont éditées chez
Savine. — Sur l'œuvre d'Ibsen consulter, outre les articles de M⁰⁰ Arsède
Barine (*Débats*), de M. Édouard Rod (en tête de la traduction Prozor) et de
M. Paul Desjardins (*Figaro*), le remarquable livre de M. Auguste Ehrard :
Henrik Ibsen et le Théâtre contemporain (Lecène et Oudin, éditeurs).
(2) Théâtre Libre, mai 1891.

mêmes, rompre avec nos habitudes intellec-
tuelles, oublier les formes d'art qui nous sont
familières. Il nous faut accepter les lenteurs
du drame, les minuties de la peinture, les étrangetés d'une pensée qui volontairement s'enveloppe de voiles. Il nous faut sortir de notre milieu pour aller vers des hommes dont l'état d'esprit, comme le genre de vie, est très différént
du nôtre. Encore devons-nous nous avouer que
même à ce prix nous ne pénétrons pas entièrement le sens de l'œuvre : car nous avons beau
faire, c'est avec une âme française que nous
allons à la rencontre de l'âme étrangère, et on
ne saurait donc parvenir à l'entente complète
et à l'intime pénétration. — Pour apprécier
le *Canard sauvage*, il faut se placer à un double
point de vue. La fable a été choisie, les événements ont été combinés dans l'évidente intention de rendre sensible, d'exprimer et de
prouver une vérité morale. Néanmoins les personnages ne sont nullement des abstractions
et des êtres de raison. Ce sont des hommes de
chair et d'os, des créatures vivantes. Le *Canard
sauvage* est tout à la fois un drame symbolique
qui enferme en son amère philosophie beaucoup de pensée, et un drame réaliste d'une sur-
prenante intensité de vie.

Au premier acte nous sommes chez le riche
industriel Werlé, un soir de réception. On
entend un bruit de conversations et de rires
venant de la salle à manger. Des domestiques
allument les lampes. Un vieux bonhomme,

d'aspect minable dans sa longue redingote usée, se présente; il insiste pour qu'on le laisse passer et gagner par là les bureaux où il rapporte du travail, des copies qu'on lui donne à faire par charité. C'est le vieil Ekdal, jadis le lieutenant Ekdal, associé de la maison Werlé pour le commerce du bois. Il y a eu un procès. Werlé a été acquitté. Ekdal condamné a fait de la prison : il en est sorti ruiné de toutes les façons. — Puis ce sont les invités qui défilent, se rendant de la salle à manger au fumoir, échangeant de vagues propos ; un monsieur gras, un monsieur chauve, un troisième monsieur, tous chambellans. Assistance très distinguée. — Seuls, le fils de M. Werlé, Grégoire Werlé, et le fils du vieux bonhomme de tout à l'heure, Hialmar Ekdal, se séparent des convives et restent à causer. Ils sont camarades d'enfance; mais voilà bien longtemps, tantôt vingt ans, qu'ils ne se sont vus. Ce Grégoire est un personnage bizarre : il vit solitairement; employé aux usines de son père, qui sont situées fort loin, il ne descend jamais à la ville : il ignore ce qui s'y passe. Il faut donc qu'Hialmar lui conte son histoire.

Il lui dit qu'après la ruine de sa famille, il a dû prendre un métier : il s'est établi photographe, grâce à l'aide de Werlé, qui lui a avancé les fonds. Il s'est marié, grâce encore à Werlé. Il a épousé Gina, une ancienne bonne de Werlé. Il a une fille, Hedwige, qui va sur ses quatorze ans... A mesure qu'il apprend chacun de ces détails, Grégoire laisse percer les signes d'une angoisse croissante. — Il congédie son ami. Puis il demande à son père un entretien : il l'exige, immédiat. Et c'est alors entre le père et le fils une scène d'une violence inouïe. Grégoire rappelle d'abord à Werlé les vieux griefs qu'il a contre lui, et qui ont fait que, depuis des années, il a voulu vivre loin de lui, n'avoir avec lui rien de commun. Grégoire sait bien de quoi est morte sa mère, et que c'est de chagrin. Il sait bien comment a été conduite l'affaire commerciale qui a mené le vieil Ekdal en prison : c'est Werlé qui a trompé, trahi, ruiné son associé. Et voici qu'il apprend de nouvelles infamies encore. C'est son ancienne bonne, son ancienne maîtresse, Gina, que Werlé a fait épouser à Hialmar. Ce dernier vit donc confiant, heureux peut-être, sans se douter qu'il y a de la boue sur l'origine de son mariage, et que son foyer repose sur un mensonge... Désormais, Grégoire refuse une fois pour toutes de plus jamais vivre sous le toit de son père; il refuse une association que celui-ci lui proposait : il refuse de lui devoir même de modiques appointements d'employé Il ne veut rien, plus rien. — Cette scène est admirable de franchise, de largeur, d'énergique carrure. Ce premier acte est d'ailleurs, et d'un bout à l'autre, très vivement mené, d'après des procédés d'exposition familiers à notre théâtre. C'est de toute la pièce la partie la plus accessible pour nous, et qui ne diffère pas sensiblement de tels premiers actes de Dumas.

Les quatre actes qui suivent ont pour cadre l'atelier du photographe Hialmar Ekdal. C'est une mansarde, meublée convenablement. A droite un sofa, une table, quelques sièges. A gauche une étagère. Au fond une porte à doubles coulisses. Qu'y a-t-il derrière cette porte, et où mène-t-elle quand on l'a fait glisser sur ses deux coulisses ? Mais si vous croyez que je vais vous révéler le secret tout de suite et vous dire la chose sans en faire plus de mystère !... Cette porte ouvre sur un vaste grenier. Dans ce grenier, il y a d'abord ce qu'on trouve habituellement dans les greniers, vieux meubles boiteux, vieux arbres de Noël desséchés. Mais il y a encore des poules, des lapins, des pigeons. Et il y a enfin, — faut-il déjà vous le dire? — il y a un canard, pas un canard ordinaire, vous entendez bien, mais un canard sauvage !... Le vieil Ekdal, qui dans son temps a été un chasseur d'ours, et que l'âge et les malheurs ont fait tomber en enfance, chasse dans ce grenier. Et quand, embusqué derrière une caisse défoncée, il tire un lapin, il retrouve les plus vives émotions de ses grandes chasses. Seulement il se garde bien de toucher au canard sauvage. Celui-ci a une histoire. M. Werlé faisait la chasse en bateau; il l'aperçoit, il tire dessus; mais il ne fait que lui envoyer quelques plombs dans l'aile. Les canards sauvages, quand ils en ont dans l'aile, vont au fond de la mer, tant qu'ils peuvent, se retiennent avec le bec dans les herbes marines et dans les roseaux et dans toutes les saletés qui se trouvent là-bas, et ne remontent plus jamais. Seulement M. Werlé avait un chien; le chien a plongé, il a ramené le canard. Puis on l'a donné aux Ekdal qui l'engraissent dans leur grenier. Le canard sauvage est la propriété d'Hedwige.

Pendant le second et le troisième actes il ne se passe rien, et le drame n'avance pas d'une ligne. On nous fait seulement, avec une précision et une minutie infinies, le tableau de l'intérieur de la famille Ekdal. Il faut entendre sans sourire certains détails. Il faut se prêter aux lenteurs du pinceau, qui procède par retouches successives, qui accumule les petits traits. Mais le tableau ainsi obtenu est grouillant de vérité. Rien ne nous reste ignoré de cette maison, de ceux qui l'habitent, de la vie qu'ils y mènent. En dehors de l'appartement, les Ekdal ont une chambre qu'ils louent, quand ils trouvent un locataire. Dans la maison habitent le candidat Molvick et le médecin Relling. Très noceurs, il arrive qu'ils rentrent tard le soir, qu'ils sont ivres et font du tapage. Souvent ils emmènent Hialmar, Dieu sait où; à son tour Hialmar, quand il les rencontre dans l'escalier, les invite à venir manger la salade de harengs. Il vient peu de clients à la photographie. Encore, la plupart du temps n'est-ce point Hialmar qui les reçoit; c'est Gina qui fait poser, c'est Hedwige qui retouche les épreuves. Pour lui, Hialmar Ekdal, étendu sur un sofa, il passe des journées à rêver d'une grande invention qui doit illustrer son nom, et qui d'ailleurs n'aboutira jamais. Quand il est fatigué de rêver à vide, il s'amuse à « bricoler » avec le père. Il installe quelque nouvelle machine dans le grenier, un perchoir pour les pigeons, un baquet pour le canard... C'est, comme vous le voyez, un tableau d'intérieur norvégien peint dans la manière des maîtres hollandais.

Tout de même on vit à peu près heureux chez les Ekdal. Le vieux fait ses copies, boit son rhum, fait la chasse aux lapins. Hialmar rêvasse. Gina travaille pour tout le monde et fait marcher le ménage, en laborieuse résignée et qui se contente de lever les épaules quand on ne la regarde pas. La petite Hedwige s'use les yeux à lire. — C'est Grégoire qui va faire entrer le drame dans cet intérieur et troubler cette tranquillité qui ressemble au bonheur. Ce Grégoire est un cerveau troublé de mystique et d'illuminé. Il est atteint d'une maladie qu'un des personnages de la pièce désigne sous le nom de « fièvre de justice aiguë ». Il a sans cesse à la bouche les grands mots de revendications idéales, droits de l'idéal, etc. Il veut le triomphe de l'idée. Il veut faire régner dans les rapports sociaux la justice absolue, la vérité absolue. Nous allons voir ce qui « peut arriver dans une famille quand il y entre un de ces fous qui viennent vous présenter au nom de l'idéal leurs réclamations de malheur! »

Depuis qu'il sait l'histoire du mariage d'Hialmar, Grégoire s'est dit qu'il avait enfin un but dans l'existence : c'est d'apprendre à Hialmar le passé de Gina. « Alors, se dit-il, Hialmar, connaissant sa faute, pourra la lui pardonner ; il n'y aura plus de mensonge entre eux ; ils seront parfaitement heureux, et leur bonheur, fondé sur la vérité, sera solide autant qu'ineffable. »

C'est pourquoi, après qu'a eu lieu la scène d'explication entre les deux époux, Grégoire entre, la figure épanouie, leur tendant les mains :

— Eh bien ! mes chers amis. (*Il les regarde l'un après l'autre, puis chuchote à Hialmar.*) Ce n'est donc pas fait ?

HIALMAR (*d'une voix sombre*). — C'est fait.

GRÉGOIRE. — C'est fait ?

HIALMAR. — J'ai vécu l'heure la plus amère de ma vie.

GRÉGOIRE. — Mais aussi la plus pure, n'est-ce pas ?

HIALMAR. — Enfin, pour le moment c'est fini.

GINA. — Que Dieu vous pardonne, monsieur Werlé !

GRÉGOIRE (*avec un profond étonnement*). — Je n'y comprends rien.

HIALMAR. — Qu'est-ce que tu ne comprends pas ?

GRÉGOIRE. — Cette grande liquidation, qui devait servir de point de départ à une existence nouvelle, à une vie, à une communauté basée sur la vérité délivrée de tout mensonge.

Hialmar. — Je sais, je sais très bien.

Grégoire. — J'étais si intimement persuadé qu'à mon entrée je serais frappé par une lumière de transfiguration illuminant l'époux et l'épouse ! Et voici que devant moi tout est morne, sombre, triste.

En vérité, il a fait de bel ouvrage. Mais voici mieux encore. Sur la piste où se trouve lancé Hialmar, on ne s'arrête guère. Il se demande maintenant si Hedwige, cette petite qu'il aime tant, est bien sa fille. Et voici qu'Hedwige reçoit une lettre : c'est une donation que lui fait M. Werlé père, à la veille de se remarier. Un dernier trait achève de préciser les soupçons d'Hialmar. M. Werlé père, qui a toujours souffert des yeux, est près de devenir aveugle : or Hedwige a la vue faible. Hialmar, insuffisamment évangélique, entre en fureur, rudoie Hedwige, déclare qu'il quitte la maison. Ici une bien jolie scène, où la figure d'Hedwige se dessine avec une adorable naïveté :

Hedwige. — Il faut me dire ce qu'il y a. Pourquoi papa ne veut-il plus de moi ?

Grégoire. — Il ne faut pas demander cela avant que vous soyez grande et raisonnable.

Hedwige (*sanglotant*). — Je ne puis pourtant pas garder ce terrible chagrin sur le cœur, jusqu'à ce que je sois grande et raisonnable. Je vois ce que c'est. Je ne suis peut-être pas l'enfant de papa.

Grégoire (*inquiet*). — Comment serait-ce possible ?

HEDWIGE. — Maman m'aura peut-être trouvée et papa l'aura appris tout à l'heure. J'ai lu de ces choses dans les livres.

GRÉGOIRE. — Eh bien! si c'était le cas?

HEDWIGE. — Il me semble qu'il pourrait m'aimer tout de même, autant, si ce n'est davantage. Le canard sauvage aussi, nous l'avons reçu en cadeau et je l'aime tant malgré ça!

GRÉGOIRE (*saisissant le joint*). — C'est ça, Hedwige, le canard, parlons un peu du canard!

HEDWIGE. — Pauvre canard! Il ne peut plus le voir non plus. Pensez donc : il a songé à lui tordre le cou.

GRÉGOIRE. — Baste! il n'en fera rien.

HEDWIGE. — Non, mais il en a parlé. C'est si vilain à papa d'avoir dit ça! Vous savez: je récite tous les soirs une prière pour le canard, afin qu'il soit préservé de la mort et du mal.

GRÉGOIRE. — Vous avez l'habitude de faire votre prière le soir?

HEDWIGE. — Mais oui.

GRÉGOIRE. — Qui vous a enseigné cela?

HEDWIGE. — Personne. Papa a été si malade une fois! On lui a posé des sangsues sur le cou. Alors il a dit que la mort était à la porte.

GRÉGOIRE. — Eh bien?

HEDWIGE. — Alors j'ai prié pour lui quand j'ai été au lit, et j'ai toujours continué depuis.

GRÉGOIRE. — Et, maintenant, vous priez aussi pour le canard sauvage?

Hedwige. — J'ai pensé qu'il en avait besoin, il était si malade en arrivant!

Grégoire. — Faites-vous aussi une prière le matin?

Hedwige. — Non. Le matin il fait clair. Il n'y a plus de quoi avoir peur.

Et l'idée vient à la pauvrette, afin de donner une preuve décisive de tendresse à son père, de faire pour lui un sacrifice, le plus grand des sacrifices, de lui sacrifier ce qu'elle a de plus cher au monde : le canard sauvage.

Au cinquième acte, Hialmar, qui est un irrésolu, un faible, revient à la maison. Sans doute il n'y veut plus vivre. Mais ne faut-il pas qu'il emporte ses livres, ses papiers, ses brochures scientifiques? Car il y a la fameuse invention, à laquelle il ne doit pas renoncer. Et il peut aussi sous ce toit maudit, prendre un peu de café, et puisqu'il le prend, ce café, autant qu'il soit chaud, bien chaud, avec des tartines soigneusement beurrées. Il s'absorbe donc dans ses tartines, dans son beurre et dans son café... quand on entend une détonation. Hedwige vient de tirer. Mais au lieu de tirer sur le canard, elle a tiré sur elle-même. La pieuse et trop douce enfant a payé pour les autres. Maintenant, il est bien temps qu'ils versent des flots de larmes sur ce petit cadavre !...

A la sortie j'entendais un Parisien de Paris formuler ainsi son impression : « Qu'est-ce que tout ça veut dire ? Quel est ce rêve ? Quel est ce cauchemar? D'où sortent ces gens-là? C'est un fou, ce Grégoire, celui qui voudrait être un chien afin de ramener les canards sauvages quand ils plongent jusqu'au fond. Fou le vieux qui chasse à l'ours dans un grenier! Hialmar est fou. Elle-même, la petite Hedwige, c'est dans un moment de délire qu'elle s'est tuée. Ils sont tous fous. Et leur folie est contagieuse. On se sent tout chose... Encore est-il des folies amusantes. Mais cet autre avec ses revendications i-dé-a-les! Et le canard sauvage! Avez-vous compris la raison d'être de ce volatile? Jureriez-vous que la valeur allégorique de ce palmipède est pour vous sans mystère? Mais c'est égal, et comme dit Grégoire, si nous reparlions du canard sauvage! Pour ce qui est de l'idée morale, du cas de conscience qui consiste à savoir si l'on doit, oui ou non, détruire certaines illusions bienfaisantes, il y a beaux jours que Labiche s'en était avisé sans faire tant d'affaire. Le *Canard sauvage*, c'est *Doit-on le dire?* transposé par un aliéné... »

Je vous donne cette impression pour ce qu'elle vaut. Et sans doute il faut négliger certaines subtilités d'interprétation. Apparemment les Norvégiens n'ont pas autant de goût que nous en avons pour l'absolue clarté, pour les idées nettes et les façons de penser géométriques. Néanmoins on peut assez bien dégager l'idée maîtresse du drame, d'autant qu'Ibsen a confié à l'un de ses personnages, le docteur Relling, le soin de l'expliquer. La voici : les phi losophes, les jeunes gens, et en général tous les rêveurs sont portés à croire qu'il faut s'attacher à l'idéal. Ces intransigeants ne composent pas avec le vrai, le bien, le juste. Ils se trompent, et leur erreur peut avoir les plus graves conséquences. Il n'y a pas de place dans cette vie pour l'idéal : mais il faut lui substituer l'illusion, le « mensonge vital ». La méthode de traitement que le docteur Relling applique à la pauvre humanité consiste justement à faire naître, à développer, à entretenir chez les malades (et tout homme est un malade) ce mensonge qui l'aide à vivre. C'est lui qui a soufflé à Hialmar cette idée d'une invention qui occupe le cerveau vide du photographe. C'est lui qui a suggéré au candidat Molvick l'idée qu'il était démoniaque : « Que diable voulez-vous que cela signifie, un démoniaque ? Une blague que j'ai inventée pour lui entretenir la vie. Si je n'avais pas fait cela, il y a bon nombre d'années qu'il pataugerait dans le désespoir et le mépris de lui-même. » Pour ce qui est du vieil Ekdal, il a trouvé son traitement lui-même. Il n'y a pas de trappeur plus heureux que ce bonhomme quand il trébuche dans le pêle-mêle de son grenier. — Tous les hommes, autant de canards sauvages qui ont du plomb dans l'aile. Grégoire, comme un chien fidèle et inintelligent, les fait remonter à l'air libre. Mieux eût valu les laisser là où ils se plaisaient, au fond des mers.

Cette conclusion donne une empreinte grandiose à la scène dernière, où l'auteur, réunis-

sant tous les éléments du drame dans un large
finale, groupe tous les personnages autour du
cadavre d'Hedwige, et nous fait prévoir que
chacun restera fidèle à son caractère, attaché
comme auparavant au mensonge de sa vie.

MOLVICK (*murmure en étendant les mains*). —
Gloire au Seigneur !... Tu retourneras en
poussière.

RELLING (*bas*). — Tais-toi donc, animal, tu es
saoul !

GRÉGOIRE. — Hedwige n'est pas morte en
vain. Avez-vous vu comment la douleur a dé-
gagé ce qu'il y a de grand chez Hialmar ?

RELLING. — Presque tout le monde se fait
grand pour pleurer devant un mort. Mais combien de temps croyez-vous que cela durera ?...
Dans quelques mois la petite Hedwige ne sera
pour lui qu'un beau motif à déclamations.

GRÉGOIRE. — Et vous osez dire cela d'Hialmar Ekdal !

RELLING. — Nous en reparlerons quand la
première herbe aura séché sur le tombeau de
la petite. Alors vous l'entendrez se répandre
en doléances sur « l'enfant enlevé trop tôt à
son cœur de père »; vous le verrez confit dans
l'attendrissement, l'admiration et la pitié pour
lui-même.

GRÉGOIRE. — Si c'est vous qui avez raison et
si c'est moi qui ai tort, la vie ne mérite pas
qu'on la supporte.

RELLING. — Eh si ! la vie aurait beaucoup de
bon, malgré tout, n'étaient ces maudits créan-

ciers qui viennent à la porte des pauvres gens
comme nous leur présenter la réclamation de
l'idéal...

Cela est d'une grande beauté. Et tandis que
mon voisin songeait à Labiche, d'autres avec
plus de raison, semble-t-il, se souvenaient de
certaines scènes de Shakespeare.

Que si on laisse de côté la philosophie de
l'œuvre, il reste une vigoureuse étude réaliste.
J'ai montré déjà comme on a su nous donner
l'exacte vision de l'intérieur des Ekdal. Mais en
outre chacun des personnages d'Ibsen est un
bonhomme vivant. Le portrait est solidement
construit, avec des dessous faits des lointaines
influences et des constantes habitudes dont
se compose un caractère, avec ces traits particuliers et ces tics par où se traduit l'individualité de chacun. On sent qu'Ibsen a vécu longtemps et familièrement avec eux, et qu'avant
de nous les faire voir, il les a vus de ses yeux.
— Hialmar le photographe est un beau type de
raté, à mettre à côté du Delobelle de notre
Daudet. Tout enfant il passait pour un petit
prodige. Il a été adulé, gâté. Maintenant, tandis
qu'il rêvasse à vide, et qu'il respecte en lui le
problématique inventeur, il se laisse parfaitement entretenir et nourrir par sa femme et sa
fille. Il est élégiaque et déclamateur. Il parle
avec emphase de son travail, de son courage,
de la force de ses épaules. Il parle avec attendrissement de sa fin prochaine et de l'avenir
des siens, qu'il voudrait assurer. Et il a tout

de même des coins de sincérité : il aime vraiment Hedwige. Caractère lâche, mou et flasque, il est, pour tout dire, atteint d'une maladie de la volonté. Il y a désaccord entre ce qu'il imagine et ce qu'il fait. Il est impuissant à traduire en actes ce qu'il a une fois conçu, ce qu'il a voulu l'espace d'un instant. Chez lui le premier mouvement est excellent, tel qu'il doit être : mais il est aussitôt démenti. Son premier mouvement est pour quitter la maison où il ne peut vivre sans honte : le second, qui le suit de près, est pour rentrer dans cette maison où le café fume, où le beurre s'étend si largement sur les tartines. Son premier mouvement est pour déchirer la donation qui déshonore sa fille : le second, est pour en recoller les morceaux. Ses résolutions ont autant de violence qu'elles ont peu de durée et peu d'effet. — Vous avez assez vu par l'analyse précédente qui est le vieil Ekdal, ce haillon, cette loque d'humanité; et aussi qui est Hedwige, la douce petite, qui dans son héroïque sacrifice reste encore une enfant. — Grégoire est un illuminé comme beaucoup de ses frères les Slaves. Il est aussi le fils d'une mère romanesque, dont la sensibilité a été comprimée par un mari brutal, qui a souffert et pleuré devant son fils. Grégoire a été forcé de haïr son père. Ce premier manquement à l'ordre naturel a été la cause du trouble général qui a suivi. Par une première fêlure de son cerveau, tout le reste a passé. — Gina n'est pas la moins vraie.

Celle-ci est une créature toute passive. Ce serait trop de dire qu'elle est une résignée. Elle subit. Elle est devenue la maîtresse de Werlé sans le vouloir, la femme d'Hialmar sans savoir pourquoi. Quand son mari lui demande comment elle a pu soutenir ce long mensonge, supporter cette obsession du passé, elle répond que c'est à peine si elle s'en souvient. Et elle dit vrai. Nous ne nous souvenons que de ce que nous avons fait, que des actes où nous avons mis un peu de nous-même. Gina est de cette catégorie très nombreuse d'êtres qui vivent, et restent comme étrangers à leur propre vie...

II. — *HEDDA GABLER.*

« J'ai voulu montrer ce que produit le contact de deux milieux sociaux qui ne peuvent s'entendre ; *Hedda Gabler* (1) n'est pas une pièce à problème. » Ainsi s'est exprimé Ibsen, indiquant lui-même de quelle conception première est sortie son œuvre. Il me semble qu'il convient, en étudiant *Hedda Gabler*, de s'en tenir à l'interprétation qu'indique l'auteur, et de ne point embrouiller la question en cherchant sous chacune des péripéties du drame un sens caché et un symbole qui n'y est pas. Ainsi comprise, *Hedda Gabler* est un fort beau drame, d'une allure simple, vigoureuse, hardie, et qui ne contient guère plus d'étrangetés que celles qui sont inhérentes à toute œuvre conçue loin de nous, dans un milieu d'habitudes et d'idées qui ne nous sont pas familières et pensée dans une langue qui n'est pas la nôtre.

Hedda Gabler est une jeune femme mariée à un homme qu'elle n'aime pas. Ce George Tesman, brave homme et professeur estimé, quoique médiocre, ne répond nullement à l'idéal que s'est fait la romanesque Hedda. C'est pourquoi celle-ci s'ennuie et ne songe qu'avec une sorte d'effroi à l'existence qui lui est réservée

(1) Vaudeville, mars 1892.

au foyer piteusement bourgeois de Tesman. Elle revient d'un voyage de noces, où son mari n'a guère vu qu'une occasion pour aller consulter de lointaines archives. Elle va vivre en face de ce spécialiste, et des deux vieilles filles qui l'ont élevé, la bonne tante Julie, et l'excellente Rina. Elle est arrivée de la veille. Elle est déjà à bout de forces.

Avant son mariage Hedda a aimé un homme de grand esprit, qui était aussi un grand débauché : Eylert Loevborg. Elle apprend qu'Eylert est dans la ville, et qu'il est en passe de devenir célèbre. Il a publié déjà un livre qui a été très lu, très discuté. Il en prépare un autre, où il mettra toute sa pensée, qui sera vraiment une œuvre et fera révolution. D'ailleurs il s'est rangé, il ne boit plus. C'est une complète métamorphose. A qui en est-il redevable? Une certaine Mme Théa Elvsted, ancienne amie de pension de Hedda, créature douce, effacée, un peu niaise, a fait ce miracle. Hedda aura tôt fait de détruire l'œuvre de Mme Elvsted. Elle fait boire Eylert. Elle l'engage à aller avec Tesman à une soirée que donne dans sa garçonnière un galantin, l'assesseur Brack. Eylert se grise abominablement. En sortant, il laisse tomber de sa poche le manuscrit de son prochain livre. Tesman le ramasse et le confie à Hedda dans l'intention de le rendre à Eylert dès que celui-ci aura recouvré l'usage de sa raison.

A partir de ce moment le drame se précipite et prend un caractère de sauvagerie. Eylert re-

vient, très surexcité. Il raconte qu'il a lui-même
déchiré son manuscrit, anéanti l'œuvre de sa
vie : « Je l'ai déchiré en mille morceaux. Et ces
morceaux, je les ai jetés dans le fjord, très loin.
Là-bas, du moins, il y a de l'eau de mer bien
fraîche. Qu'elle les emporte. Qu'ils s'en aillent
à vau-l'eau, au gré du vent. Dans un instant
ils couleront à fond. Plus bas, toujours plus
bas... Comme moi, Théa. — M⁽ᵐᵉ⁾ ELVSTED. Ce
livre... toute ma vie il me semblera que tu as
noyé un petit enfant. — LOEVBORG. Tu as
raison, c'est une sorte d'infanticide. — M⁽ᵐᵉ⁾ ELV-
STED. Mais comment as-tu pu? L'enfant m'appartenait aussi bien qu'à toi. » En effet, ce que
vient de perdre Eylert, c'est plus qu'un livre : « L'âme pure de Théa avait passé dans
ce livre. » Hedda profite de l'état d'esprit où
elle voit Eylert pour lui suggérer l'idée du suicide. Elle lui met dans les mains un des pistolets qu'elle tient de son père, le général Gabler,
et avec lesquels nous l'avons vue jouer à plusieurs reprises. Elle lui recommande de faire
du moins une belle fin. « Eylert Loevborg,
écoutez-moi! Ne pourriez-vous agir en sorte
que cela se fît en beauté? » Lui parti, elle prend
le manuscrit qu'elle avait serré dans un bureau
et le jette au feu. « Maintenant je brûle ton enfant, Théa, la belle aux cheveux crépus... L'enfant que tu as eu avec Eylert Loevborg... Maintenant, je brûle, je brûle l'enfant. »

Au dernier acte, l'assesseur Brach vient annoncer à Hedda qu'Eylert s'est tué. Cette nou-

velle cause d'abord à la jeune femme une joie
farouche. Enfin! voilà donc quelque chose qui
n'est pas banal et qui sort de l'ordinaire. «C'est
une délivrance pour moi de savoir qu'il y a tout
de même quelque chose d'indépendant et de
courageux en ce monde, quelque chose qu'illu-
mine un rayon de beauté absolue… Eylert Loevborg a eu le courage d'arranger sa vie à son
idée. Et voici maintenant qu'il a fait quelque
chose de grand où il y a un reflet de beauté. Il
a eu la force et la volonté de quitter si tôt le
banquet de la vie. » Mais sur ce bel enthousiasme vont tomber comme autant de douches
glacées les révélations de l'assesseur, lui donnant les détails exacts de la mort d'Eylert. Celui-ci n'est pas mort chez lui, mais bien dans
le boudoir d'une fille. Le coup de pistolet ne
l'a pas frappé dans la poitrine, mais bien dans
le bas-ventre. « C'est complet! s'écrie Hedda
avec une expression de découragement et de dégoût. Ah! le ridicule et la bassesse atteignent
comme une malédiction tout ce que j'ai touché. »
Mais il y a en outre un détail, singulièrement
compromettant pour Hedda. Le pistolet qu'on a
trouvé dans la main d'Eylert, l'assesseur sait à
qui il appartenait. Que la justice vienne à apprendre que c'était un des pistolets du général Gabler,
elle interrogera Hedda, il y aura scandale. Et la
justice ne l'ignorera qu'autant que l'assesseur
se taira. L'assesseur tient donc Hedda en son
pouvoir : et il a bien l'intention d'abuser de la
situation… Cependant Tesman, pris de remords,

songe qu'on pourrait, avec les notes laissées par Eylert, reconstituer le livre qu'a détruit Hedda. Et déjà penché sous la même lampe, auprès de Mme Elvsted, il commence ce travail. Mais ce travail sera long. Alors voici comment Tesman compte s'arranger. Il ira chaque soir chez Mme Elvsted travailler avec elle : pendant ce temps l'assesseur Brack tiendra compagnie à Hedda. A ce moment on entend dans la pièce voisine où s'est retirée Hedda un air de danse endiablé joué sur le piano. Puis un coup de feu. Hedda s'est tuée. « Miséricorde! s'exclame l'assesseur, ces choses-là ne se font pas! »

On voit assez bien quel est le caractère de Hedda. C'est un type qui est loin de nous être inconnu à nous autres Français, et que nous avons revu bien des fois dans les livres et au théâtre depuis *Madame Bovary*. Hedda est une imagination exaltée et pervertie; elle se fait de l'élégance et de la distinction de la vie une idée fausse : elle méprise une existence toute droite et simple, faite de l'accomplissement des devoirs réguliers : la maternité lui fait peur. Elle veut peser sur une destinée humaine, fût-ce pour la détruire. C'est une malade, une névrosée. — M. Jules Lemaître, dans la conférence qu'il a faite au Vaudeville avant la représentation, a insisté sur ce côté du caractère de Hedda. Il a montré tout ce qu'il y a chez la jeune femme de cabotinage intellectuel et sentimental. Il a été pour elle très sévère, plus sévère, je pense, que ne l'est Ibsen lui-même. Il ne s'agit certes pas de faire de Hedda un personnage sympathique. Mais encore n'est-elle pas entièrement et uniquement coupable. Elle est en partie victime de l'éducation qu'elle a reçue et du milieu où elle s'est trouvée jetée. Il y a lieu de plaider pour elle les circonstances atténuantes.

La fille du général Gabler appartient à la nombreuse catégorie des jeunes filles élevées dans des habitudes qui ne sont pas en rapport avec leur fortune, et qu'un ingénieux système d'éducation prépare donc à se trouver mal à l'aise et à l'étroit dans l'existence qui les attend plus tard. Elle a caracolé sur les chevaux du général, joué avec ses pistolets. Elle a fréquenté une société élégante et riche. Elle y a eu beaucoup de succès, grâce à sa beauté, à son esprit, et aussi à la liberté de ses allures. Elle a eu des danseurs et des soupirants. Mais parmi ces soupirants pas un n'a eu l'imprudence de demander sa main; parmi ces danseurs il n'y avait pas un mari. Les années venaient. Hedda approchait de la trentaine. Il était grand temps de faire une fin. C'est alors que Tesman s'est présenté. Elle s'y est résignée.

Ce Tesman est la principale excuse de Hedda. Car sans doute George Tesman est un très honnête homme. Il est rempli de qualités. Il est laborieux, rangé, vertueux. Une seule qualité lui fait défaut, et celle précisément qui aurait été la plus nécessaire au mari de Hedda. Cette exaltée aurait eu besoin de sentir auprès d'elle une volonté forte. Qu'elle eût épousé un homme capable de la dompter et de l'apprivoiser, il n'est pas impossible qu'elle se fût convertie comme la Catarina de Shakespeare. Mais Tesman ne sait pas vouloir. Et il ne sait pas voir. Il est un de ces savants qui ignorent tout de la vie, un de ces « spécialistes » qui ont comme des œillères pour tout ce qui n'est pas leur travail spécial. Tesman écrit sur l'industrie domestique dans le Brabant du moyen âge. Sortez-le du moyen âge et du Brabant, il est dépaysé; ce n'est plus son affaire. Cet homme n'est plus un homme : ce n'est qu'un mangeur de livres. Écoutez ce bout de conversation entre lui et la tante Julie qui cherche à savoir si, depuis six mois qu'il est marié, il n'a pas des espérances de paternité : « — Mlle TESMAN. Écoute donc, George, n'as-tu pas quelque chose à m'apprendre? — TESMAN. Au sujet de notre voyage? — Mlle TESMAN. Oui. — TESMAN. Non, rien que je sache, en dehors de ce que je vous ai écrit. Ma promotion au grade de docteur, je t'en ai parlé hier, n'est-ce pas? — Mlle TESMAN. Oui, tout cela je le sais. Mais je veux dire, n'as-tu pas, n'as-tu pas, voyons, quelques espérances? — TESMAN. Des espérances? — Mlle TESMAN. Mon Dieu, George, ne suis-je pas ta vieille tante? — TESMAN. Certes, certes j'ai des espérances. — Mlle TESMAN. Vraiment? — TESMAN. Les meilleures espérances d'être nommé professeur un de ces jours...» Et plus loin, TESMAN. « Que veux-tu que nous fassions de ces deux chambres vides entre la pièce du fond et la chambre à coucher de Hedda? —

Mme Tesman (*souriant*). Oh! mon cher George, on trouvera bien à les employer avec le temps. — Tesman. C'est vrai, tu as bien raison, tante Julie. Plus tard, quand j'aurai augmenté ma bibliothèque... » Les livres l'ont rendu inintelligent de tout ce qui n'est pas dans les livres. Ce genre d'abêtissement, cette absorption de la personnalité par la profession n'est pas rare chez les hommes d'étude et chez les érudits. Si encore Tesman était au premier rang parmi ses confrères, on pourrait avoir quelque indulgence pour ce médiéviste. Mais non. Là comme ailleurs Tesman est un médiocre. Il faut voir son effarement quand il apprend qu'Eylert pourrait bien être son concurrent pour la place de professeur. Alors il faudra concourir, disputer de mérite. Tesman est de ceux qui avancent à l'ancienneté et à leur tour de bête. Comme on comprend que Hedda prenne en pitié et méprise ce pauvre homme! La grande joie de Tesman en rentrant au logis, c'est de retrouver ses pantoufles : « Mes vieilles pantoufles! Mes pantoufles, tu comprends! — Vraiment... Je me souviens que tu m'en parlais pendant notre voyage. — Oui, elles m'ont bien manqué. Il faut que je te les montre, Hedda! » Les pantoufles du mari, le chapeau baroque de tante Julie, toute cette médiocrité, tout ce ridicule, il y a de quoi venir à bout de patiences plus résistantes que celle de Hedda. Tout lui est devenu odieux de ce mari ridicule, sa face de niais, ses lunettes et ses tics, le : « Dis donc, Hedda? »

qui commence toutes les phrases, et le : « Hein ! » qui les termine invariablement.

Ajoutez que Hedda, qui n'aime pas son mari, en a aimé un autre. Cet Eylert, elle le retrouve célèbre, presque sauvé de ses habitudes de débauche. Elle en veut à Théa d'avoir accompli une œuvre qu'elle a vainement essayée. Elle est jalouse. — Eylert appartenant à une autre, Tesman étant une quantité négligeable, il lui reste pour se rattacher à l'existence l'amour libertin d'un vieux beau. — C'est pourquoi il lui semble que ce qu'elle a de mieux à faire en cette vie, c'est d'en sortir. — C'est ainsi que le dénouement sort d'une façon logique de la situation telle qu'elle a été posée dès le début du drame, du conflit de deux caractères incompatibles et du « contact de deux milieux sociaux qui ne peuvent s'entendre ».

Ces deux caractères de Hedda et de Tesman sont dessinés avec le relief le plus saisissant, avec la plus admirable intensité de vie. Quelques-uns parmi les personnages accessoires ne sont ni moins vrais ni moins faciles à comprendre. C'est la tante Julie, la vieille fille qui a élevé Tesman, qui s'efface devant la belle jeune femme d'une éducation et d'un monde si supérieurs ! C'est l'assesseur Brack, un parfait cynique, habile à profiter des situations qu'il a lui-même préparées et qui guette depuis longtemps dans la femme de Tesman une proie facile. Plus énigmatique est la figure de Mme Elvsted. Cette petite Théa est-elle vraiment

bonne? Est-elle consciente de l'œuvre de ré-
demption qu'elle a faite? On le croit d'abord
et on pense qu'Ibsen a voulu la mettre en face
de Hedda comme sa parfaite antithèse. On est
un peu troublé et dérouté quand on la voit à
côté de Tesman, prête à « inspirer » le mari de
Hedda, comme elle avait inspiré Eylert. De
même il y a de l'obscur dans la conduite d'Eylert. Son subtil désespoir, l'incohérence de ses
propos, la façon dont il s'accuse d'avoir détruit
son manuscrit, son suicide, tout cela nous sur-
prendrait fort si nous ne savions qu'Eylert a
toujours été un cerveau fêlé. — Une comédie
qui serre la vie de très près, qui donne dans sa
première partie une grande impression de réalité intime, qui tourne brusquement au drame
sombre, telle est cette pièce, l'une des plus
accessibles au public français, si elle n'est pas
l'une des plus caractéristiques dans l'œuvre
d'Ibsen.

III. — *LA DAME DE LA MER.*

On nous a donné successivement les *Revenants*, le *Canard sauvage*, *Hedda Gabler*, *Maison de poupée*. Peu à peu nous nous familiarisons davantage avec le tour d'esprit et les habitudes de pensée du dramatiste norvégien. Et surtout nous prenons pour entendre son œuvre les dispositions qui conviennent. Les bizarreries ne nous en étonnent plus. Nous ne sommes plus fâchés que certaines parties nous en demeurent fermées. Nous comprenons qu'il faut entendre les œuvres étrangères comme étrangères, c'est-à-dire en acceptant d'avance que quelque chose nous en échappe, car entre la pensée de deux peuples qui diffèrent par la race, par les origines, par les traditions, il ne saurait y avoir entière communication et pénétration absolue. Demander qu'un public français, ne fût-il composé que de lettrés, entende une pièce d'Ibsen, comme il ferait de l'œuvre conçue par une pensée française, cela est à peu près absurde. Ce qui est juste, c'est de discerner tout à la fois dans l'œuvre ce qui en fait la saveur locale et ce qui lui donne une portée générale et une signification humaine.

La *Dame de la Mer* (1) est un drame symbo-

(1) Cercle des Escholiers, décembre 1892.

lique. On parle aujourd'hui beaucoup du symbole : on en parle à tort et à travers; on en use avec indiscrétion; on arrivera à le discréditer pour un temps. Ce sera dommage. Le symbole est une traduction de la vérité plus large et plus compréhensive que n'en serait l'expression dépouillée, toute sèche et toute nue. Ce qu'il conserve d'inexpliqué et d'indéterminé et de vague et de flottant est justement ce qui en fait la valeur, et qui lui donne sa portée. Car la vérité dépasse toujours ce qu'il nous est permis d'en apercevoir avec netteté. Nous la diminuons et nous la rétrécissons pour la faire entrer dans nos formules précises. Elle retrouve dans le symbole sa largeur. Le symbolisme, c'est l'imagination s'ajoutant à la raison; et l'imagination elle aussi est une faculté de découverte. Les grands savants sont en même temps de grands poètes. Le symbolisme met en œuvre certaines analogies qui relient le monde intérieur avec le monde extérieur. Il ne nous considère pas comme des êtres isolés. Et il rétablit ainsi l'harmonie qui unit tous les éléments de la multiple Nature, et toutes les parties du grand ensemble...

L'idée qu'Ibsen a voulu traduire est la suivante. Une jeune fille porte en elle un rêve d'amour. Elle fait un mariage de raison. Le désir de je ne sais quel bonheur, qui lui est resté inconnu, grandit en elle. Toutes les contraintes ne sauront qu'exaspérer ce désir. Tous les remèdes et tous les soutiens ne l'aideront qu'à se perdre. Mais si elle regarde en face le danger, si elle comprend qu'elle est libre et qu'elle est responsable, elle peut être sauvée... On voit assez bien dans quelle forme un maître de notre scène aurait pu traduire cette idée. Voici la traduction tout à la fois symbolique et réaliste qu'en a donnée Ibsen.

Ellida est une malade. On nous renseigne sur son tempérament. On nous dit quels éléments obscurs s'agitent en elle et sont comme le fond de sa nature. Sa mère est morte folle. Elle est d'une race de marins. « Les gens qui demeurent près de la grande mer forment comme un peuple spécial. C'est presque comme s'ils vivaient de la vie même de la mer. Il y a une ondulation, une sorte de flux et de reflux, aussi bien dans leurs pensées que dans leurs sentiments. » La fille du gardien du phare de Skjoldviken est née auprès de la mer et a vécu longuement devant elle. Elle l'aime d'une étrange sympathie. Elle se baigne chaque jour dans l'eau du fjord et elle éprouve à de certains jours que l'eau du fjord est malade. La mer fait pour ainsi dire partie de son être. C'est pourquoi on l'appelle la Dame de la Mer.

Étant jeune fille, elle a pu éprouver de l'affection pour quelqu'un des jeunes gens qui l'entouraient, et par exemple, pour le doux professeur Arnholm. Ce n'était pas l'amour, l'amour irrésistible aux violences de tyran. Or, un jour un étranger est venu. D'où venait-il et qui était-il? On ne sait et cela n'importe pas. Son vaisseau a émergé soudainement de la brume. Son nom même est d'un être irréel. Il s'appelle Freeman, ce qui veut dire : l'homme libre. Il est celui qui est en dehors des lois établies et des conventions de la société. Aussitôt qu'il est apparu, Ellida l'a reconnu. Il lui a semblé qu'ils étaient tout deux de même nature, qu'ils avaient mêmes instincts et mêmes goûts, et que la pensée de l'un s'achevait chez l'autre. Leur parole se faisait écho. Ils parlaient de la mer, des tempêtes et des temps calmes, des nuits sombres et des jours ensoleillés. « Mais nous parlions surtout des baleines et des phoques, qui se traînent sur les écueils aux rayons du soleil ; puis des mouettes, des aigles et de tous les autres oiseaux de l'Océan. » Il exerçait sur elle un ascendant auquel elle n'essayait pas même de se soustraire. Il disait : il faut. Et elle voulait en effet ce qu'il voulait. Il lui contait qu'il avait commis un crime, assassiné. Et elle ne savait si c'était bien ou mal, mais elle ne doutait pas qu'il n'eût agi comme il devait. Et il voulut qu'il y eût entre eux d'étranges fiançailles : « Il tira de sa poche un anneau et ôta de son doigt une bague qu'il portait toujours. Puis il retira également de mon doigt une petite bague que j'avais et enfila ces deux bagues, la sienne et la mienne, dans l'anneau, en disant que nous devions maintenant nous marier tous deux avec la mer. Il prit alors l'anneau avec les deux bagues et les lança au loin dans la mer. »

L'étranger est parti, voilà des années. Ellida ne l'a pas oublié. Elle n'a pas cessé de subir son influence. On lui a dit qu'il était mort. Mais elle sait bien que cela n'est pas vrai. Elle sent qu'elle est au pouvoir de cet homme, que cette volonté est sur elle. Et c'est bien cela qu'elle trouve horrible. « L'horrible, c'est ce qui effraye et qui attire en même temps.... » Elle s'est mariée. Elle a fait effort pour aimer son mari. Elle n'a point chassé l'horrible souvenir. Même elle est en proie à des hallucinations. A de certaines minutes, elle revoit l'étranger, tel qu'elle l'a vu au jour de leurs fiançailles. Cela date du temps de sa grossesse. Un enfant lui est né qui est mort depuis. Elle songe avec terreur à un phénomène qui aussi bien n'étonnera nul médecin. « Comment expliquer ces yeux énigmatiques de l'enfant?... Les yeux de l'enfant changeaient de couleur en même temps que la mer, suivant qu'il faisait beau ou mauvais temps... L'enfant avait les yeux de l'étranger. »

Les deux premiers actes sont consacrés à nous montrer Ellida dans la maison de son mari. Celui-ci est un médecin, le docteur Vangel. Il a deux filles nées d'un premier lit, Bolette et Hilde. Il est excellent. Il aime sa femme d'une tendresse apitoyée. Il la voit malade. Il essaie de la soigner. Jusqu'ici d'ailleurs il ignorait cette histoire de l'étranger. Mais aujourd'hui Ellida éprouve le besoin de tout lui raconter. Car sans doute un pressentiment l'a avertie. Elle devine, elle sent que l'étranger va revenir.

Le voici en effet qui apparaît derrière la haie du jardin. Ellida le reconnaît à « ses yeux ». Il vient pour la chercher. Il l'emmènera ce soir, à l'heure où appareillera son vaisseau, ce vaisseau qu'on va voir passer au fond de la scène, brumeux et fantastique.

Ellida demande à son mari de la sauver. Maintenant qu'elle n'est plus sous « les yeux » de l'étranger, elle lui échappe, elle se ressaisit. Mais elle se rend bien compte que lorsqu'elle se trouvera de nouveau en sa présence, elle sera sans force et sans volonté propre. L'aime-t-elle ? « Je sais seulement qu'il est pour moi le mystère, l'horrible, et qu'il me semble que c'est à lui que j'appartiens. » — Vangel de son côté réfléchit sur la conduite qu'il doit tenir. Il est pour Ellida, autant qu'un mari, un père et un médecin. « C'est difficile pour un médecin de bien juger une malade qu'il aime sincèrement. Et encore, cette malade n'est pas une malade ordinaire. Ce n'est ni un médecin ordinaire qu'il faut, ni des remèdes ordinaires... » En effet le remède dont il va se servir c'est un de ces remèdes qu'emploient les médecins dans les cas désespérés et quand il s'agit de jouer le tout pour le tout.

Au point où ils en sont, Ellida et Vangel peuvent se tout dire. Ce n'est plus le temps des délicatesses et des ménagements. Avec franchise et bravoure ils s'avouent que leur mariage a été un marché. Vangel avait peur de la solitude. Il avait besoin d'ailleurs d'une femme pour tenir sa maison et élever ses filles. Il a demandé Ellida en mariage. Elle a accepté d'être sa femme parce que ce mariage était convenable et sortable. Ne pourrait-on maintenant résilier le marché? Il ne s'agit pas seulement du divorce légal. Ce sont deux destinées qui vont volontairement se désunir. Vangel va s'effacer, disparaître de la vie d'Ellida. Il va la rendre à elle-même. Et voici la scène qui a lieu au retour de l'étranger, très belle avec son tour mystique :

« VANGEL. Je le vois bien, Ellida; tu m'échappes de plus en plus. Le désir de l'infini, de l'idéal irréalisable finira par jeter ton âme dans les profondeurs sombres de la nuit. — ELLIDA. Oui, oui, je sens au-dessus de moi planer de grandes ailes noires et silencieuses. — VANGEL. Il ne faut pas que tu en arrives là. Il n'y a qu'un salut pour toi. Voilà pourquoi je résilie le marché. Maintenant choisis ta route. Tu es libre, complètement libre... Maintenant tu es complètement dégagée de moi et des miens. Maintenant ta vraie vie peut retrouver sa vraie route et la suivre. Maintenant tu peux faire ton choix librement, Ellida. Tu en es responsable. — ELLIDA. Librement ! Responsable ! Quel changement! — L'ÉTRANGER. Entends-tu, Ellida, on sonne maintenant pour la dernière fois. Viens donc! — ELLIDA. Jamais je ne vous suivrai après ce qui vient de se passer. — L'ÉTRAN-

GER. Je le vois bien. Il y a ici quelque chose de plus fort que ma volonté. — ELLIDA. Votre volonté n'a plus aucune influence sur moi. Vous êtes pour moi un homme mort, qui venait de la mer et qui y retourne. Mais je n'ai plus peur de vous, et vous ne m'attirez plus... »

Le sens de cette scène est assez clair; et on voit assez quelle en est la profonde signification morale. Le sentiment de notre responsabilité est la meilleure sauvegarde... pour qui du moins a conservé une vie intérieure assez intense.

FIN

FIN DE LA TABLE

3398-93. — Corbeil. Imprimerie Crété.